VIE

APOSTOLAT ET ÉPISCOPAT

DE SON ÉMINENCE LE

CARDINAL DONNET

ARCHEVÊQUE DE BORDEAUX

Avec portrait et *fac simile*

PAR

M. L'ABBÉ ÉT. POUGEOIS

DU CLERGÉ DE LA TRÈS-SAINTE TRINITÉ A PARIS,

ANCIEN AUMONIER CIVIL ET MILITAIRE,

CHANOINE HONORAIRE DE BORDEAUX

PREMIER VOLUME

PARIS

LIBRAIRIE INTERNATIONALE DE L'ŒUVRE DE SAINT-PAUL

6, RUE CASSETTE ET RUE MÉZIÈRES, 14

MEAUX, LIBRAIRIE-PAPETERIE A. ROUSSEL-POUGEOIS

1884

VIE

APOSTOLAT ET ÉPISCOPAT

DE SON ÉMINENCE LE

CARDINAL DONNET

ARCHEVÊQUE DE BORDEAUX

VIE

APOSTOLAT ET ÉPISCOPAT

DE SON ÉMINENCE LE

CARDINAL DONNET

ARCHEVÊQUE DE BORDEAUX

Avec portrait et *fac simile*

PAR

M. L'ABBÉ Ét. POUGEOIS

DU CLERGÉ DE LA TRÈS-SAINTE TRINITÉ A PARIS,

ANCIEN AUMONIER CIVIL ET MILITAIRE,

CHANOINE HONORAIRE DE BORDEAUX

PREMIER VOLUME

PARIS

LIBRAIRIE INTERNATIONALE DE L'ŒUVRE DE SAINT-PAUL

6, RUE CASSETTE ET RUE MÉZIÈRES, 14

MEAUX, LIBRAIRIE-PAPETERIE A. ROUSSEL-POUGEOIS

1884

SON ÉMINENCE LE CARDINAL DONNET

Spécimen de l'écriture de S. Ém. le cardinal Donnet, archevéque de Bordeaux.

Petit Séminaire
de
BORDEAUX

Bordeaux, le 16 juillet 1868

Monsieur le cher abbé

Je vous sais toujours bon gré des preuves de votre bon souvenir, et je trouve excellemment justes vos appréciations des événements contemporains. Le discours de Mr Ollivier à lui seul est une grave affaire.

J'ai près de moi plusieurs évêques, qui vont venir m'aider à confirmer les 4000 enfants que nous avons réunis le 13 et le 14 dans ma cathédrale. Nous entrons en retraite lundi prochain.

Recevez, mon très-cher monsieur, pardon, la nouvelle assurance de mon dévouement le plus cordial.

† Ferdinand Card. Donnet ar. de B.

ÉPITRE DÉDICATOIRE

A

MONSEIGNEUR GUILBERT

ARCHEVÊQUE DE BORDEAUX

MONSEIGNEUR,

L'abbé Lyonnet (plus tard Mgr Lyonnet), après avoir donné, en 1841, la Vie du *cardinal Fesch*, publiait, en 1847, celle de Mgr *d'Aviau*, archevêque de Bordeaux. Avant ce dernier ouvrage avaient paru en volumes in-12 plusieurs Vies du cardinal de Cheverus, notamment celles des abbés Hamon et Dubourg.

Votre éminent prédécesseur dont l'épiscopat fut, Monseigneur, plus long et plus fécond en œuvres de tout genre que celui de ses vénérables prédécesseurs, pouvait-il n'avoir pas lui-même son historien ?

Des rapports suivis pendant vingt-cinq ans avec le cardinal Donnet m'ayant permis de le voir de près et de toucher pour ainsi dire sa grande âme, je formai le projet de préparer l'histoire d'une si longue et si belle vie.

Dès le mois de novembre 1869, je me mis à l'œuvre. Au moment de sa mort j'en étais arrivé aux trois dernières années de son épiscopat et j'attendais le XIIe volume de ses œuvres (déjà annoncé alors), pour rendre compte de ses derniers actes officiels.

J'étais en mesure dès ce moment, de publier le premier volume comprenant sa vie, ses missions apostoliques, son ministère pastoral et son épiscopat à Nancy. Mais une circonstance plus forte que ma volonté vint me condamner à un repos absolu.

Rendu aujourd'hui à moi-même et à mes travaux, je poursuis mon entreprise. Mais avant de donner au public la première partie de mon travail, je me sens pressé, Monseigneur, de me jeter aux pieds du successeur de Mgr Donnet, pour le prier de vouloir bien bénir et l'œuvre et l'ouvrier. Une bénédiction d'évêque doit porter bonheur à un prêtre soumis et attaché d'esprit et de cœur à la sainte Église, à son auguste Chef et à ses premiers pasteurs, et qui se propose de raconter d'une manière utile les *Gesta Dei per Episcopos*.

Votre Grandeur me permettra-t-elle, Monseigneur, de raviver en cette circonstance une ancienne coutume qui tend à se perdre, celle d'offrir à un personnage distingué la dédicace d'un livre. Il est permis en cela comme en bien d'autres choses aujourd'hui, d'être *laudator temporis acti*. Cette louable coutume servait singulièrement à maintenir les auteurs dans les règles d'une bonne littérature, du respect de la vérité et de la saine doctrine.

Je viens donc, Monseigneur, vous exprimer le désir naturel que j'ai de placer *la vie, l'apostolat et l'épiscopat du cardinal Donnet*, sous les auspices de son digne et vénéré successeur, et prier Votre Grandeur de vouloir bien en accepter la dédicace.

J'ai l'honneur d'être, Monseigneur, avec le plus profond respect,

de Votre Grandeur,

le très humble, très obéissant et très reconnaissant serviteur,

L'abbé ET. POUGEOIS aîné,
chanoine honoraire de Bordeaux.

AVANT-PROPOS

C'est de tradition dans l'Église de Dieu, que la parole d'un évêque est celle d'un apôtre. Ses enseignements, ses exemples, le bruit de ses vertus et de ses œuvres, vu la constitution actuelle de notre état social, doivent faire le tour du monde, *in omnem terram exivit sonus eorum.* (Rom., x, 18.) C'est, d'après les Saintes-Lettres, le but de l'apostolat. La voix publique, les correspondances, la presse, les télégrammes, sont les auxiliaires dont le ciel se sert pour étendre d'une contrée à l'autre le bien

opéré par les ouvriers apostoliques et
porter en tout lieu lumière, édification,
émulation. Viennent ensuite les histo-
toriens biographiques, qui, après avoir
effeuillé, vérifié, contrôlé, comparé et
épuré les documents, éphémérides et
fastes qui se sont produits à la suite des
années, les réunissent comme en fais-
ceau afin de laisser, pour l'instruction
des générations futures, le récit authentique des travaux entrepris, des œuvres
fondées, des enseignements donnés par
d'éminents prélats dont la vie se con-
suma à défendre l'honneur, les droits
et la liberté de l'Église, à exercer en tout
et partout un utile et fécond ministère;
en sorte qu'après leur mort ils parlent
et agissent encore, et qu'on peut leur
appliquer dans leur vrai sens ces paroles de l'Apôtre : *Defunctus adhuc
loquitur*. (Hebr., xi, 4.)

Du vivant même des apôtres, et sous
l'inspiration de Dieu, un célèbre histo-
riographe nous a retracé avec des détails
pleins d'intérêt, la vie et les actes des

apôtres et surtout ceux de saint Pierre et de saint Paul, pendant l'espace de vingt-huit à trente ans. Depuis saint Luc, avant comme après Possidius, il s'est trouvé d'autres écrivains pour recueillir minutieusement les faits et les gestes de nos plus grands évêques, et, dans des histoires auxquelles un public instruit et difficile fit bon accueil, ces auteurs, parcourant les diverses phases de leur vie, ont proposé au clergé et aux fidèles leurs exemples à suivre, leurs vertus à pratiquer, leurs livres à lire et leurs œuvres à méditer et à imiter.

Pour les siècles plus éloignés de nous, n'avons-nous pas entre autres, les Vies de Sixte-Quint, de Grégoire VII, de Benoît XIV; et, plus près de nous, les Vies de Pie VI, Pie VII, Pie VIII et Léon XII, et de date plus récente, plusieurs Vies de Pie IX, dont une surtout, celle de l'abbé A. Pougeois, *curé-doyen de Moret,* comprenant six volumes grand in-8°, est un véritable

monument [1] dont rien n'approche depuis la Vie de Pie VII par le chevalier
Artaud. Voilà pour les Papes, vicaires
de Jésus-Christ.

Quant aux évêques, distinguons parmi tant d'autres Vies, celles des cardi-
naux Fesch, de Cheverus, d'Astros,
Gousset, Matthieu ; de NN. SS. d'Aviau,
Rey, d'Annecy, Olivier, Gerbet, etc.
Une autre Vie était à désirer pour
compléter ce nombre, celle du cardinal
Donnet, archevêque de Bordeaux, décédé il y a plus d'un an.

En effet, pendant plus de soixante
ans, cet éminent prélat, comme missionnaire et comme évêque, a parcouru
presque toutes les provinces de notre
France, y laissant le souvenir de ses
enseignements, de ses vertus et de sa
brûlante charité. Il vivra des siècles
dans les souvenirs des deux diocèses
où l'on retrouve à chaque pas des traces

[1] Voir ce témoignage dans les lettres des
évêques en tête des volumes.

vivantes de son zèle et de son actif dévouement. Une histoire de ce long pontificat était dans les vœux de tous, laïques et prêtres.

Nous avons essayé de répondre à ce vœu si légitime, et loin du bruit et de la foule, dans le silence du cabinet, nous nous sommes recueilli, et bientôt après, en novembre 1869, nous commencions le premier chapitre de *la vie, de l'apostolat et de l'épiscopat* de Son Éminence le cardinal Donnet, que nous mettons avec confiance entre les mains de ses chers diocésains qu'il a tant aimés, et qui savaient si bien le payer de retour, entre les mains de ses amis, des amis de l'Église et de ses pasteurs.

En tirant de l'oubli les principaux traits de cette vie qui embrasse plus de quatre-vingts ans, notre plume devra écrire des noms, citer des personnages et des faits tombés aujourd'hui dans le domaine de l'histoire. Lorsque nous leur assignerons le rôle et la place qu'ils doivent occuper dans le cadre et le plan que nous avons dû dresser, il nous faudra laisser à chacun sa physionomie propre avec la somme de louange ou de blâme qu'ils auront laissée après eux. Toutefois nous ne perdrons jamais de vue notre devoir d'historien impartial et modéré ; dussions-nous dans des récits authentiques et puisés aux meilleures sources, affliger quelques témoins actifs ou passifs qui existeraient encore. Car nous ne dirons pas d'eux ce que Montaigne disait des Parisiens éblouis des magnificences de leur ville : qu'ils *en aiment jusqu'aux taches et aux verrues ;* nous nous garderons bien plus encore de leur appliquer ce mot de Cicéron *ad Familiares,* lib. VII : *Tanta fæx est in urbe ut nihil sit tam invenustum quod non alicui venustum esse videatur.*

Nous défiant de nos propres lumières, nous avons eu souvent recours à celles des autres, en broyant ensemble les couleurs qu'ils nous ont fournies. Nous avons dû consulter les feuilles publiques, les écrits, revues, mémoires, lettres, éloges, critiques qui ont paru en leur temps et qui pouvaient nous éclairer dans notre travail. Car si personne n'est obligé d'écrire l'histoire, celui qui entreprend cette tâche s'engage à dire la vérité. On n'est historien qu'autant qu'on rapporte, mais avec discernement, le bien et le mal sur les hommes qui ont occupé la scène du monde. En plaçant leurs faiblesses à côté de leurs vertus, on doit avoir le courage de blâmer leurs fautes, en même temps que l'on rend justice aux qualités qui les honorent. C'est là, selon nous, le mérite de l'historien; il est simple témoin, le public est juge. C'est un défaut chez lui quand il se livre au plaisir de la satire autrement que pour instruire. Lorsque l'historien fait le portrait des hommes, il doit se rappeler aussi qu'il n'a pas devant lui des anges à peindre. *Un portrait flatté,* a dit Fleury, *n'est jamais ressemblant.* Si l'historien censure ceux dont il parle, c'est la faute des coupables et non pas la sienne. Il serait répréhensible s'il dissimulait les mauvaises actions et ne signalait pas les opinions téméraires ou les écrits dangereux. Leur infliger un blâme, c'est avertir les autres. Les vertus, dans l'histoire, sont comme des îles riantes au milieu d'une mer orageuse, dans lesquelles le voyageur vient se reposer avec bonheur après la tempête. L'histoire doit être l'école de la morale, de la vertu, de la vraie et saine politique, à la façon de celle de Bossuet, et non pas l'école d'une frénésie quelconque. Elle doit apprécier les hommes et non pas les insulter. Elle doit être l'écho d'une opinion sage, modérée, et jamais celui du fanatisme et de l'enthousiasme insensé.

Voilà comment nous comprenons le rôle de l'historien.

Cet ouvrage est divisé en deux parties. La première comprend la naissance, la première éducation, le professorat, l'apostolat, le ministère pastoral de Mgr Donnet à Irigny et à Villefranche et son épiscopat à Nancy. Elle renferme treize chapitres qui forment le premier volume.

La seconde partie est consacrée tout entière aux actes privés et publics de l'épiscopat de Mgr Donnet à Bordeaux jusqu'au jour de sa mort. Les faits et évènements qui sont racontés dans ce deuxième volume, étant plus rapprochés de nous, pourront plus facilement être contrôlés par ceux qui, de loin comme de près, ont pu en être les témoins.

Nous sommes heureux que le vénéré successeur de Mgr Donnet sur le beau siège de Bordeaux ait daigné agréer la dédicace que nous avons eu l'honneur de lui faire de la Vie de son éminent prédécesseur ; nous avons été touché des bienveillants encouragements qu'il nous a donnés : et nous nous empressons d'en témoigner à Sa Grandeur toute notre gratitude.

Nous avons aussi rencontré de précieuses sympathies dans les rangs du clergé et parmi les catholiques bordelais si dévoués, de temps immémorial, à leurs premiers pasteurs. C'est la somme de nos labeurs de quinze ans que nous publions aujourd'hui. Nous n'avons eu qu'une seule ambition : celle d'avoir servi l'Église et bien mérité du diocèse de Bordeaux, auquel nous appartenons d'esprit et de cœur. Avoir réussi, ce serait pour nous une douce récompense, la seule, du reste, que nous puissions ambitionner.

L'abbé Ét. POUGEOIS,
Chan. honor. de Bordeaux.

Paris, 4 mai 1884,
en la fête du Patronage de saint Joseph.

VIE

APOSTOLAT ET PONTIFICAT

DE SON ÉMINENCE

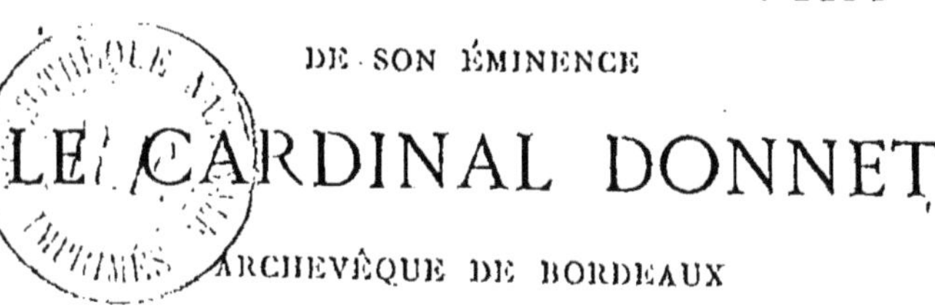

LE CARDINAL DONNET

ARCHEVÊQUE DE BORDEAUX

PREMIÈRE PARTIE

DEPUIS SA NAISSANCE JUSQU'A SON ÉLÉVATION A L'ÉPISCOPAT INCLUSIVEMENT

CHAPITRE PREMIER

Sa naissance. — Sa première éducation. — Mgr d'Aviau, archevêque de Valence, fuyant la persécution, accepte l'hospitalité chez M. Donnet père et bénit son fils entre les bras de sa mère. — Celui-ci sert la messe du vénéré prélat à la Louvesc. — Le jeune Donnet est béni par Pie VI et Pie VII. — Sa piété et son amour pour les pauvres et les malades. — Il devient l'élève de l'abbé Aude. — Ses visites avec son père à l'hospice de Bourg-Argental.

La lugubre *Convention* avec la loi des suspects, les listes de proscription, les délations honteuses, les *bières préparées pour les vivants,* la Convention nationale avait enfin disparu avec toutes ses horreurs; elle s'était retirée pour faire place au Directoire, selon les termes de la Constitution de l'an III. Les ruines de toutes sortes qu'elle amoncela sur le sol de la France ne sont pas encore réparées, tant s'en faut. Et cependant qui pourrait compter tous les hommes de dévouement, d'énergie et de générosité que le Ciel a suscités pour cette tâche, soit dans l'armée, soit dans la magistrature, soit dans le clergé, soit dans l'administration, et qui se sont mis résolument à l'œuvre ? Au commencement du Directoire naissait, loin de Paris, un de ces hommes éminents, dont toute la vie a été consacrée à réaliser, dans la société chrétienne, cette religieuse devise qui devra se lire en tête de tous ses écrits : *Foi et amour.* Cet homme éminent, c'est le cardinal Donnet, archevêque de Bordeaux.

Ferdinand-François-Auguste DONNET naquit le 16 novembre 1795 à Bourg-Argental, petite ville du Forez, alors du diocèse de Vienne, entre Saint-Étienne et Annonay. Son père, François Donnet, excellent chrétien, né à Maclas (Loire), exerçait la médecine et était attaché à l'hospice de cette ville. Sa mère, Madeleine Reynaud, femme de haute intelligence, d'un jugement et d'un tact exquis, était regardée par Mgr d'Aviau comme une *Vendéenne* du Dauphiné.

L'enfant appartenait donc à une de ces familles honorables où, malgré le malheur des temps, les antiques et héréditaires *traditions* de foi, de piété et d'honneur chrétien s'étaient conservées dans toute leur intégrité. C'est qu'abritée au fond des provinces contre la corruption des grandes cités, la sainteté des mœurs et l'énergie de l'âme et du corps s'y conservent et s'y perpétuent, plus rarement peut-être aujourd'hui, sous la garde austère d'une forte éducation domestique : et c'est dans leur sein que se forment d'ordinaire les âmes d'élite destinées à exercer sur les affaires humaines l'ascendant d'une nature supérieure et d'une providentielle mission. Le jeune Donnet fut porté au baptême le jour même de sa naissance, par les soins de sa pieuse mère. Ce sacrement qui fait le chrétien lui fut administré par M. Fontaine, curé de la paroisse, vénérable vieillard non assermenté qui trouvait un asile sûr dans chaque maison et, malgré la proscription qui pesait sur le clergé fidèle, ne cessait de parcourir le pays pour y remplir en secret les fonctions de son ministère, au milieu de ces montagnes où la foi se conservait toujours vive et puissante.

L'heureux enfant avait à peine deux ans lorsqu'il fut béni entre les bras de sa mère par Mgr d'Aviau, archevêque de Vienne, un de ses prédécesseurs sur le siège de Bordeaux. Prêchant le 5 août 1877, lors de la consécration de la nouvelle église de la Louvesc, le cardinal Donnet s'exprimait ainsi :

« Par une disposition toute particulière de la Providence, j'avais servi (à la Louvesc) la messe pour la première fois de ma vie, et le célébrant se nommait Mgr d'Aviau. Entré dans la Société des missionnaires de Lyon, je prêchai en 1820 à Tournon et à Annonay où j'avais fait mes premières études, et en 1822, je remplis le même ministère à la Louvesc, dans la vieille église qui vient de faire place à ce beau monument. » Une croix qui existe encore a consacré ce dernier souvenir. Et le lendemain de ce jour, 6 août 1877, dans son allocution pour la bénédiction de l'usine de Vidalon-les-Annonay, il s'écriait avec une émotion qui toucha tous les cœurs : « Pourrai-je oublier la chapelle de mon collège où j'ai passé les meilleurs instants de ma vie ? Depuis lors, je ne suis jamais entré dans une église sans m'écrier : « Que vos tabernacles sont beaux, Dieu des vertus! que vos tentes sont magnifiques, ô Israël! » Le 21 août 1876, il disait aux ouvriers catholiques réunis dans la chapelle nouvellement inaugurée du grand séminaire de Bordeaux : « Les deux mains du pontife martyr (Pie VI) se reposèrent sur la tête de l'enfant de cinq ans devenu votre vieil archevêque. J'ai vu Pie VII à Lyon, lorsqu'il se rendait à Paris pour la grande cérémonie de 1804, et j'ai été béni de sa main au séminaire de Saint-Irénée, au sortir de sa prison de Fontainebleau. »

On sait que sous le Directoire, surtout après le coup d'État du 18 fructidor an V (4 septembre 1797), la Terreur reprit avec une nouvelle fureur. Le gouvernement, armé d'une puissance toute révolutionnaire, rétablit toutes les lois sur la police des cultes et se fit donner la faculté de déporter par un simple arrêté, les prêtres qui lui paraîtraient suspects.

Mgr d'Aviau, intrépide et magnanime confesseur de la foi, put, à la faveur d'un déguisement, continuer de remplir ses fonctions épiscopales dans son diocèse. Pour se dérober aux poursuites et aux recherches qui pouvaient être dirigées contre lui, il changeait souvent de demeure, acceptant l'hospitalité généreuse qui lui était partout offerte, tantôt au château de l'Hermusière, tantôt dans les petits hôtels que possédaient, dans la ville d'Annonay, les dames de Laborie, de Lestranges et de Vogué, où ses grands vicaires venaient secrètement le trouver pour lui rendre compte de leurs travaux et lui demander ses conseils. Il était accompagné dans toutes ses courses par M. l'abbé Cartal, homme de tête et de cœur. Car, en ces malheureux temps, il fallait beaucoup de prudence et de discernement pour ne pas exposer les jours du pontife lorsqu'il se rendait à quelque appel. Mais la décision une fois prise, le prélat ne calculait plus les dangers qui pouvaient se présenter. Voici à quelle occasion le courageux archevêque put bénir le jeune Ferdinand.

Un jour qu'il se rendait d'Annonay à Boulieu, gros bourg dont on aperçoit le massif clocher lorsqu'on va de cette ville à Saint-Étienne, engagé dans un chemin de traverse, il se trouva tout à coup en présence de deux ou trois malheureux jeunes gens qui, sortant d'un fourré où ils s'étaient embusqués par suite d'un pari révolutionnaire, se jettent sur lui en lui disant : *Citoyen, tes papiers.* Monseigneur faisant bonne contenance tire sur-le-champ sa croix pectorale cachée sous ses vêtements, et la leur montrant : « *Les voilà mes papiers,* répondit-il, *c'est là mon passeport.* » Il n'en fallut pas davantage pour déconcerter ces misérables qui furent flétris dans l'opinion publique.

Au sortir de Boulieu, le pontife trouva M. l'abbé Cartal qui venait le rejoindre et il lui conta le guet-apens dont il avait failli être la victime; puis, doublant le pas, il gagna avec lui, par des champs couverts de châtaigniers, les bois du Taillard, qui longeaient la commune de Vanose. Son projet était de se réfugier à Bourg-Argental, à l'extrémité de son diocèse. Il s'était laissé dire que cette localité, comme quelques contrées privilégiées, avait échappé à l'esprit de vertige qui s'était répandu sur la surface de la France; tous ses habitants, à quelques exceptions près, étaient restés fidèles à leurs vieux principes de foi, d'honneur et de loyauté.

C'était, hélas ! précisément, ce qui rendait alors assez difficile à nos deux pèlerins l'abord de Bourg-Argental. Il y avait eu peu de jours auparavant dans cette paisible

cité une alerte qui avait agité et troublé
tous les esprits. Des hommes aux ordres
de la révolution étaient venus, envoyés par
le district voisin, renouveler le 18 fructidor
sur les rives de la Diaume. Les sieurs
Giraudet, Coidou, Lacou, dont on a conservé les noms, et d'autres soi-disant patrio-
tes, désolés du prétendu retard de ces pays,
avaient juré de les mettre à l'unisson de
leurs détestables principes. Pénétrant au-
dacieusement dans les domiciles, ils y
mutilèrent les statues, déchirant les images,
brisant les crucifix, en un mot foulant aux
pieds tout ce qu'ils appelaient *les signes de
la superstition.* Une des maisons qui furent
le moins épargnées, fut celle du respectable
et savant médecin, M. Donnet. Son épouse,
quoique jeune, se débattit avec le courage
de la femme forte, pour arracher au vandalisme de ces nouveaux septembriseurs un
pieux tableau qu'elle avait enlevé à la boise-
rie de son salon. Plus tard ce fut une pré-
cieuse relique, un vrai trophée de la piété
maternelle dont l'archevêque de Bordeaux
s'empressa d'orner son appartement privé.

M. Donnet avait été dénoncé tant à cause
de ses principes que de ses relations fréquentes avec les familles les plus honorables de la contrée. On ne lui pardonnait

pas surtout un rapport qu'il avait publié, au nom de la religion et de l'humanité, sur le peu de soin que l'on donnait aux sépultures. Aussi dut-il se cacher.

Errant çà et là dans les environs d'une petite ferme qu'il possédait entre Bourg-Argental et Saint-Marcel, il crut reconnaître deux ecclésiastiques qui semblaient être fugitifs comme lui. C'étaient, sans qu'il s'en doutât, Monseigneur l'archevêque de Vienne et son grand-vicaire qui avaient gagné la hauteur. Il les aborda, et, comme ils paraissaient inquiets sur le chemin qu'ils suivaient, il leur demanda de quel côté ils dirigeaient leurs pas. Sur leur réponse qu'ils allaient à Bourg-Argental, il leur raconta les événements qui venaient d'avoir lieu dans la ville, la terreur qui y régnait, et les engagea à laisser passer l'orage avant de chercher à y entrer. En attendant il les invita à s'arrêter et à se reposer chez lui, sous le toit modeste de la ferme rustique qui, depuis quelques jours, lui servait d'abri.

Accablés de fatigue et d'ailleurs fort peu empressés d'aller s'exposer sans nécessité à de nouveaux périls, les deux voyageurs acceptèrent avec reconnaissance la proposition qui leur était faite; ils avaient trouvé dans celui qui leur avait offert un

1*

asile dans sa maison, un air si bon, un empressement si rassurant, une cordialité si franche, trop franche peut-être et dont il pouvait en d'autres circonstances être dupe, qu'ils se rendirent sans aucune hésitation à son aimable invitation. Ils passèrent deux ou trois jours avec le père du futur archevêque, dans cette modeste demeure où l'empressement et la plus exquise politesse suppléèrent à tout ce qui manque ordinairement dans un simple pied-à-terre de campagne, pour leur y faire goûter une douce hospitalité.

Pour ne pas trop gêner leur hôte si gracieux, les deux proscrits voulurent être discrets, et de prime abord ne lui découvrirent point leurs noms; ils ne se départirent de cette règle qu'ils s'étaient imposée, qu'au moment de leur départ ; cet aveu contrista singulièrement l'obligeant médecin qui crut les avoir reçus presque sans façon. Mais en homme habile autant que courtois, il s'en tira avec un à-propos fort délicat. Au lieu de se confondre en banales excuses, il se plaignit avec beaucoup d'esprit de leur réserve : « Je le comprends, Messieurs, vous en avez voulu agir avec moi comme autrefois les Anges avec Abraham ; il est écrit que ces célestes voyageurs ne se firent pas connaître d'abord dans les diverses visites qu'ils lui firent : on le voit bien, tous les anges se ressemblent. » Et dès ce jour, il s'établit entre l'archevêque et M. Donnet père, des rapports d'intimité.

Lorsque, avant de quitter ce toit hospitalier, le vénéré prélat vit à ses pieds la jeune mère tenant son enfant entre ses bras et lui demandant une double bénédiction, il caressa doucement l'enfant qui lui souriait déjà, le bénit et s'éloigna.

Le lecteur nous pardonnera cette petite digression ; elle nous a paru nécessaire pour rappeler que dans les temps les plus éprouvés le Seigneur pourvoit aux besoins spirituels de ses enfants, et pour donner en même temps une idée du genre d'éducation que le père et la mère du cardinal Donnet devaient donner à leur fils, et du bonheur avec lequel l'auguste prélat saisissait toujours l'occasion de parler d'un de ses plus illustres prédécesseurs.

Les écoles, dans ces temps lugubres, avaient subi le sort des églises ; l'enfant dut en conséquence sa première éducation à sa propre mère, cette excellente chrétienne, qui cultiva avec discernement les heureuses facultés qui se manifestaient dans son fils. Ce qui lui fit dire plus tard : « J'ai plus appris de ma mère que de tous mes premiers maîtres. Que de fois le jour je me surprends à recourir à elle ! » L'ensemble de la vie de l'homme dépend presque toujours de la première éducation. Ferdinand crut et grandit sous l'œil vigilant de cette nouvelle Félicité qu'il ne perdit qu'en 1827, et qui, avant tout, s'occupa de lui faire connaître Dieu et de le lui faire aimer. C'était un aimable enfant à la blonde chevelure, vif, enjoué, d'un esprit d'autant plus ouvert que son cœur était plus pur, prompt dans ses reparties, d'une imagination ardente. Mais à travers les pétulances et les échappées de son âge, et surtout les saillies de son caractère, on vit percer en lui, dès ses jeunes années, deux dispositions qui se concilient fort bien avec cette heureuse vivacité, parce qu'elles ont leur source commune dans la sensibilité de l'âme, et sont l'indice d'une grande bonté de cœur. C'était un goût marqué pour les exercices religieux, et une grande compassion pour les pauvres et les malades, et par-dessus tout un ardent amour pour la très sainte Vierge. Quand la Providence a de grandes vues sur une âme, elle la prépare par des grâces particulières à remplir un jour sa mission dans le monde. Comme

on le voit, à cet enfant destiné à devenir
plus tard une des grandes lumières de
l'Eglise, le ciel avait largement départi les
meilleurs et les plus beaux de ses dons.
On sait que les deux vertus signalées plus
haut, ont toujours été à un haut degré le
partage des saints, et que cette éducation
maternelle, d'après M. de Maistre, est au-
dessus de toutes les autres; aussi la recom-
mande-t-il à toutes les mères qui aiment
véritablement leurs enfants.

En 1803, M. l'abbé Aude, mort en 1843
curé de Tournon, ecclésiastique savant et
pieux, ayant terminé l'éducation de MM. de
Tournon [1], fixa pour trois ans sa résidence à Bourg-Argental; à sa mort il laissa
dans le Forez d'impérissables souvenirs.
Il était l'auteur de quelques réflexions sur
le Concordat. Lorsque Ferdinand fut dans
sa huitième année, il attira les regards de
M. l'abbé Aude qui avait succédé au Père
Charvet, dans la *Maison Deschamps,* place
Grenette. Ce fut lui qui le dirigea dans ses
études élémentaires de 1805 à 1808. Il fit
sa cinquième et sa sixième de 1806 à 1807,

---

[1] L'un d'eux, le comte Philippe, qui habitait le
château de Montmélas, près Villefranche, fils
d'un ancien préfet de la Gironde, s'engagea dans
les zouaves pontificaux.

sous la direction du frère de la Mère Bara.
« Cet impitoyable frère, écrivait l'archevêque de Bordeaux, le 2 mai 1876, à M. l'abbé
Beaunard (d'Orléans), cet impitoyable frère
de Sophie, sous lequel je faisais ma cinquième, pendant qu'il employait ses vacances à bourrer de latin et de grec sa pauvre petite sœur... » Mgr Donnet eut pour
frères d'armes MM. Mathon de Fogères,
Gabriel de Soras et Auguste Mignot. Les
ravissants bosquets de Faya, traversés par
la Diaume, formée elle-même de l'Argental
et du Saint-Julien, devinrent le lieu le plus
ordinaire des ébats de ces jeunes élèves.
Accueillis les dimanches et jeudis par la
famille Johannot, dont le dernier membre
restait encore en 1879, plein de vie et
d'amabilité, ils avaient pour compagnons
habituels de leurs jeux, avec le bien regrettable Gabriel déjà nommé, MM. Alléon,
Sagnol, Marchal, Paulin, de Breseno, et
autres jeunes camarades que l'abbé Donnet
revit au jubilé de 1826, lorsque le curé
Dégache, son ancien maître, l'appela à prêcher alors dans son église.

Après avoir cité les noms des *Maires distingués* qui présidèrent les distributions de
prix et *de ces Chefs de maisons de commerce*
qui ont porté si loin *la réputation d'habileté,*

de probité et d'urbanité, le gracieux prélat ajoute :

« Et ces bons docteurs, les Duret, les Bravais, les Reybard et les Alléon, dont les soins assidus réjouissaient le cœur de nos mères, avec quel empressement nous accordaient-ils l'exercice du patin en hiver, et en été celui de la natation dans les eaux limpides de la Diaume et de la Cance... »

Dans l'intervalle de ses leçons, l'élève de M. Aude accompagnait quelquefois son père dans ses visites à l'hospice de la ville. Il s'y trouvait alors un vieillard atteint d'une infirmité incurable. L'enfant, quoique fort jeune encore, s'attacha à lui malgré l'aspect repoussant de sa maladie ; il lui donnait fréquemment des soins. Aujourd'hui, je ne sais par quelle crainte exagérée, les parents, les mères en particulier ont grand soin d'éloigner de leurs enfants le spectacle de la maladie et de la souffrance, si ce n'est pour leur dérober la vue des infirmités humaines, chose difficile, au moins pour les préserver d'un certain *virus* moins dangereux toutefois pour le corps, que ne le sont pour l'âme certains poisons, qui, selon nous, sont mis trop facilement à leur portée. Lorsque plus tard il s'éloigna de la maison paternelle pour faire des études plus développées, il n'oublia point son cher malade ; à la fin de l'année scolaire, s'il revenait se jeter avec empressement entre les bras de sa famille et offrir ses couronnes à son vénérable père décédé le 16 janvier 1815, à l'âge de 84 ans, une de ses premières visites était pour le pauvre incurable, qu'il consolait par des attentions affectueuses et par d'amusantes saillies. D'un autre côté, ses dispositions religieuses se manifestaient par son zèle à catéchiser familièrement les enfants d'un âge inférieur au sien ; ce ministère il le remplissait avec une gravité et une dignité qui contrastaient quelquefois avec la franche et inépuisable gaieté de son caractère.

CHAPITRE DEUXIÈME

Vers la fin du XVIIIe siècle, Mgr d'Aviau avait fondé après la Terreur, à Monestier, arrondissement de Tournon, canton d'Annonay, un établissement pour une *École de théologie,* à la tête duquel il mit un prêtre de mérite, M. Malgontier, secondé par M. l'abbé Sauzet de Pradelles, et un autre ecclésiastique non moins distingué. Le directeur, voyant arriver chaque jour de nouveaux lévites, tous pleins de courage et de résolution, se présentant à lui pour remplir les vides du sanctuaire, s'efforça de donner à l'institution, dès sa naissance, une forme de communauté que n'auraient pas désavouée des séminaires de vieille date. Les temps devenant de jour en jour plus calmes, le prélat, au bout d'un an, crut qu'il pouvait sans obstacle transférer le séminaire de Monestier à Vernose, qui n'est qu'à huit kilomètres d'Annonay. Dans ce dessein il nomma M. Malgontier curé de cette paroisse, dont le précédent pasteur avait été déporté. Ce digne prêtre, associé à toutes les bonnes pensées de son évêque, amena avec lui ses théologiens et ses philosophes. Le presbytère de Vernose était plus commode et plus spacieux que celui de Monestier; il fut dès lors possible de donner plus de développement à cet établissement qui s'augmenta et se régularisa de mieux en mieux.

Mais ce qui pressait le plus, c'était de créer immédiatement des écoles secondaires ecclésiastiques pour alimenter le nouveau grand séminaire; ce qu'il avait vu faire dans le diocèse de Lyon par MM. Devis et Gardette, sur les montagnes qui séparent la plaine du Forez de celle du Roannais, lui suggéra l'idée d'en faire autant. « N'avons-nous pas, disait-il, les mêmes éléments de succès que nos voisins? Que nous manque-t-il? »

Il fait venir l'abbé Lapierre, curé de Saint-Symphorien, homme de vertu et de talents, lui communique ses idées et le plan qu'il a conçu au pied de la croix ; celui-ci saisit le projet à première vue, et met incontinent à la disposition de son évêque sa personne et son presbytère. Monseigneur lui adjoint M. l'abbé Actorie, ancien professeur de dogme au séminaire de Die. Sous ces habiles instituteurs, l'établissement prospéra et grandit en peu de temps. Il fut ouvert le 1er novembre 1800. La troisième année, l'affluence devint telle qu'on ne pût satisfaire à toutes les demandes des familles chrétiennes qui y sollicitaient des places pour leurs enfants. Si bien que l'on jugea convenable, au mois de novembre suivant, de transporter le pensionnat à Annonay, dans l'ancien cloître des Cordeliers, l'une des premières fondations de saint François d'Assise en France ; saint Bonaventure, troisième Supérieur Général de l'Ordre, vint le visiter. Cette heureuse conception, rattachant l'avenir au passé, allait recueillir et perpétuer les traditions d'une maison qui était pour la France ce qu'Assise était pour l'Italie.

Tels furent les préludes et les commencements du collège d'Annonay dont la réputation alla toujours croissant dans ces contrées, ouvert sans distinction, dès le principe, à tous les jeunes gens qui aspiraient à recevoir une éducation chrétienne. On y enseignait, outre les langues mortes et vivantes, la rhétorique, la philosophie, les mathématiques, la chimie, même les arts d'agrément pour les élèves qui voulaient entrer dans le monde. Il y avait également, comme à Juilly, sous l'administration de MM. de Scorbiac et de Salinis, une classe de théologie à part pour ceux qui, se croyant appelés au sacerdoce, se préparaient plus ou moins prochainement à ce sublime ministère [1].

[1] Sont sortis de cette maison une foule de sujets qui, tout en donnant une idée de l'esprit de ce collège et de son sage règlement, dont Mgr d'Aviau fut le père, ont honoré l'Église, tels que NN. SS. Donnet; Fabre des Essarts, évêque de Blois; MM. le comte de Latour, dont Mgr Donnet fit son vicaire général à Bordeaux; Jammes, ancien vicaire général de Paris et de Rouen; de Lavalette, ancien vicaire général de Viviers; de la Varenne, ancien vicaire général de Valence; de Charbonnel, directeur du séminaire de Saint-Sulpice. Que serait-ce s'il fallait énumérer ici ceux qui ayant fait leurs premières études à Annonay, ont illustré la magistrature, l'armée, l'administration, le commerce et les arts, et dont on retrouve les noms dans les fastes de cet établissement : MM. de Laboulie, ancien député des Bouches-du-Rhône et procureur

Ferdinand, dont les facultés étaient alors suffisamment développées, y mérita une place et y termina ses études sous la direction des saints prêtres basiliens. En 1841, ce collège était encore dirigé par les prêtres que l'élève Donnet y trouva en entrant et sous la direction desquels il s'était mis avec une grande docilité. M. l'abbé Tourvieille lui fit faire à douze ans sa première communion. Avec cette attention délicate dont Mgr Donnet avait le vrai secret, ce sera M. Tourvieille qui prêchera plus tard les deux premières retraites pastorales que le coadjuteur de Nancy et le successeur de Mgr de Cheverus donnera à Nancy et à Bordeaux.

Un caractère entreprenant, plein de franchise et d'ouverture, de brillants succès fécondés par un travail facile et une régularité exemplaire, firent du nouvel élève l'un des sujets les plus remarquables du collège. Il l'emportait sur tous ses condisciples, et il obtint des succès dans toutes les branches de l'enseignement. Et cependant on raconte qu'il se mettait difficilement au tra-

de la cour royale de Riom; Nicolas, président de Chambre à la cour royale de Grenoble; Pelven, ancien préfet de Digne ; Montgolfier, Bravais, chimistes et industriels distingués, etc.

vail, par suite d'une légèreté d'enfance qui se prolongeait.

En novembre 1813, il quitta le collège d'Annonay où il avait été heureux, car il était aimé de tous, élèves et maîtres.

A la fin de ses études il entra au grand séminaire de Saint-Irénée à Lyon pour faire sa philosophie et sa théologie, de 1813 à 1816, car la grâce avait parlé à son cœur; il se sentait attiré vers l'état saint du sacerdoce pour lequel il avait eu du goût dès sa plus tendre enfance; et ce qui l'y portait, c'est que, selon lui, l'homme devait rendre au Seigneur le plus de services possible : *Dei enim sumus adjutores.* (1 Cor., III, 9.) Repassant dans son esprit les diverses carrières qui semblaient s'ouvrir devant lui, il n'en vit aucune autre digne de fixer son choix. Après avoir réfléchi mûrement, prié, fait prier, il prit une détermination irrévocable et se consacra résolûment au service et à la gloire de Dieu, au salut du prochain. L'abbé Augustin de Lupé fut son conchambriste à Saint-Irénée et son confrère aux Chartreux de 1819 à 1822. MM. Vianney, depuis vénérable curé d'Ars, et Dupont, depuis cardinal, furent aussi ses confrères. Durant la première année de son séminaire, il fut à la lettre le jouet de ses condisciples, et il s'en fallut peu qu'il ne rentrât au sein de sa famille, au détriment d'une vocation sérieuse qu'il avait reçue du Ciel. Mais, d'heureuse composition, il fit bonne contenance, et bientôt le *moqué* devint le *moqueur* à son tour. Car, ainsi qu'au collège d'Annonay, Ferdinand attira bientôt l'attention de ses supérieurs par les progrès qu'il fit dans les études théologiques et dans la connaissance de l'hébreu où il eut de remarquables succès. Il suivait en même temps les leçons de la faculté de théologie, qui comptait déjà des professeurs d'un mérite éminent. Ses condisciples, car il en existe encore, se rappellent que le nouveau séminariste, sans être précisément ardent au travail, ne s'endormait pourtant pas dans l'insouciance et la torpeur. Pendant les promenades, il faillit cent fois se noyer en gravissant les rives escarpées de la Diaume, jolie miniature de fleuve. En classe, et toujours du même cœur, il affrontait l'œil de ses professeurs de théologie et, pour réciter une leçon demandée, saisissait le cahier de son voisin et lisait intrépidement, acceptait comme siens les compliments, s'il y en avait à recevoir; sinon, les réprimandes. Et l'officieux voisin n'était autre que le digne abbé Perrin, prêtre administrateur de Saint-Nicolas des Champs à Paris en 1841. Toutefois Ferdinand n'en était pas moins réputé à bon droit l'un des sujets les plus distingués de son cours. Voilà ce que la tradition nous a laissé de l'enfance et de la jeunesse cléricale de M. l'abbé Donnet.

Les traits que nous venons de citer pourraient paraître peu édifiants s'ils étaient incompris. Aussi nous nous empressons de faire observer que cette légèreté de caractère, évidemment préjudiciable sur quelques points, présente aussi d'immenses avantages lorsqu'elle s'unit à des qualités excellentes du cœur; elle prolonge pour ainsi dire l'enfance, et semble perpétuer avec elle la candeur, l'ignorance du mal et toutes les saintes félicités de l'innocence native. Pour s'initier au vice, il faut rechercher la société des pervers et réfléchir, pour le consommer on cherche l'ombre et les ténèbres, on fuit l'œil de ses maîtres. *Omnis enim qui male agit, odit lucem.* (Jean, III, 20.) Tel est généralement le fait des natures précoces ; les autres n'ont ni l'idée, ni le temps de s'arrêter ; elles aiment le soleil, père des bonnes inspirations, et puisent la vie à ses rayons d'où elles sont écloses. Érasme a fait *l'éloge de la folie*, pourquoi l'espièglerie serait-elle exceptée ? Dira-t-on qu'en ce cas un écolier de ce tempérament laissera à d'autres le soin d'étudier pour lui ? La conclusion serait par trop rigoureuse. Mais quand l'écolier étourdi peut, s'il le veut, devenir néanmoins par son travail et son intelligence une des véritables illustrations de l'Église, qui aura le droit et le courage de le blâmer de son espièglerie ? C'est ici qu'il serait permis de rappeler ce passage de Cassien à propos d'Apollinaire : *Apollinarius dum modo sis, uti Apollinarius licet esse.* Sois lui, et sois comme lui.

Ses études terminées, l'abbé Donnet n'avait que dix-huit ans ; ceux qui exerçaient une certaine autorité sur lui, voulurent qu'il consacrât à l'enseignement les années qui devaient s'écouler avant qu'il eût atteint l'âge requis pour le sacerdoce. Depuis 1809, le collège communal de Belley florissait sous la direction d'un digne prêtre, M. l'abbé Egraz, depuis vicaire général d'Orléans ; il en avait pris l'administration, lorsque les Pères de la foi avaient été contraints d'abandonner cet établissement au régime universitaire. M. Bochard, Claude-Marie, avait été appelé de la cure de Bourg-en-Bresse (Ain) à Lyon, en qualité de vicaire général par le cardinal Fesch, poste qu'il occupa pendant dix-huit ans avec MM. Renaud et Courbans. Il se consacra à cette époque dans le diocèse de Lyon à la restauration des études ecclésiastiques et leur donna un heureux élan. Ce fut lui qui fonda une maison de missionnaires dans l'ancien local des Chartreux. Cet établissement a toujours compté un grand nombre d'ecclésiastiques distingués, dont plusieurs sont devenus évêques. Le vicaire général susdit plaça le jeune abbé Ferdinand au collège de Belley où il professa les humanités; les succès classiques du nouveau professeur justifièrent cette confiance qui lui était donnée, et firent accueillir avec empressement sa coopération. Ce fut du consentement de Mgr de Pins, administrateur du diocèse de Lyon, sous la Restauration et le gouvernement de juillet, pour le cardinal Fesch, exilé de son diocèse. L'abbé Bochard n'hésita pas à conserver son attachement pour l'archevêque titulaire ; il se démit de ses fonctions et se retira dans sa famille à Ménestruel, dans la Bresse, où il mourut le 22 juin 1834, à l'âge de 75 ans; il était né à Foncin (Ain), le 24 avril 1759.

Notre jeune professeur avait toutes les qualités propres à gagner l'affection de ses collègues et des jeunes gens. Arrivé à son poste, il se trouva au milieu d'élèves qui avaient tous à peu près son âge. Il sut s'en faire respecter. Sa classe entière reconnut la supériorité de son esprit, la finesse de son tact, la justesse de son jugement et le goût dont il faisait preuve quand il se livrait à la composition. Épris pour ainsi dire de leur maître, les étudiants s'efforçaient de le contenter en se livrant avec ardeur et émulation au travail. Aussi il eut la consolation de voir sa classe lui faire honneur et primer au milieu des autres, tant il forma de bons élèves. Bien plus, il s'attacha tous les élèves de l'établissement par la facilité de son élocution, la vivacité de son esprit, et, par-dessus tout, la franchise, l'égalité et la bienveillance de son caractère. Il obtint plus lentement la sympathie du Principal ; c'était un prêtre grave et austère, qui avait traversé des temps difficiles et qui devait au maniement des affaires, aux sollicitudes de son administration, à de fréquentes désillusions sur les hommes et sur les choses, une habitude de tristesse et de réserve qui contrastait avec le caractère confiant et expansif de son nouveau collaborateur. Ces deux natures si diverses ne pouvaient de prime abord se trouver à l'unisson. Ce ne fut donc pas sans quelque défiance que le judicieux principal se vit en contact avec ce jeune séminariste qui, à peine sur le seuil de la vie d'homme, en abordait résolument et comme en se jouant, les difficultés et les obstacles, mesurait d'un regard confiant et serein le présent et l'avenir, et dans son amour du vrai, du bon et du beau, ouvrait libre carrière à son zèle et à ses espérances, ne paraissant douter de rien. Mais, en juste observateur, à mesure qu'il découvrait derrière ces qualités vives et brillantes, partout et toujours un tact exquis, un zèle désintéressé, un jugement solide, il s'empressait de reconnaître que cette confiance juvénile et entreprenante était soutenue et justifiée par un coup d'œil prompt et juste, par une rare fécondité de moyens et de ressources, par une volonté persévérante et une activité infatigable ; et dès lors il ne put moins faire que de lui vouer estime et affection. Les qualités aimables et prévenantes du *jeune homme* provoquèrent l'expansion des sentiments du *vieillard* qui cachait, comme il arrive souvent, sous un extérieur froid et sévère, un cœur aimant et une sensibilité que les mécomptes avaient refoulée sans l'étouffer. Et malgré la différence d'âge, il se forma entre eux une amitié vive, profonde et sincère, à laquelle l'archevêque de Bordeaux se montrera dans toutes les phases de sa vie, pieusement fidèle. Mgr Donnet insista auprès de M. l'abbé Egraz, chanoine titulaire et vicaire général honoraire d'Orléans sous Mgr de Beauregard, pour le décider à venir partager avec lui à Bordeaux le poids de son administration ; mais des obstacles et les infirmités de l'âge empêchèrent l'ancien principal du collège de Belley de céder à de si filiales instances, et il termina ses jours à Orléans dans l'exercice de toutes les vertus sacerdotales, et se trouvant saintement fier de cette honorable amitié qui faisait l'ornement et la consolation de sa vieillesse. Il donna au séminaire d'Orléans six cents francs de rente (1824). (*Bulletin des lois* n° 669.)

Ce fut pendant les trois années de son professorat, que l'abbé Donnet apprit le secret de remuer ces cœurs d'enfants, que sa parole eut toujours le don de charmer et de séduire dans les retraites nombreuses qu'il eut plus tard l'occasion de leur donner. L'exercice souvent répété de la parole aug-

2*

menta la facilité d'élocution du jeune professeur, et·le vif intérêt qu'il porta dès lors
à la jeunesse studieuse dont il était chargé
de former le cœur et l'intelligence, ne lui
a jamais, depuis, fait défaut dans sa carrière
sacerdotale et épiscopale.

Ainsi donc la Providence disposait *suave-
ment* et *fortement* le futur cardinal Donnet
à tous les genres de ministère qu'il aurait
un jour à remplir. Les années qu'il voua
à l'enseignement ne lui servirent pas seulement à approfondir l'étude des langues et
des belles-lettres, qu'il était chargé d'enseigner, elles l'initièrent de bonne heure à
ce talent d'exposition et de communication
que l'exercice seul du professorat peut donner, et dont l'utilité se fait sentir dans une
foule de circonstances de la vie. Ce fut pendant ces années aussi qu'il conçut pour les
enfants et pour les écoles cette tendresse
affectueuse et paternelle, ce zèle plein d'intérêt, dont nous lui verrons donner tant
de preuves dans les diverses positions où
le divin Maître l'appellera. La plupart des
établissements d'éducation du diocèse, le
lycée impérial, les collèges communaux et
les principaux établissements d'éducation
dans un très grand nombre de diocèses,
conservent encore le souvenir des retraites

nombreuses qu'il y a prêchées, des visites qu'il y a faites, et de la vive impression que produisait toujours sa parole, sur les élèves dont personne mieux que lui ne posséda le secret de remuer les cœurs et de gagner l'affection et la confiance. C'est dans l'humble enceinte des classes, dans les modestes oratoires des collèges, qu'il préludait, en guidant à la science et à la vertu une nombreuse jeunesse, à l'art si difficile de gouverner plus tard avec tant de succès les paroisses et les diocèses confiés à ses soins. Il existe, en effet, plus d'un point de contact entre le talent de conduire les enfants et celui de conduire les hommes qui ne sont que de *grands enfants,* et peut-être n'a-t-on pas assez remarqué que la plupart des prélats qui ont brillé dans le gouvernement de l'Église, et même un grand nombre d'administrateurs qui se sont distingués dans les carrières civiles et politiques, s'étaient formés à l'avance, dans les fonctions de l'enseignement et du gouvernement de la jeunesse.

Dans ses heures de loisir, l'abbé Donnet s'exerçait à la prédication. Le feu sacré de l'éloquence qu'il communiquera pendant cinq années de mission à ses collaborateurs, se faisait déjà vivement sentir.

A une parole pleine de grâce et d'onction, il joignait des idées que ses supérieurs trouvaient dignes d'un orateur expérimenté. On le presse en conséquence de se faire entendre au public. Il accepte une invitation qui lui est faite par le Proviseur du collège royal de Lyon. Il parle, et son discours est applaudi par les enfants, d'ordinaire excellents juges en ces sortes de matières. La renommée du prédicateur de vingt ans se répand dans la ville, on se le dispute les jours de fêtes dans les institutions principales. Ferdinand, croyant pouvoir faire le bien, ne refuse aucune occasion de parler à la jeunesse. Il avait saisi l'importance de ces œuvres qui ont pour but la moralisation des maisons d'éducation.

CHAPITRE TROISIÈME

L'abbé Donnet est ordonné prêtre et envoyé comme vicaire à la Guillotière, faubourg de Lyon. — Il entre dans la maison des hautes études fondée dans l'ancienne abbaye des Chartreux à Lyon, par le cardinal Fesch. — Négociations pour l'acquisition de l'hôtellerie des Chartreux. — Elle est appropriée et devient une maison de missionnaires et des hautes études. — Le cardinal Fesch s'y ménage une habitation pour l'été. — Heureux site de cette maison.

L'abbé Donnet entra dans la cléricature en 1813, année où il fut tonsuré; ses supérieurs qui le connaissaient bien, n'eurent aucune inquiétude sur ses dispositions enfantines, qu'il avait conservées au milieu des occupations sérieuses. Son évêque l'apprécia comme avait fait autrefois le pape saint Marc à l'endroit d'Exupère, évêque de Cahors. Vif, joyeux, ami des bons mots, hardi jusqu'à la témérité, adroit sans dissimulation, savant presque sans peine, accueillant de la meilleure grâce du monde les plaisanteries, quelquefois les sévices, car il ne les évita pas toujours, doué surtout d'une intégrité de mœurs qui était déjà rare dès ce temps, il fut appelé aux ordres sacrés et reçut le sous-diaconat en 1817; il était toujours au collège de Belley. Comme alors il n'y avait pas encore d'évêque administrateur du diocèse de Lyon, on envoyait les ordinands à Grenoble pour y recevoir les saints ordres. Ce fut en se rendant dans cette ville que, à Vizille, l'abbé Donnet fut reçu avec bienveillance par M. Casimir Périer, père, décédé ministre de Louis-Philippe en 1832; il vivait en famille avec ses frères et formait au sein du foyer domestique cette honorable couronne dont parle le Prophète royal. Plus tard, lorsqu'il deviendra archevêque de Bordeaux, Mgr Donnet trouvera en M. Fontenillat, père de Mme Casimir Périer fils, un de ses amis les plus sûrs. On obtint de Rome, pour le professeur de Belley, dispense d'âge et des interstices, faveur qui s'accordait facilement dans ces temps malheureux à cause de la pénurie de prêtres en France, et il fut ordonné en trois jours par Mgr Simon-Claude, évêque de Grenoble, diacre et prêtre au Quatre-Temps du Carême en 1819, la même année où l'immortel Pie IX disait sa première messe à Sinigaglia. Le 4 mai 1878, Mgr Donnet écrivait à Mgr Fava, évêque de Grenoble : « Dans les Quatre-Temps de mars 1819, envoyé par mes supérieurs à Grenoble, j'y recevais en trois jours de Mgr Simon, et n'ayant que vingt-deux ans, le diaconat et la prêtrise... »

Afin de fournir un aliment à son zèle, ses supérieurs l'envoyèrent comme vicaire à la Guillotière, faubourg populeux de Lyon, où il passa un an. La Guillotière avait alors pour curé M. l'abbé Nérac, l'aîné de la famille de ce nom; il fut placé là à son retour de l'exil. Il eut pour neveu M. l'abbé Stanislas Nérac, maître de chapelle à la primatiale de Lyon en 1819. Le grand-père paternel du curé de la Guillotière était poète, orateur, homme de loi, et par-dessus tout un vrai catholique. Son aïeul paternel fut immolé dans la plaine des Brotteaux comme martyr de sa foi politique et religieuse; un oncle maternel de l'abbé Donnet mourut à ses côtés pour la même cause. En 1819, on enleva pour leur donner une autre destination, à M. Nérac, curé de la Guillotière, ses deux vicaires, MM. Nicord et Lacroix, et on lui donna

MM. Devienne, plus tard doyen du Chapitre de Saint-Jean à Lyon, Gabriel de Saint-Chamont, et Donnet. Adrien, l'oncle du maître de chapelle, camarade de l'abbé Donnet au collège d'Annonay et au séminaire de Saint-Irénée, était fort assidu aux réunions presbytérales de la Guillotière, où il apportait sa part de gaieté et d'édification. Pendant le séjour de l'abbé Donnet au presbytère de la Guillotière, l'abbé Nérac vint un jour le trouver au moment où il allait se coucher, et comme il était vicaire de semaine, il lui dit que si on l'appelait cette nuit-là pour un malade, ce serait lui-même qui se chargerait de cette visite de malades. En effet, à minuit et demi on frappe à la porte de l'abbé Donnet, c'était pour un malade qui allait mourir et qui n'avait désigné personne pour entendre sa confession. Le vénérable curé part à l'instant, et le voilà près de ce moribond dénonciateur et par conséquent assassin de son propre père. Pour tout reproche l'abbé Nérac le presse contre son cœur, entend sa confession et lui administre les derniers sacrements en lui disant : Voilà comment un prêtre se venge !

A la Guillotière, une parole sympathique était nécessaire pour réussir auprès de ces modestes artisans toujours courbés sous le fardeau, accablés par le travail et les nécessités de la vie. L'abbé Donnet se dévoue à ce ministère évangélique. Il parcourt les rues de la paroisse, monte dans les plus pauvres maisons, y découvre des misères morales et physiques et les soulage autant qu'il est en son pouvoir, voulant à tout prix être utile à la classe ouvrière afin de la gagner à Dieu. Quand la bourse qu'il savait rendre toujours assez légère, était épuisée, il frappait aux portes des riches qui ne lui étaient jamais fermées. Il s'ingéniait pour ne jamais se refuser à aucune demande légitime en apparence au moins; nous avons vu qu'il avait fait dès son enfance l'apprentissage de ce consolant ministère; il ne fit que le continuer et en élargir le cercle lorsqu'il se vit honoré du titre d'ambassadeur de Dieu auprès des peuples. *Dei enim adjutores sumus* (I Cor., III, 9) : *pro Christo legatione fungimur* (II Cor., V, 20.) Il se plaît au milieu de ceux qui sont vraiment malheureux et dont le prêtre doit être le père; dans son désintéressement il s'oublie parfois; on est obligé de lui faire comprendre qu'il faut être charitable un peu aussi envers soi-même. Le vicaire de la Guillotière, avec sa franche gaîté, ses allures modestes et simples, sa parole pleine d'esprit et d'entraînement, s'attire l'amour de tous ceux qui le connaissent.

Ses supérieurs ne tardent pas à pressentir les destinées futures de ce prêtre qui en portait si dignement et si hautement le titre. Ils l'applaudissent à l'œuvre et lui ouvrent, au bout d'un an de vicariat, les portes de la maison des hautes études, fondée en la ville de Lyon par le cardinal Fesch, dans l'ancienne abbaye des Chartreux. C'est sur sa cassette que l'éminent prélat payait toutes ses acquisitions pour son diocèse, car il savait faire un bon usage de ses immenses revenus. Ce qui ne l'empêchait pas, quoiqu'il mît beaucoup d'ordre dans sa comptabilité, de connaître, dans certains moments d'embarras et de gêne, ce que l'on est convenu d'appeler *le quart d'heure de Rabelais*. Et malgré cela, il n'a jamais cessé d'être aimé, estimé et vénéré dans le diocèse de Lyon où il s'était gagné tous les cœurs. Sa puissance en imposait à tous les ennemis de la religion ; ils n'osaient lever la tête. Qui ne voit de quel avantage était une semblable prépondérance pour la liberté du ministère ecclésiastique et le développement des œuvres chrétiennes ? Le diocèse de Lyon avait déjà, à cette époque, vingt ans de progrès sur la plupart des autres diocèses de France, soit par le nombre et les études du clergé, soit par la multitude et la régularité de ses établissements, soit par l'esprit de piété et de foi qui se manifestait dans toutes les paroisses ; et personne ne doutait que la meilleure part n'en revînt à l'archevêque.

Depuis 1802, c'est-à-dire depuis son arrivée à Lyon, le cardinal Fesch avait décidé en principe l'acquisition en temps opportun de l'ancienne abbaye des Chartreux, tranquillement assise entre le Rhône et la Saône, et fondée en 1585 par Henri III, sous le nom du *Lys-Saint-Esprit*. Ce fut toujours depuis une idée fixe chez lui.

L'établissement des Chartreux est une grande maison carrée que l'on voit de loin sur le coteau qui regarde Fourvières, lorsque l'on traverse les places de la ville ou qu'on longe les quais ; elle domine cette masse de constructions qu'on aperçoit au milieu des massifs d'arbres qui, comme un bouquet offert aux passants, se présentent au nord-ouest de la cité. Il n'y avait presque pas de lettres (et de 1804 à 1807 il en a écrit plus de cinquante au sujet de cette acquisition) dans lesquelles Son Éminence n'en parlât à M. Courbon, supérieur de son grand séminaire. « De toute nécessité, lui écrivait-il, le 18 février 1806, il faut un petit séminaire dans Lyon : toutefois nous n'y devons penser qu'après l'établissement des Chartreux. Ainsi pensez à l'achat de la maison carrée. Je pourrais même mettre à votre disposition la somme de 30,000 fr. pour la fin du mois de mai prochain ; que cette maison nous appartienne donc à cette époque...

« Mon projet est vaste ; c'est une maison de missions intérieures, avec un séminaire ou noviciat, alimenté par les petits séminaires de Roches et de Saint-Jodard, et même par d'autres ecclésiastiques de nos petits séminaires qui en auraient la vocation, et par d'autres sujets étrangers à notre diocèse. Dans cette maison on établirait, en outre, une retraite de prêtres qui voudraient y finir leurs jours dans l'étude des saintes Écritures et de la tradition, et qui se décideraient à s'occuper uniquement des sciences ecclésiastiques. Nous n'avons plus de Bénédictins, ni de cloîtres, et où en sera l'Église de France, si l'on néglige les études susdites ? Ces grands objets n'empêcheront pas qu'on ne puisse même donner aux Chartreux des retraites aux laïques. Ce sera le moyen de mettre en pratique ce qu'on aura montré pour exercer les missionnaires. Nous ne verrons peut-être pas réaliser de si belles espérances, mais il faut diriger nos opérations vers ce but. A cet effet, non seulement la maison carrée, mais encore tout le cloître doit nous appartenir, avec les enclos et dépendances des anciens Chartreux. J'ai beaucoup de courage, ayez-en autant et allez en avant; je crois vous en avoir assez dit, j'attends de vous les résultats. C'est un homme, me dites-vous, qui nous manque; Dieu nous le donnera. Lorsque nous pourrons offrir des réalités, que nous aurons la maison et ses dépendances, je trouverai bien dans le diocèse ou en France, vous le verrez, ce qu'il nous faudra. Dieu inspirera à quelque brave homme de se mettre à la tête d'une si belle institution... » Voilà les projets clairement définis; le prélat attendait des jours meilleurs pour les mettre à exécution, c'est-à-dire un rapprochement entre Savone et Paris. Déjà il tenait M. Rausan en réserve, ne voulant pas le laisser retourner à Bordeaux, lorsqu'après le décret du 26 septembre 1809 qui avait fermé les missions de Lyon comme les autres, Mgr d'Aviau réclamait son ancien chanoine, vicaire général. Écrivant à M. Rausan le 3 mai 1806, il lui disait : « M. Courbon vous a sans doute instruit du projet que j'ai formé d'établir aux Chartreux un séminaire de missionnaires pour la régénération des principes et des mœurs, une école de perfectionnement des sciences ecclésiastiques, une étude approfondie de l'Écriture et de la tradition.

« La Providence qui m'a donné plus de moyens qu'à tous pour l'exécution de ce projet, qui m'inspire même le vif désir de le voir exécuter, aplanira tous les obstacles qu'on y mettra sûrement. Dans cette confiance j'ai voulu ôter le plus fort, en écrivant à Mgr l'archevêque de Bordeaux, de vous permettre de vous charger de cette fondation... Que pourriez-vous faire de plus agréable à Dieu que d'être le père d'un grand nombre d'apôtres qui porteraient son nom partout où il serait oublié et qui répareraient les ruines du sanctuaire ?... Je vous déclare que je ne trouve que vous seul pour mettre à la tête de cette maison... Nous ne devons regarder tous les obstacles et toutes les entraves aux progrès de la religion, que comme l'ouvrage ténébreux de ces hommes qui redoutent les lumières de la foi. Ces insensés pourraient-ils faire prévaloir éternellement leurs principes ? Quand ils parviendraient à faire adopter des règles désorganisatrices, ce ne serait qu'un essai qui périrait à leur honte, et qui ne tiendrait pas après l'expérience de quelques années. »

En attendant le jour propice à l'établissement de la Société de missionnaires, sur le modèle des Oblats de Saint-Charles de Milan, rien ne s'opposait au second projet, c'est-à-dire la création d'une maison de hautes études cléricales. Cette pensée le travaillait sans cesse ; le cardinal dût-il faire quelques sacrifices, souscrire aux exigences d'un vendeur qui sait que l'on convoite son immeuble, en un mot, payer la convenance, il résolut de ne pas différer plus longtemps l'exécution de son projet. Il fait aussitôt sonder de nouveau le sieur Perret, propriétaire du bâtiment carré des Chartreux, pour savoir son dernier chiffre. Cette fois il le trouve plus raisonnable ; moyennant le prix de 100,000 fr. qu'il accepte, l'immeuble est à lui ; il devient immédiatement propriétaire de ce qui composait l'ancienne hôtellerie de la Chartreuse de Lyon. Son Éminence l'était déjà depuis plusieurs années de quelques maisons adjacentes qu'elle avait achetées pour préparer l'établissement qu'elle avait en vue. Plus tard, le 27 juillet 1813, Son Éminence y ajouta une nouvelle dépendance en achetant la maison Nivet qu'elle paya 45,000 fr. Et s'il fût demeuré quelque temps de plus au milieu de son troupeau, il aurait encore acheté le cloître des Chartreux, c'était dans ses vues ; il avait même fait des offres qui ne furent point acceptées par le proprétaire ; celui-ci voulait profiter de l'avantage de la position pour tenir le prix trop élevé ; ces diverses propriétés furent achetées en son nom personnel et payées de ses propres deniers ; il les paya ainsi qu'il avait déjà fait pour l'Argentière, Pradines, Alix et autres établissements, par des traites sur sa cassette particulière ; et il prélevait sur les revenus qu'il touchait à différents titres pour faire l'appoint de divers paiements diocésains. MM. Groboz et Allibert, chanoines et secrétaires de l'archevêché sous son administration, tenus au courant des dons immenses du prélat, disaient que si l'on savait tout, ce serait à se prosterner aux pieds du cardinal pour les baiser avec reconnaissance [1].

---

[1] Toutes les propriétés dont nous venons de parler et que le cardinal acheta pour son diocèse, on l'a vu plus haut, il le fit en son nom personnel et avec ses propres deniers. Il les paya ainsi qu'il avait déjà fait pour l'Argentière, Pradines, donnée

Il nous a paru nécessaire d'entrer dans ces détails au sujet de l'acquisition et de

aux Bénédictines, qui plus tard, fondèrent une colonie à Jouarre (Seine-et-Marne), Alix et autres établissements, par des traites sur sa cassette particulière. Forcé de reconnaître la générosité du prélat, on se rejetait, pour affaiblir le mérite de ses œuvres, sur ses immenses revenus, qui pendant cinq ou six ans s'élevèrent à près de 500,000 fr. de rentes. Ainsi, 30,000 fr. comme coadjuteur de Ratisbonne ; 10,000 fr. en qualité de Grand-Aumônier ; 50,000 comme sénateur, 30,000 fr. à titre d'archevêque de Lyon, dont 15,000 du gouvernement et 15,000 du département ; 30,000 fr. comme Grand-Officier de l'empire ou Grand-Aigle de la Légion d'honneur ; du mois d'avril 1803 jusqu'au mois de mai 1806, il toucha comme ambassadeur un traitement de 20,000 fr. par an. Mais ses dépenses obligées étaient en rapport avec ses ressources, de sorte qu'il n'était pas plus à l'aise que ceux qui recevaient de moindres revenus. Il fallait qu'il soutînt sa dignité et sa position ; qu'il eût deux palais, l'un à Paris et l'autre à Lyon, avec un immense personnel de serviteurs, de domestiques ; qu'il figurât et représentât comme prince de l'Église et de l'État, ce qui arrivait souvent sous l'empire ; tout cela absorbait des sommes énormes ; tous ceux qui passent par ces nécessités se plaignent de la modécité de leurs rentes. Aussi le cardinal, malgré son immense fortune, se plaignait à ses amis de n'avoir pas un sou à lui et de ne pas prévoir quand il pourrait l'avoir. Il craignait, comme les hommes qui sont obérés de dettes, les fatales époques où les créanciers se présentent pour recevoir leurs paiements. Et cependant il mettait beaucoup d'ordre dans sa comptabilité, et il était quelquefois obligé la fondation de la *Maison des Chartreux* de Lyon, parce que l'on y voit d'un côté la grande âme, le désintéressement et les idées élevées du cardinal Fesch, et d'un autre côté combien le plus souvent sont mal fondées les plaintes injustes qui s'élèvent quelquefois dans le monde et les *feuilles publiques* sur les prétendus gros revenus de quelques-uns de nos prélats qui, dans leur modestie, laissent ignorer le noble emploi qu'ils savent en faire. C'est ainsi que nous verrons, dans le cours de cette histoire, S. Ém. le cardinal Donnet, élevé à cette grande école, continuer la chaîne de ces pieuses traditions, et dépenser la meilleure partie des émoluments attachés à ses titres et dignités, à fonder ou à restaurer des églises, des écoles, etc., et à donner des suppléments aux membres de son chapitre.

Il fallut l'intervention de l'empereur pour que Mgr d'Aviau consentît à céder l'abbé

de recourir à des emprunts pour payer ses créanciers. Il disait à M. Jauffret, le 15 décembre 1805 : « De ma vie je n'aurai un sou à placer, bien que je me propose de ne plus contracter de dettes », et à M. Lucotti : « Le terrible mois de janvier arrive au galop, il faudra bien qu'avec mes trimestres et mes arrivages je puisse satisfaire mes créanciers. »

Rausan ; les missions furent donc reprises : mais leurs grands succès excitèrent la susceptibilité ombrageuse de l'empereur, et il fallut les suspendre. Le cardinal Fesch n'abandonna pas le directeur des Chartreux ; il l'emmena avec lui à Paris, où le docte abbé devint chapelain de l'empereur ; il prêcha devant la Cour et conquit l'admiration de son auditoire. La Maison des hautes études fut ouverte et inaugurée en 1816. M. l'abbé Mioland, né à Lyon le 26 octobre 1788, chanoine et vicaire général de Lyon, mort sur le siège d'Amiens en 1849, en devint le Supérieur.

L'abbé Donnet avait passé un an de vicariat à la Guillotière, lorsqu'il en fut tiré pour être dirigé vers l'établissement des *Chartreux.* On avait pour but de lui donner là le temps de se perfectionner dans les sciences théologique, philosophique et littéraire, de se former à la prédication dans le recueillement et la prière, afin de pouvoir un jour combattre utilement les combats du Seigneur. Les futurs archevêques d'Auch, de Toulouse, d'Amiens, de Verdun et de la Rochelle, de la Nouvelle-Orléans, de Mobile, de Dubuque, lui donnèrent à cette époque des marques d'une véritable amitié. Plusieurs prédicateurs,

distingués déjà, l'écoutaient et lui faisaient
entendre d'excellents conseils. Aux Chartreux, il eut encore pour confrères et amis
des hommes devenus évêques, ou bien
orateurs de grand nom, ainsi : MM. Dufêtre, Deguerry, Villecourt, Cœur, Marcel,
Plantier, son compatriote; Charbonnier,
Barricand, Suchet, dont les prédications
obtinrent un éclatant succès dans les principales chaires de France. Il s'estimait heureux de partager leurs travaux et leurs
joies intimes. Soixante ans après, il aimait
à évoquer ces vieux souvenirs.

« Du haut de la terrasse de cette maison,
disait-il, nous plongions sur la ville de Lyon
tout entière et ses environs; notre vue n'était
arrêtée que par les cimes du Mont-Blanc
dont les reflets arrivaient jusqu'à nous en
été, quelquefois en hiver. » N'avez-vous
pas admiré les bouquets d'arbres placés
de distance en distance; ces massifs de
verdure impénétrables aux rayons du soleil; ces chemins sinueux coupant inéga-
lement la montagne; le tout dessiné sous
les yeux du cardinal Fesch, sur le modèle
d'un joli bois anglais qu'il avait vu dans
les environs de Paris; car rien n'avait été
épargné pour cette maison qui devait être
comme le sanctuaire de la haute science

dans son diocèse, et dont il s'était réservé le premier étage pour l'habiter pendant l'été. Hélas! de tous ces embellissements, il n'existe plus aujourd'hui que quelques restes; lorsqu'à la suite des malheureux événements d'avril 1834, le génie militaire s'empara de cette partie de la montagne pour en faire une position stratégique, il établit une ligne de chevaux de frise, sans respect pour les arbustes et les gazons, à l'endroit même qui était couvert des plus beaux ombrages. Ce qui a échappé au vandalisme du soldat, ne laisse pas que d'ajouter à l'agrément et à la commodité de cette pieuse retraite.

Écoutons encore l'abbé Donnet sur son séjour aux Chartreux : « J'ai été formé à une école où des chefs qui s'appelaient Lacroix d'Azolette, Mioland, Barricand, et des collègues du nom de Lupé, Ballay, Deguerry, Lavaux, Delphin, Carrau, Coindre, Lyonnet, Bissardon, Desgeorge, Furnion et Barret; tout en nous parlant beaucoup du passé, ces hommes graves et observateurs tremblaient sur le présent et jetaient un coup d'œil très inquiet sur l'avenir. M. Bochard, ancien docteur de Sorbonne, troisième grand vicaire du cardinal Fesch, doué d'un grand sens, esprit délicat et riche d'une

prodigieuse mémoire, nous apprenait beaucoup de choses. Déjà s'agitait cette question qui nous fait tant peur aujourd'hui,
la séparation de l'Église et de l'État.
MM. de Montalembert, Lacordaire, Gerbet,
de Salinis et Rohrbacher, s'unissaient à
l'oracle de la Chesnay (l'abbé de Lamennais), pour proclamer cette séparation.
M. l'abbé Migne créait la *Vérité* dans son
presbytère de Patay, près d'Orléans ; on
en fit plus tard l'*Avenir*, l'*Ère Nouvelle*
et l'*Univers*, qui passèrent entre les mains
des hommes qui en sont aujourd'hui les
rédacteurs et les maîtres. J'appelai plus
tard près de moi l'auteur de l'*Histoire de
l'Église,* à qui je confiai la chaire d'hébreu
au séminaire de Nancy. L'abbé Sergent,
depuis évêque de Quimper, où il est mort [1],
était alors desservant d'une succursale de
l'arrondissement de Château-Chinon (Niè-
vre). Il se mit à la tête des hommes de *l'A-
venir* qui, conséquents avec leurs principes,
envoyèrent à l'État, dans plusieurs diocèses, le peu d'argent que celui-ci accordait
au clergé des villes et des campagnes,

---

[1] L'abbé Donnet fit connaissance avec l'abbé
Sergent pendant une retraite ecclésiastique qu'il
prêcha à Nevers.

comme un dédommagement des richesses dont la nation l'avait dépouillé. On peut aujourd'hui difficilement se faire une idée de l'agitation que causa ce parti pris de la part d'hommes consciencieux, mais irréfléchis. Le desservant du Nivernais qui avait trop compté sur la générosité de ses paroissiens, fut bientôt condamné à solliciter de son évêque un autre poste. Il devint, grâce à la protection de MM. Dupin, frères, ses compatriotes, principal du petit collège de Corbigny, qui lui fournit des moyens d'existence, et où il laissa les meilleurs souvenirs. » Qu'il est intéressant de suivre pas à pas le vicaire de la Guillotière devenu étudiant aux Chartreux, dans les détails qu'il nous donne historiquement sur des temps déjà bien éloignés de nous !...

Loin du monde, le futur archevêque ne perdit pas son temps ; il remplit son esprit et son cœur des préceptes de la sainte Écriture, des Pères de l'Église et des grands modèles passés et présents. Comme tous les vrais talents, il ne dédaigna jamais les critiques et les avis. Après avoir exploré à nouveau le domaine immense de l'oraison, le dernier secret du génie, et soumis à la plus rigoureuse épreuve les notions théologiques qu'il avait précédemment acquises, il composa un corps de discours et put commencer sa carrière apostolique sous la conduite de M. de Chamon.

Le voilà donc parcourant plusieurs villes du Lyonnais, de la Bresse et du Languedoc, Bourg-Charlieu, Ambierle, Millery, Annonay, Villefranche, Pont-de-Vaux, Tournon, Saint-Étienne, Saint-Chamont. Partout on se presse autour de sa chaire, partout il se fait remarquer par un zèle infatigable et un talent d'improvisation qui avait sa source, moins encore dans une élocution facile et abondante que dans une fécondité de sentiments et d'images que sa parole et son geste faisaient passer de son cœur dans celui de tous ceux qui l'écoutaient; c'est la piété surtout et l'amour du prochain qui le rendent éloquent et le laissent prêtre simple et modeste au milieu de ses succès. Le bien produit par ses discours est immense. La parole ne lui suffit pas. Pour arriver aux âmes, pour les toucher, il se faisait indiquer la demeure des rebelles, des impénitents et des malades. Sans qu'on puisse le taxer d'imprudence, sans qu'on puisse le refuser, car il sait merveilleusement garder sa dignité, il se présente partout où il y a une infortune à consoler, une conversion à opérer. La bénédiction de Dieu le suit dans ses entreprises. Il se trouve bien accueilli même par les pécheurs les plus endurcis, il ramène au giron de l'Église un grand nombre d'infortunés qui s'en étaient tenus éloignés trop longtemps.

CHAPITRE QUATRIÈME

L'abbé Donnet est envoyé comme curé à Irigny, paroisse
révoltée contre l'autorité religieuse. — Il parvient à
la pacifier et à s'en faire aimer. — Il est appelé à
Tours par Mgr de Montblanc, coadjuteur de Mgr du
Chilleau, pour être placé à la tête d'une maison de
mission sous le vocable de saint Martin. — État des
esprits à cette époque. — Hostilités contre la religion
et les missions, favorisées d'abord, puis supprimées
par des décrets de Napoléon Ier. — Les missionnaires de
Saint-Martin sous la direction de leur Supérieur, commencent leurs travaux apostoliques. — Leurs noms.
— Charlieu, Chinon, Amboise, etc. sont successivement évangélisés. — Missions de Blois, de Vendôme.
— La *Petite Église* à Vendôme. — Retraites ecclésiastiques dans les grands et petits séminaires.

L'abbé Donnet eut souvent de délicates
et difficiles missions à remplir. Depuis 89,
les temps n'ont pas cessé d'être difficiles
pour l'Église et pour le clergé. Pendant
les premières années de la Restauration,
la violence des passions politiques tint les
esprits divisés et agités. Provoqués par des

instigations dont il n'est pas difficile de saisir la trame, ces dissentiments étaient fomentés et provoqués au dehors par des chefs de parti à la tête desquels le lecteur a déjà nommé Paul Didier, avocat au Parlement de Grenoble, qui fut impliqué dans une conspiration bonapartiste tramée à Lyon, au commencement de 1816; au temps dont nous parlons, les complices de Didier parvinrent à entraîner dans l'insurrection un certain nombre de paroisses du Lyonnais. Disons-le, la folie de cette tentative insensée prit plus de consistance par les moyens extrêmes et d'urgence, auxquels on eut recours pour la réprimer. On crut en finir avec les complots par de sanglantes exécutions, mais ces exécutions contribuèrent à exaspérer les haines et les ressentiments.

Parmi les localités insurgées, la paroisse d'Irigny, petit bourg à deux lieues sud de Lyon, au-dessous du confluent du Rhône et de la Saône, s'était fait remarquer par son effervescence. Le curé, M. l'abbé Rivière, vieillard vénérable, chercha, comme c'était son devoir, à éclairer et calmer l'esprit de ses paroissiens; mais il eut le tort à leurs yeux de manifester avec trop peu de réserve une opinion politique opposée à la leur, en voulant les rattacher au prince qui régnait sur la France. Ses discours sont pris en mauvaise part, les habitants s'irritent; dans leur exaltation, ils saisissent leur pasteur, le conduisent jusque sur la place de Saint-Genis-Laval, chef-lieu de ce canton. Là, on allait se porter contre lui aux dernières extrémités, lorsque des troupes envoyées de Lyon vinrent l'arracher des mains de cette population égarée; on lui conseilla de s'éloigner d'Irigny. Plusieurs de ceux qui tombèrent entre les mains de la justice expièrent par la prison leurs audacieux excès, ce qui mit le comble à l'exaspération des partis. Des tentatives furent faites itérativement pour rétablir la paix, mais elles vinrent échouer devant le mauvais vouloir de certains hommes. L'archevêque cherchait à l'abbé Rivière un remplaçant qui pût dominer la situation. Son choix s'arrêta sur l'abbé Donnet, qui laissa pour un moment ses missions, afin de rendre le calme à cette population furieuse et de la ramener au bien, à la religion et à la vertu, chose assez difficile. Il fallait pour cela un zèle à toute épreuve, et encore n'eût-il pas suffi, s'il n'eût été accompagné de beaucoup de tact, de sagesse, de charité évangélique, d'adresse et d'une volonté énergique. Mais on avait su déjà apprécier son esprit de conciliation et l'on ne s'était pas trompé à son sujet. La population le reçut d'abord avec froideur. « C'est encore un opposant, fut-il dit sur son passage, pourquoi vient-il au milieu de nous ? » Le nouveau curé ne laisse pas deviner qu'il s'aperçoit de l'animosité qui se lit sur tous les visages. Fidèle à sa mission de conciliation et de paix, il ne vit dans ses paroissiens que des hommes ou plutôt des frères malheureux. Sans irriter les passions politiques par une contradiction inopportune, mais aussi sans les flatter, il s'associe aux douleurs de ces infortunés, panse leurs blessures, et répare par ses actives démarches tout ce que les rigueurs de la justice permettaient encore de réparer, en rendant à leurs familles les insurgés détenus ou cachés, dont il réussit à obtenir l'élargissement. Doux et humble il s'insinue peu à peu dans l'amitié de chacun; l'habileté avec laquelle il traite les diverses questions qui lui sont soumises, lui acquiert la confiance de ce peuple aigri. Grâce à lui, la religion reprit doucement aux yeux des habitants d'Irigny le caractère qu'elle ne devrait jamais perdre, celui de n'intervenir parmi les hommes que pour les réconcilier et les réunir, prévenir et réprimer les passions, ou guérir les maux qu'elles ont fait naître.

Tout lui réussit, et en quelques mois les esprits se rassérénèrent et les cœurs se tournèrent vers Dieu. Le nouveau pasteur s'était fait connaître de ses brebis, et lui-même les connut; l'aspect et l'esprit de cette paroisse se trouvèrent tout renouvelés par l'ascendant d'un seul homme. L'église, naguère déserte, revit la foule des fidèles se presser aux cérémonies saintes, à la Table sainte, aux instructions du pasteur. Il y eut émulation dans la voie du bien. La paix et la bonne harmonie revinrent avec les sentiments religieux, les partis rivalisèrent de déférence pour le jeune et bien-aimé curé qui avait su parler à tous un langage que chacun pouvait entendre et comprendre. On ne se souvenait plus que pour les déplorer, des excès commis contre son prédécesseur. Le jeune abbé avait, dans cette circonstance, montré quelle était la puissance du zèle de la religion et de l'amour de son pays. Ces deux précieuses dispositions remplissaient si bien les facultés de l'âme de Mgr Donnet, qu'elles n'y laissaient aucune place aux antipathies des partis, aux étroits préjugés et aux petites passions de sectes ou de coteries.

Ces sentiments purs, larges, généréux, comme la source d'où ils émanent, perçaient dans tous ses actes, inspiraient toutes ses paroles, et leur donnaient la force de réveiller partout l'élan du vrai patrio·tisme qui, malgré nos dissensions intestines, est encore vivant au fond des poitrines françaises, à quelque parti que l'on appartienne. Et c'est là le secret de ces vives sympathies que le cardinal Donnet inspirait spontanément autour de lui, aux hommes des opinions les plus opposées.

L'abbé Donnet n'avait plus qu'à recueillir paisiblement les fruits d'un ministère auquel le ciel avait accordé le succès. A Irigny, il empêcha deux inhumations d'hommes vivants ; la première était celle d'un vieillard qui vécut douze heures de plus que ne l'avait permis le billet délivré par l'officier civil ; la seconde celle d'un homme jeune encore qui revint à la vie ; on avait pris, comme en tant d'autres circonstances, un état léthargique prolongé, pour la mort elle-même. Parmi ceux auxquels il conféra le sacrement de baptême en 1821, notons M. Charles de Montherot, parent de M. de Lamartine.

Il venait de passer une année à Irigny, lorsque, par ordre de ses supérieurs, il se vit obligé de quitter cette paroisse qu'il affectionnait. Déjà sa réputation s'était répandue dans les environs, et quelques évêques le demandèrent pour évangéliser leurs diocèses.

Comme tant d'autres diocèses, celui de Tours se trouvait alors dans une grande pénurie de prêtres, surtout dans les campagnes, et par là même offrait le plus triste spectacle sous le rapport religieux et moral. Laissons Mgr Donnet lui-même en tracer l'affligeant tableau dans son discours du 11 septembre 1866, lors de la translation des reliques de saint Martin :

« La ville sainte était encore ravagée par les sangliers, et l'homme ennemi semait à pleines mains l'ivraie dans le champ du père de famille.

« L'ignorance des vérités du salut, l'entraînement des plaisirs, l'empire du respect humain, les rêves de l'ambition, l'inintelligence de tout ce qui ne se résout pas en avantages matériels, voilà quelle était la plaie d'un grand nombre de localités. Aussi rencontrait-on de toutes parts le mépris des sacrements ; on n'entendait plus la parole qui fait vivre les âmes, et de coupables habitudes avaient remplacé la vie exemplaire des aïeux; maux immenses dont il n'était pas facile de triompher. Il fallait, pour les guérir, les plus abondantes effusions de la charité divine, un zèle centuplé dans ses moyens; il fallait des missions, non de quelques jours, mais prolongées pendant de longues semaines ; il fallait entreprendre la grande œuvre de la résurrection, de la sanctification des âmes.

« Nous l'entreprîmes avec courage, pleins de la pensée que nous pouvions tout avec l'aide de Celui qui nous envoyait.

« Nous nous plaisons à proclamer du haut de cette chaire que nous trouvâmes parmi vous, chers habitants de la Touraine, des esprits droits, des cœurs nobles, des vertus de famille...

« Si vous aviez entendu comme nous, les confidences et les accents de douleur de vos prêtres tristes et abattus en voyant l'insuccès d'un zèle frappant sans relâche à la porte des âmes qui se barricadaient contre leurs efforts, vous comprendriez les motifs qui les portaient à réclamer avec instance les bienfaits d'une mission... »

Pour remédier à cet état de choses, Mgr du Chilleau, archevêque, résolut de fonder dans sa ville de Tours un établissement de missionnaires. Mgr de Montblanc, archevêque de Carthage, son coadjuteur, fit dans le Midi un voyage pendant lequel il obtint de quelques ecclésiastiques la promesse de se consacrer aux missions dans le diocèse de Tours. Le curé d'Irigny fut désigné pour être placé à la tête des cinq prêtres qu'il avait recrutés. Ses supérieurs ecclésiastiques l'accordèrent pour cinq ans à l'archevêque de Tours [1].

C'était, il est vrai, une vie de fatigues, d'épuisements, d'épreuves et de travaux à recommencer, mais le jeune prêtre n'hésita point à obéir à ses supérieurs et à se rendre aux vœux si bienveillants de l'archevêque coadjuteur. Il sentit dès lors se réveiller son ardeur pour la première carrière à laquelle l'obéissance l'avait arraché. Il allait rentrer dans la lice et reprendre ces luttes de la parole qui étaient si bien en harmonie avec son caractère, ses goûts et ses talents. Cependant, il n'abandonna point sans regrets cette population qui s'était attachée à lui, qui l'estimait et qui l'aimait. C'est au milieu des larmes que son départ fit répandre et qu'il versa lui-même, qu'il quitta ce cher troupeau, dé-

« [1] Mgr de Montblanc vint nous chercher lui-même à Lyon en octobre 1821. » (Discours du cardinal Donnet à la translation des reliques de saint Martin de Tours, le 11 novembre 1866.)

chiré encore il y avait à peine deux mois par l'esprit de haine et de vengeance, redevenu paisible au moment de cette séparation et réuni tout entier dans un sentiment commun de reconnaissance et de regrets pour celui auquel on était redevable de cette paix et de cette tranquillité. De longtemps rien ne pourra effacer ces impressions, ni rompre les liens qu'elles ont fait naître.

A cette époque, quelle vocation délicate et pleine de périls, que celle de missionnaire! Nous en avons dit un mot dans la biographie de Mgr de Cosnac, archevêque de Sens. Sous ce rapport, le grand empereur avait mieux compris l'œuvre des missions que les hommes de la Restauration. En montant sur le trône, il avait senti qu'il fallait tout reconstituer et tout régénérer. Le 4 août 1806, Portalis, son ministre des cultes, lui adressait un rapport dans lequel on lisait : « Depuis longtemps les missions sont connues dans l'Église, et elles y ont fait de grands biens... Il résulte de la commune expérience, qu'il est des désordres auxquels les pasteurs ordinaires ne peuvent porter remède. Ce sont les hommes de tous les jours et de tous les instants... leurs discours et leurs conseils ne font plus la même impression. Un étranger qui survient et qui, par sa situation, se trouve en quelque sorte dégagé de tout intérêt humain et local, ramène plus aisément les esprits et les cœurs à la pratique des vertus. De là s'est introduit l'usage des missions, qui ont produit en différentes occurrences, des effets aussi heureux pour l'État que pour la religion. » Par un revirement qui trouve son explication dans la politique ombrageuse de l'Empereur, un décret du 26 septembre 1809 fermait les maisons de missions à Lyon comme ailleurs.

Ce fut là, en effet, comme le dit si bien le ministre, un des nombreux et consolants résultats des missions en ces temps de trouble où rien n'était bien assis encore. Après l'orage révolutionnaire qui avait interrompu l'exercice du culte, dispersé et frappé les ministres, un grand nombre de paroisses étaient restées sans pasteurs. Des générations s'étaient élevées sans entendre parler de Dieu, de religion, ni de morale. Le personnel du clergé était insuffisant pour distribuer avec régularité la parole évangélique à toutes ces populations qui *petierunt panem et non erat qui frangeret eis.* (Lament., IV, 4.) La pensée de suppléer à cette insuffisance, en formant, comme

prêtres auxiliaires, un corps de missionnaires diocésains, zélés, instruits, actifs,
infatigables, exercés au talent d'improviser
et à l'art plus difficile de ramener et de
diriger les consciences, était trop naturelle
pour qu'elle ne se présentât pas à l'esprit
des premiers pasteurs. Aux yeux de la
simple raison, ce n'était pas une entreprise
qui manquât de prudence et d'à-propos,
que celle d'organiser dans toutes les communes de France un vaste enseignement
oral, destiné à relever un peu vers le ciel
des fronts toujours courbés vers la terre et
à raviver les sentiments du devoir, de la
moralité, d'une vie à venir, dans des âmes
grossièrement livrées aux préoccupations
des intérêts matériels et des besoins de la
vie présente. Sous le gouvernement de
Juillet, on demandait à l'industrie, à l'instruction, des moyens de civilisation que le
missionnaire tirait de l'élément religieux,
de l'enseignement de l'Évangile, le seul en
rapport avec le but à atteindre ; et l'on a pu
se convaincre en 1848, et depuis, que l'industrie et l'instruction telle qu'on l'entend,
ont produit un effet tout contraire, en sorte
que l'on se vit obligé de rendre hommage
au moyen que la religion met en honneur
pour la moralisation des masses ; ce be-

soin se fait sentir chaque jour davantage. Nous ne disconvenons pas que les vues sages et élevées qui présidèrent à l'organisation des missions n'aient été accompagnées parfois d'un manque de discernement dans la pratique ; l'esprit de parti, des intérêts moins respectables encore purent s'en emparer et les exploiter au profit de leurs passions politiques : il ne faudrait connaître ni le cœur humain, ni le train des affaires et des révolutions pour s'en étonner ; mais on doit rendre en général cette justice aux missionnaires, que le plus grand nombre surent repousser les suggestions des partis en présence, et qui s'agitaient autour d'eux. Et d'ailleurs, où en serions-nous s'il fallait supprimer toutes les sages institutions dont on abuse ?

Mais pour atteindre le but indiqué plus haut, les missionnaires ne doivent point s'inféoder au pouvoir, comme on le vit pratiquer sous la Restauration : ce fut là précisément ce qui paralysa en partie le bienfait des missions, les rendit odieuses, et l'exercice des missions pour longtemps impraticable, après la chute des Bourbons. Pour être juste, il faut dire qu'une conspiration flagrante avait juré le renversement du gouvernement de la Restauration, et l'on saisissait avec empressement tous les moyens et tous les prétextes qui pouvaient atteindre ce but, en fomentant contre les Bourbons une haine implacable. Les Bourbons proclamaient le règne de la liberté, mais le libéralisme en paralysait les effets, parce que cette œuvre que recommandait l'état des esprits, gagnaitau souverain l'esprit et le cœur de la France, dérangeait les plans des conspirateurs et enrayait la marche de la Révolution. Il fallait pervertir la France, détruire ses mœurs et ses convictions religieuses, afin de la plonger dans l'athéisme légal. Le nom de catholique et de missionnaire devint un titre de proscription; on n'osait plus introduire un catholique ni un prêtre au sein du conseil du roi et de ses ministres, et lorsque Charles X l'essaya, on sait avec quelles furibondes réclamations la mesure fut accueillie par le ban et l'arrière-ban de la presse qui se disait libérale. Dans les estaminets et les mauvais lieux on répétait le mot d'ordre, et les impiétés que Béränger avait traduites en couplets, se colportaient sur tous les points de la France; on essayait de soulever les populations en prêchant une guerre non *sainte*, cette fois, afin d'arrêter ou de suspendre le règne des lois et d'empêcher l'exercice des missions.

On vit des rédacteurs de feuilles libérales
et révolutionnaires, après avoir eux-mêmes
accepté et rempli dans nos Églises le rôle
inqualifiable de brouillon, recevoir, lorsque
le tour fut joué, un portefeuille de ministre
(Thiers, v. g.), en récompense de leurs bons
et loyaux services. La moindre allusion, le
moindre mot soulevait des orages. Il n'était
pas facile d'éviter l'écueil, de se garder
de toute parole irritante, dans des audi-
toires où parfois l'on pouvait signaler les
chants pieux comme des manifestations politiques. Quelle prudence, quelle sagesse,
quelle douce énergie ne fallait-il pas pour
comprimer ces élans si imprudemment pa-
triotiques ?

Eh bien ! il faut le dire à l'honneur de
l'abbé Donnet, il aimait autant et au moins
mieux que beaucoup d'autres, la famille de
nos rois ; mais, dans le cours de ses missions, jamais il ne donna prise aux récriminations des partis. Il gardait pour lui et
pour un cercle restreint d'amis sa foi politique, ce qui lui ouvrait très facilement
tous les cœurs vraiment chrétiens. Partout
on appréciait sa réserve et la justesse de
son jugement.

Les *Missionnaires de Saint-Martin,* car
ce fut le nom que prirent les prêtres réunis

par Mgr de Montblanc, sous la direction de l'abbé Donnet, inaugurèrent leur ministère dès le mois de novembre 1822 ; ils évangélisèrent pendant l'hiver plusieurs paroisses importantes, sans se laisser arrêter par les moqueries de multitudes ignorantes devenues voltairiennes. Le nombre de ces nouveaux apôtres ne tarda pas à s'augmenter, car l'abbé Donnet put facilement décider quelques-uns de ses amis à se joindre à lui, ainsi MM. Dufêtre, Nivet et Charbonnière, Eynac, Allignol, Marcel, Maigret, Villecourt, Bourgin et Nogret. Un autre de leurs amis, M. l'abbé Coindre, était allé à Ministrol, où il était appelé par l'évêque de Saint-Flour, pour être placé, comme supérieur, à la tête de l'association de missionnaires qu'il avait établie, dans le couvent des capucins de cette petite ville. Les coopérateurs du supérieur de Saint-Martin, hommes de talent et de mérite, s'inspirèrent en peu de temps de l'esprit et des aspirations de leur Supérieur. On peut juger de l'affection que l'abbé Donnet portait à la Maison de Saint-Martin, par ce qu'il en écrivait de Poitiers au R. Père Chamard, bénédictin de Ligugé, le 18 janvier 1873 : « Saint Martin est un de nos protecteurs préférés, et je m'honorerai toujours d'avoir fondé, au début de mon apostolat, une association de missonnaires placée sous son patronage. » Aux yeux du Supérieur, les missions n'étaient pas seulement un enseignement évangélique et une propagation religieuse, c'était encore une œuvre de réhabilitation morale et de véritable civilisation. Aussi son zèle s'étendait aux hôpitaux, aux prisons, aux écoles, partout où il y avait un cœur à guérir ou un esprit à éclairer; on le vit instituer simultanément des associations pieuses et charitables, des maisons d'orphelins, des bibliothèques populaires, cherchant à rendre durables, par ces établissements, les élans de foi et de piété qu'une mission fait naître, mais qui trop souvent sont passagers comme elle. Il avait pris pour modèles les missionnaires du XVIIe siècle, dont la religieuse Bretagne garde encore le souvenir : les Langeron, les Montfort, etc. L'abbé Donnet commença ses missions dans les provinces de l'ouest. Le zèle des missionnaires suppléant à leur petit nombre et à l'insuffisance des ressources, ils semblèrent se multiplier, tant les missions qu'ils donnèrent furent nombreuses.

A peine installés dans leur maison de Saint-Martin, le chef des missions du diocèse de Tours et ses auxiliaires partirent le bréviaire et le bâton à la main, sous la protection de saint Gatien et de leur saint patron, le grand thaumaturge des Gaules, pour évangéliser les cités, les bourgs et les villages. Leur supérieur fut appelé successivement à Grenoble, Dijon, Angers, Bordeaux, Orléans, Clermont, Blois, Gap, Limoges et Nevers pour y prêcher la retraite pastorale. Pendant ce temps, MM. Coindre, Lyonnet, Dormant et Clare furent dirigés sur Blois pour prendre la direction et l'enseignement au grand Séminaire. Vers le même temps, l'abbé Donnet prêchait une mission à Charlieu (Loire), petite ville du Forez. Plus de soixante ans après, il en parlait encore avec émotion. « Après le tombeau de saint François Régis, écrivait-il le 3o août 1873 à Léon Aubineau, tombeau que j'ai visité dans mon jeune âge, car il n'était éloigné du lieu de ma naissance que de quelques kilomètres, Paray-le-Monial devint le pèlerinage de prédilection des premières années de mon sacerdoce. Je prêchais, de compagnie avec MM. Mioland, Dufêtre, Villecourt et Deguerry, vos compatriotes comme les miens, une mission à Charlieu. Combien de fois ne sommes-nous pas allés prier à Paray pour les pauvres pé-

cheurs qui accouraient si nombreux au tribunal sacré! Cette mission est celle qui a
laissé les meilleurs souvenirs dans mon
âme... »

Au mois de janvier 1823, le Supérieur
des missionnaires de Tours, accompagné de
MM. Gloriot, Calliat et Balandé, se rendit
à Chinon, où, pendant cinq semaines, ils
évangélisèrent les deux paroisses de la ville.
M. Caillat faisait les instructions, MM. Gloriot et Balandé étaient chargés des conférences ; l'abbé Donnet fit les discours de
la retraite aux hommes, et laissa dans
leur esprit une profonde impression. Les
fruits ostensibles et apparents de la mission
furent marqués par des sacrifices généreux.
Les mauvais livres furent brûlés, les désordres et les scandales réparés, les inimitiés
éteintes, les églises visitées assidûment, les
sacrements fréquentés, les pauvres secourus :
partout on vit se rétablir la paix des consciences, celle des familles, le retour pratique à la religion et à la morale ; la piété
fut mieux connue et mieux pratiquée, les
bonnes œuvres furent mises en honneur.
La procession du Saint-Sacrement et celle
de la plantation de la Croix, qui termi-
nèrent la mission, firent éclater l'enthousiasme des habitants ; toutes les maisons

se trouvèrent tendues spontanément et les rues décorées d'arcs de triomphe. Monseigneur le coadjuteur de Tours se fit un devoir, malgré la mauvaise saison, de venir présider cette dernière cérémonie qui, en dépit du froid et des frimas, n'en fut pas moins imposante par le nombre et le recueillement. La procession étant arrivée au calvaire, le prélat félicita les habitants de leurs bonnes dispositions et combla d'éloges et de remerciements les missionnaires dont il se plut à louer le zèle et la charité; chacun du reste, leur rendait justice. De Chinon, le Supérieur se rendit à Bourgueil, où il eut le même succès.

Écrivant le 20 juin 1878 à M. l'abbé Rouquette, Mgr Donnet fait mention de quelques missions en Touraine et dans d'autres diocèses. « Pendant mon séjour à Nancy, j'ai évangélisé les bords de la Meuse, et prié à Domremy comme à Vaucouleurs. Dix ans plus tôt, j'avais donné en Touraine avec MM. Dufêtre et Suchet, les missions de Sainte-Catherine-de-Fierbois, de Saint-Maur et de Chinon; et dans l'Orléanais celles de Montargis et de Patay, où je trouvai pour curé M. Migne, le célèbre éditeur des *Cours complets*. Jugez par là combien me sont restés chers les lieux... »

Le 23 février, il était à Amboise où fut interné longtemps après Abd-el-Kader, l'ennemi mortel de notre colonie africaine, devenu plus tard, en 1860, le plus puissant protecteur de nos frères dans la foi lors des massacres des chrétiens du Liban. Les missionnaires apportèrent avec eux à Amboise le bonheur et la paix. Comme à Chinon, les haines furent éteintes, les mauvais livres qui pullulaient, à cette malheureuse époque, dans les villes et les campagnes, furent livrés aux flammes, les injustices et les scandales réparés. Quatre mille personnes de tout âge et de toute condition prirent part à la communion générale. Le lundi 7 avril, Mgr le coadjuteur de Tours vint présider la cérémonie de la plantation de la croix, qui eut lieu au milieu d'une foule immense venue de quinze paroisses environnantes pour se réunir à celle de la ville. Quelques-unes des plus rapprochées d'Amboise avaient profité du bienfait de la mission. Les autorités civiles et militaires avaient tenu à donner les premiers l'exemple ; quelques-uns de leurs membres briguèrent l'honneur de porter sur leurs épaules le signe sacré de la religion, c'est-à-dire la croix, jusqu'au lieu où elle fut plantée.

Mgr de Sausin, évêque de Blois, voulut, dès les premiers jours de son administration, faire donner une mission à sa ville épiscopale. Elle commença le 18 janvier 1824 par une procession générale, à laquelle toutes les autorités assistèrent. Le prélat prit la parole pour exhorter les fidèles à profiter des grâces qui leur étaient offertes. Les missionnaires de Saint-Martin institués pour Tours et pour Blois, avaient été appelés. Il y eut d'abord quelques préventions, mais elles disparurent bientôt lorsque l'on vit les ouvriers évangéliques à l'œuvre, instruire, prêcher et confesser sans relâche. L'abbé Donnet, Supérieur, dirigeait la mission et prêchait à la cathédrale; MM. Marcel, Nivet, Dufêtre, Villecourt, Nogret, Suchet, Coindre et Maigret, à Saint-Nicolas et à Saint-Saturnin. La charité, le zèle, les talents et l'ascendant qu'ils obtinrent par leurs prédications, décidèrent le mouvement des esprits, et le succès de la mission fut assuré. Les divertissements des jours gras cédèrent à l'attrait de la parole évangélique, et le chant des cantiques remplaça les chansons profanes. Mgr de Sausin, malgré la délicatesse de sa santé, donna constamment l'exemple de la charité, du zèle et de l'assiduité à tous les exercices. Des retraites particulières se donnèrent en même temps dans les prisons, au collège, au petit séminaire et dans les communautés. Les diverses cérémonies imposantes, d'usage dans les missions, telles que le pardon des injures, la réparation des outrages au Très-Saint-Sacrement, la rénovation solennelle des promesses faites au baptême, la bénédiction des enfants, la consécration à la très sainte Vierge, la procession au cimetière et la prière pour les morts, contribuèrent beaucoup à toucher les esprits ; la présence du prélat et du clergé, la sagesse des autorités, les excellentes dispositions de la population, le recueillement des fidèles, les chants sacrés, la force des prédications, tout était propre à faire impression, mais une impression durable.

Quand il fut à Bordeaux, Mgr Donnet s'efforça d'inspirer partout un doux attrait pour le chant et les cérémonies saintes. Il s'en expliquait de la façon suivante, dans une lettre du 2 décembre 1855, à M. l'abbé Petit, Supérieur du Séminaire de Verdun :

« Depuis mon arrivée à Bordeaux, je me suis efforcé de prouver à mes diocésains que la réunion des fidèles dans nos églises avait pour but principal d'adresser en commun des louanges au Seigneur; que, par conséquent, l'accord des voix de tout âge, de tout sexe et de tout rang, confondues dans une sublime égalité, formait le complément solennel de notre culte. Sans cette participation générale, tout est froid, chaque personne paraît isolée dans la foule, la communion des fidèles n'existe plus. Le chant de l'Église n'est majestueux, n'est efficace qu'à la condition d'être exécuté par tout le monde... Pendant le cours de mes visites pastorales, il n'y a pas de paroisse, quelque circonscrit que soit le nombre de ses habitants, où je ne trouve les moyens d'officier pontificalement et de faire chanter la grand'messe et les vêpres alternativement par les hommes et les femmes séparés en deux chœurs... »

Continuons le récit de la mission de Blois.

Le 24 février, la première pierre de la base de la croix fut posée par Mgr de Blois, en présence des missionnaires et des autorités; on y plaça une inscription destinée à conserver le souvenir de cette mission mémorable. La communion générale des femmes, présidée par le prélat, et où l'on compta 3,600 femmes, eut lieu le jeudi 26, et celle des hommes, au nombre

de 2,000, le dimanche 29. Le lendemain
eut lieu la confirmation de 1,200 personnes.
L'ébranlement était général dans toute la
ville, et l'on vit revenir à Dieu des hommes
qu'un long éloignement avait mis en dehors de toute pratique religieuse. Les
récits du temps mentionnent M. le comte
de Saint-Luc et M. le comte de Chauvelin
comme ayant contribué au succès de la
mission par leurs bons exemples et par leur
influence. La plantation de la croix se fit le
jeudi 4 mars. Monseigneur bénit la croix qui
fut portée avec pompe depuis la cathédrale
jusqu'au lieu préparé, comme nous l'avons
dit. Le préfet, le maire et les autres autorités s'empressèrent de se joindre au clergé
et aux fidèles ; les troupes présentes or-
naient plutôt qu'elles ne protégeaient la cérémonie. Lorsqu'on fut arrivé au calvaire,
le Supérieur de la mission prononça un
discours sur Jésus crucifié et rappela le pardon de Notre-Seigneur envers ses ennemis.
Un même sentiment se manifesta aussitôt
parmi la multitude, et chacun abjura les
haines et l'esprit de parti, au milieu des
marques du plus sincère repentir et de
la résolution la plus généreuse. Tous les
cœurs étaient conquis à Jésus-Christ et
par lui au bien et à l'ordre, tant il est

vrai que l'influence de la religion est le moyen le plus efficace pour rapprocher et unir les esprits et les cœurs! Les bienfaits de cette mission se firent sentir dans le reste du diocèse, dans les environs de la ville principalement dont les populations y avaient pris part, et bien des préventions se dissipèrent au loin.

Appelé par Mgr Pallu du Parc, pour prendre part à la cérémonie du couronnement de la statue de Notre-Dame des Anges à Blois, le 6 août 1860, le cardinal Donnet, dans son discours, rappelait les souvenirs de sa mission à Blois en janvier et février 1824.

« Vénérables vieillards, disait-il, témoins des merveilles qui s'opérèrent à cette époque déjà si éloignée, dites-nous l'affluence des fidèles dans vos trois églises, leur empressement aux sacrés tribunaux, à la Table eucharistique; racontez-nous les larmes de repentir et de bonheur que firent couler les touchantes cérémonies auxquelles on les conviait, le prosélytisme des premiers convertis pour procurer à tant d'autres le même bienfait; la satisfaction des familles au sein desquelles un père, un époux, un fils revenaient, portant avec la résolution d'une vie plus chrétienne, ces germes de paix depuis longtemps troublée, et d'une harmonie dont ils ne connaissaient plus les douceurs; des unions coupables avaient été sanctifiées, d'affligeants scandales avaient disparu ; le dimanche était redevenu le jour du Seigneur ; les blasphèmes et les refrains de la licence ne se faisaient plus entendre ; le riche avait communié à côté du pauvre, le serviteur à côté du maître, le vieillard à côté de l'enfant. Devenu le lien de tant d'âmes d'élite, Dieu les poussait vers le bien en phalanges sacrées. C'est alors qu'on les vit embrasser les œuvres de charité qui donnèrent naissance à toutes les institutions dont nous admirons avec vous les consolants progrès..... »

Après avoir énuméré succinctement ces œuvres, il termine en disant : « Du cheflieu, l'amour de l'Église, le zèle des âmes passèrent comme une étincelle électrique sur les villes de Vendôme, Romorantin, Saint-Aignan, Mondoubleau, qui furent à leur tour favorisées du bienfait d'une mission... Aujourd'hui comme alors, nous nous sentons heureux près de vous; l'âge a blanchi notre tête, mais le cœur est le même, et notre voix saura encore arriver jusqu'aux plus éloignés d'entre vous... »

Pendant la mission de Blois, Mgr de Sausin négocia une semblable mission pour

Vendôme; on parut la redouter d'abord dans cette ville. L'ouverture s'en fit le 21 mars, troisième dimanche de carême. Des esprits frivoles et ceux qui avaient le malheur de ne pas connaître la religion ni son importance, demandaient : A quoi bon ces exercices ? Mais peu à peu les préjugés, les préventions se dissipèrent à la suite des instructions solides et puissantes que l'on entendit; le courage et la charité des missionnaires finirent par captiver l'auditoire, échauffer les indifférents, fortifier les faibles, consoler les bons. Infatigables dans leur zèle, les missionnaires se réservèrent du temps pour visiter même des paroisses hors de la ville. Les jours de la mission, car il y avait des jours d'intervalle entre les différents exercices, étaient devenus des jours de fête, tant il y avait foule autour des chaires sacrées. On s'accordait à louer l'à-propos et la force de MM. Donnet et Dufêtre. Toutes les autorités prirent part à la mission; le collège, les pensions, l'hôpital, la prison, la garnison composée du 4ᵉ hussards, eurent des prédications particulières. Au milieu de ce mouvement général imprimé à la ville, on n'eut à regretter l'absence que de quelques centaines d'habitants qui vivaient depuis assez longtemps dans un état de schisme, connu sous le nom de *Petite Église,* n'ayant pour guides que quatre prêtres sans pouvoirs. Leur chef, l'abbé Toinier, ancien curé de la principale paroisse, avait lutté avec courage contre le conventionnel Grégoire, évêque intrus de Loir-et-Cher. Jusqu'au Concordat de 1801, il avait, ainsi que ses confrères, exercé le saint ministère, en vertu des pouvoirs conférés par Mgr de Thémine, encore réfugié en Angleterre.

Ce petit troupeau rebelle à l'autorité du Pape et à celle des évêques, refusa constamment d'entendre les missionnaires qui avaient proposé des conférences publiques ou particulières pour essayer de dissiper de telles erreurs. Mais on n'a voulu admettre aucune discussion, on a fui tout éclaircissement. Les envoyés de Dieu, en déplorant cette malheureuse constance à repousser la lumière, engagèrent les fidèles à redoubler de prières et à demander à Dieu de vouloir bien ramener lui-même à l'unité des frères si prévenus, et les faire participer à la joie et aux avantages d'une mission si abondante en fruits de salut. Ainsi l'incrédulité et l'erreur semblaient s'être réunies pour paralyser les effets du zèle et les efforts persévérants des

ouvriers évangéliques... L'abbé Donnet,
dirigeait les exercices, assisté de MM. Suchet et Marcel, dans l'église de la Trinité;
l'abbé Dufêtre, accompagné de M. Nivet,
s'était établi sur la Madeleine. Les missionnaires traitèrent d'abord les grands sujets de la religion et exposèrent les preuves
principales de la révélation. Leurs gloses,
leurs instructions, leurs cérémonies, tous
leurs exercices excitèrent un vif intérêt.
Les fidèles des paroisses voisines, les hussards du 4.ᵉ régiment, les professeurs et les
élèves du collège, les religieuses et les élèves du Calvaire, les prisonniers même les
entendirent tour à tour. Il y eut une retraite particulière pour les hommes. La
communion générale des femmes se fit le
mardi de la *Quasimodo,* et celle des hommes le jeudi suivant. Le vendredi 3o avril
la mission se termina par la plantation de
la croix. Les frais du monument à élever
avaient été couverts par le moyen d'une
quête. Mgr de Blois, qui avait donné la
confirmation la veille dans les deux paroisses, présida la cérémonie de la clôture.
On s'était réuni, clergé, autorités, militaires et fidèles, dans l'église de la Trinité, où le prélat monta en chaire et fit
une exhortation chaleureuse; l'abbé Don-

net parla après lui et répondit aux objections de quelques personnes prévenues, puis la procession se mit en marche : la croix était portée par dix compagnies d'hommes se relayant tour à tour. Le lendemain du départ des missionnaires, on commença une neuvaine d'actions de grâces; chaque paroisse allait en procession prier au pied de la croix bénite par le prélat.

Dans une lettre du 12 juillet 1874, au Pape Pie IX, Mgr Donnet parle en ces termes de Vendôme qu'il trouva en très grande partie entre les mains des prêtres de la *Petite Église* lorsqu'il y donna une mission en 1824 : «,Les missionnaires de Saint-Martin de Tours, dont faisaient partie avec moi MM. Villecourt, Dufêtre, Nogret et Suchet, n'eurent d'abord que fort peu d'auditeurs dans les deux paroisses rétablies par le Concordat. Les nombreux adeptes de la *Petite Église* restèrent dans leurs oratoires, et les libres-penseurs de l'époque, imbus des préjugés dont les missions étaient l'objet, ne daignaient pas venir nous entendre.

« Je fus députe par Mgr de Sausin auprès du Nonce de Pie VII à Paris (Mgr Macchi), pour obtenir un rescrit ou un bref qui fît connaître la pensée du Pape régnant. On ne crut pas à la nécessité de cette mesure... Si Dieu daigna bénir nos efforts par le retour d'un grand nombre d'indifférents et de mécréants, les anticoncordataires restèrent les mêmes... »

En 1823, les missionnaires de Saint-Martin donnèrent six missions dans le diocèse de Tours, et deux grandes missions dans le diocèse de Blois (*Histoire et souvenirs de la mission de Blois et de Vendôme*), d'autres missions encore dans plusieurs villes du diocèse d'Orléans.

Dans le discours cité plus haut et prononcé à Tours, Mgr Donnet fait un retour succinct sur les missions principales qu'il donna dans ce diocèse et confirme ce que nous avons dit plus haut.

« Nous croyons encore, chers habitants de Bourgueil, d'Amboise, de Neuvy-le-Roi, de Neuilly-Pont-Pierre, de Saint-Paterne, Saint-Christophe, Beaumont-La-Ronce, Veuvray, Sainte-Maure, Champigny, Saint-Épain, La Chapelle-Blanche, Saint-Benoît, Ussé, Chinon, Loches, Richelieu, Villeloin, Montrésor, entendre les cantiques de votre allégresse, lire sur vos fronts une sérénité qui était le reflet d'une conscience réhabilitée ; des unions coupables

avaient été bénies, des concitoyens récon-
ciliés; d'affligeants scandales avaient disparu, le dimanche était redevenu le jour
du Seigneur; son temple n'était plus désert;
les blasphèmes et les discours licencieux
avaient cessé.....

« Ce ravissant souvenir, toujours présent
à notre esprit, se mêle encore chaque jour
à nos actions de grâces... »

Les travaux des missions se trouvaient
forcément interrompus pendant la belle
saison. L'abbé Donnet ne se reposait pas
néanmoins, il consacrait ce temps à donner
des retraites pour les ecclésiastiques dans
les séminaires et dans les diverses communautés religieuses pour les membres de ces
communautés. Ainsi il prêcha de concert
avec l'abbé Boyer de Saint-Sulpice, la première retraite pastorale qui avait lieu à
Orléans depuis quarante ans, et qui s'ouvrit
à l'évêché le 20 septembre 1824. M. Boyer
faisait les instructions et les conférences,
le Supérieur des missions de Tours s'était
chargé des sujets d'oraison et des examens
de conscience propres aux prêtres. En outre,
l'Évêque faisait chaque jour un entretien
sur des points pratiques et sur des règles
de l'ancienne discipline. Les retraitants
couchaient au séminaire, mais ils passaient

la journée à l'évêché où avaient lieu les exercices dans l'ancienne chapelle de l'officialité, disposée à cet effet. La grande galerie de l'évêché servait de réfectoire, et les récréations se passaient dans les appartements ou dans le jardin. La clôture eut lieu à la cathédrale le 28 septembre. Cette cérémonie nouvelle à Orléans avait attiré un grand concours de fidèles. Durant cette retraite eut lieu l'ordination de deux prêtres, faite en vertu d'une dispense *extra tempora;* tous les ecclésiastiques de la retraite imposèrent les mains sur les nouveaux prêtres, ce qui parut offrir un grand intérêt. Les retraitants se séparèrent en se donnant des témoignages de mutuelle union, et après avoir reçu de leur évêque un règlement de vie, conçu de manière à ne pas effrayer par trop de sévérité. Pour conserver les fruits de la retraite, tous ces prêtres, pénétrés des mêmes sentiments et tendant au même but, formèrent entre eux une pieuse association avec engagement réciproque d'offrir chacun une fois le saint sacrifice de la Messe, de demander à Dieu les uns pour les autres la grâce de la persévérance, et de dire aussi la sainte Messe une fois pour tous les prêtres décédés dans l'année, pratique devenue aujourd'hui presque générale dans les diocèses de France.

L'abbé Donnet prêcha pour les mêmes exercices après la rentrée des classes dans les séminaires d'Orléans, de Tours et de Blois. A Orléans il fut assisté de son ami intime, l'abbé Dufêtre. Des scènes tumultueuses, en cette année 1824, venaient d'agiter le collège d'Orléans. Des changements avaient eu lieu dans le régime intérieur des deux séminaires de cette ville; l'évêque s'en était déclaré le Supérieur et y avait établi de sages règlements. Cette mesure ne contribua pas peu au succès des exercices de la retraite dont nous venons de parler, et offrit un spectacle consolant et un contre-poids à ce qui s'était passé au collège. L'abbé Donnet faisait quatre instructions par jour; l'heureux caractère du Supérieur des missions de Tours et de Blois lui ouvrit tous les cœurs, en même temps que ses discours remuaient les consciences. Toute cette jeunesse, composée de près de deux cent quatre-vingts théologiens, philosophes et humanistes, fut frappée et touchée. Les discours sur la vocation, sur l'état ecclésiastique, sur l'observation du règlement, les conférences sur l'oraison, produisirent surtout des effets très sensibles. La retraite dura huit jours et se termina par une cérémonie dans laquelle chaque séminariste vint signer sur l'autel en présence du Très-Saint-Sacrement, les résolutions inspirées par la grâce, et les reçut ensuite de la main de l'évêque. Le prélat qui en avait présidé tous les exercices, s'empressa de déclarer que cette retraite, comme celle du clergé, avait été pour lui un sujet de grande consolation devant Dieu.

Vers la fin de décembre 1824, l'abbé Donnet arrivait à Romorantin, diocèse de Blois, pour y donner la mission; il était accompagné de MM. Nogret, Richard, Suchet et Bourgin. L'ouverture s'en fit le 1er janvier 1825 par une procession solennelle. L'infatigable Supérieur parlait tous les jours et les dimanches jusqu'à quatre fois. Il donna quinze discours pour établir le dogme et répondre aux principales difficultés des incrédules, s'exprimant toujours avec autant de modération que de force et dissipant tous les doutes et tous les nuages. Les bruits défavorables et les préventions injustes que l'on se plaisait à répandre partout sur les missions et les missionnaires, avaient pénétré aussi à Romorantin, et y avaient laissé des impressions fâcheuses. Mais tout cela s'évanouit à la vue des missionnaires et en présence de leur zèle et de leur charité à toute épreuve. L'opposition n'osa lever la tête tant ils avaient inspiré de respect et de confiance à toute la population, au point qu'il leur fut facile, les trois dernières semaines, de réunir exclusivement les hommes aux exercices du soir, les femmes seules à neuf heures du matin, et à quatre heures et demie du matin, les ouvriers des manufactures. Les missionnaires visitèrent à différentes reprises les pauvres et les malades de la ville; il n'y eut aucune maison d'indigents où ils n'aient laissé de secours; aucune n'échappa à leur charité. Ils allèrent aussi dans les paroisses environnantes, à Villefranche, à Villehervieu, à Lanthenay, etc. Les cérémonies en usage et dont nous avons déjà parlé, se firent séparément pour les hommes et pour les femmes. Deux mille volumes furent brûlés dans la cour du collège; les missionnaires avaient désiré que cet auto-da-fé fût exécuté dans cet établissement, pour servir d'exemple aux jeunes élèves; on les chargea de mettre le feu à cet amas de livres. Tous les mariages qui n'avaient pas été bénis, furent réhabilités. Il est à remarquer qu'après avoir béni un de ces mariages, celui d'un ancien militaire, l'abbé Donnet lui demanda s'il n'avait rien perdu. Le militaire lui répondit qu'il regrettait toujours une montre qu'on lui avait prise, sept ans auparavant. — Eh! bien, je vais vous la rendre, reprit le digne Supérieur, et un moment après il la remit à ce pieux troupier aussi content que surpris.

La communion des hommes se fit le dimanche gras 13 février. Deux mille trois cents hommes y prirent part; la cérémonie fut touchante, en sorte que ces jours consacrés trop souvent à des désordres de plus d'un genre, ne furent marqués que par des exercices de piété et de pieuses cérémonies. Les femmes avaient communié le mardi et le jeudi précédents. La croix fut plantée le mardi gras; le conseil municipal voulut faire les frais de ce monument. Neuf cents hommes de ceux qui avaient communié le dimanche, s'étaient fait inscrire pour porter la croix. La première compagnie divisionnaire était composée du sous-préfet, de plusieurs membres du tribunal civil, de tout le tribunal de commerce, du conseil municipal et de tous les chefs de la garde nationale. Les rues étaient décorées avec goût, les maisons ornées de tapisseries et de verdure. Les missionnaires quittèrent la ville au milieu des transports de la reconnaissance générale. Pendant que l'abbé Donnet présidait ces exercices, l'abbé Dufêtre, son ami, donnait les mêmes exercices et obtenait le même succès et aux mêmes jours à Richelieu.

L'abbé Nogret avait été envoyé à Mondoubleau, dans le même diocèse, pour y commencer une mission en attendant l'arrivée de l'abbé Donnet. Elle s'ouvrit le troisième dimanche de carême. L'heureuse impulsion donnée dès les premiers jours par les instructions pressantes du missionnaire, se soutint, et alla même en croissant. L'abbé Donnet, lorsqu'il fut arrivé, prêcha sur les fins dernières; il fut secondé par l'abbé Suchet. Le zélé Supérieur ne fit qu'accroître l'ébranlement par ses exhortations, ses conférences et ses discours dans les différentes cérémonies. Au milieu de la mission, M. Bourgin resta seul à Mondoubleau, les trois autres ayant été obligés de partir précipitamment pour Blois, où ils allèrent donner une retraite de dix jours, promise depuis longtemps. Leur laborieux collègue soutint pendant quinze jours le bien déjà commencé; ses instructions fréquentes, pendant la suspension de la mission, entretinrent les bonnes dispositions des habitants. La communion des femmes réunit en deux fois sept cents personnes à la Table sainte ; celle des hommes, qui eut lieu le jour de Pâques, en réunit cinq cents, à la tête desquels étaient toutes les autorités de la ville, des chevaliers de Saint-Louis et de la Légion d'honneur, et de vieux militaires revenus franchement à Dieu, et dont quelques-uns même approchaient pour la première fois de leur Dieu qui comblait leur vieillesse d'une sainte joie. Vers la fin de la mission, il se forma deux associations, l'une de dames pour le soulagement des malheureux, la visite des malades et le soin des enfants abandonnés, et l'autre de jeunes personnes, pour entretenir parmi elles les habitudes de la piété. La plantation de la croix eut lieu le lundi de Pâques, avec beaucoup de pompe et un grand concours. Les conversions, les réconciliations et les restitutions qui se remarquèrent furent d'un grand exemple.

Dans les récits que nous venons de faire des différentes missions données par l'abbé Donnet, pour ne pas ralentir la marche des événements, nous avons omis une foule d'anecdotes qui n'en eussent pas été les côtés les moins saillants ni les moins édifiants ; toutefois nous croyons devoir en rapporter une ici pour terminer ce chapitre. Ce trait, en remettant sous nos yeux la foi d'un autre âge, ne peut néanmoins qu'ajouter à nos tristesses dans la lutte vigoureuse engagée contre les loges maçonniques qui veulent déchristianiser la France, tandis que nos missionnaires s'efforçaient de raviver l'esprit chrétien au milieu de cette France toujours catholique.

Le Supérieur des missionnaires de Saint-Martin donnait une retraite dans une institution de jeunes gens. Un des élèves, bien jeune alors, puisqu'il faisait partie de la division des minimes — c'est de lui que nous tenons ce fait que nous allons raconter — arriva, ainsi que sa section, après l'exorde d'un sermon sur *l'enfer*. Chacun de se précipiter, comme il arrive presque toujours en pareille circonstance, et de s'emparer des premières places, le plus près possible de la chaire. Pour abréger on escalade même les bancs. Au moment où cet élève rivalisait d'agilité avec ses camarades, son pied mal posé glisse sur l'angle d'un tabouret, et le voilà roulant avec un fracas horrible sous les bancs qui se renversent et le recouvrent. L'orateur, qui ne s'était pas ému, fait entendre comme un tonnerre cette terrible sentence : *Allez, maudit, au feu éternel.* Le malheureux élève se crut en enfer et resta sans vie sur place pendant plusieurs minutes. Lorsqu'il fut revenu à lui, on l'emporta loin de cette scène douloureuse, chacun se remit en place et l'orateur continua, désolé, paraît-il, d'avoir damné un homme pour la première fois. Le discours suivant fut sur le paradis; le prédicateur dépeignit les félicités éternelles en des termes si ravissants, que le jeune étourdi, d'après son aveu, souhaita *d'y tomber pour n'en plus revenir.* Et cet élève n'était autre que l'abbé Barbier (le diacre solitaire), décédé premier aumônier du lycée Louis-le-Grand, où il eut pour second l'abbé Roche, mort évêque de Gap, dont le neveu, M. Roche, député, se montre en tout l'ennemi irréconciliable du clergé et des institutions catholiques.

CHAPITRE CINQUIÈME

Missions et retraites prêchées par le Supérieur des missionnaires de *Saint-Martin*. — Son admirable réponse au cri de *Vive le Roi !* poussé par quelques imprudents. — Mission de Loches. — Jubilé de 1826 à la Guillotière et dans d'autres localités. — Regard rétrospectif sur la mission de Blois. — Œuvres fondées à Blois par l'abbé Donnet avant son départ. — Mgr de Sausin, évêque, veut le nommer archiprêtre de sa cathédrale. — Belle réponse du modeste Supérieur. — Il accepte le titre de chanoine honoraire de Blois. — Il est placé momentanément à la tête des séminaires de Blois.

En 1825, l'abbé Donnet prêcha la retraite ecclésiastique à Grenoble. L'année précédente, elle avait été prêchée par l'abbé Boyer, et les quatre années auparavant par l'abbé Rey, devenu plus tard évêque de Pignerol. L'éloquent prédicateur parla pendant dix jours, deux fois chaque jour, et souvent trois fois ; et ses discours n'avaient pas moins de force et de noblesse que

6

d'à-propos et d'onction. Deux cents prêtres s'y étaient rendus de toutes les parties du diocèse. Le mardi 6 septembre eut lieu la procession à la cathédrale. Tous les prêtres communièrent de la main de l'évêque et renouvelèrent les promesses cléricales. Après l'évangile, le Supérieur des missions de Tours monta en chaire, et sur ce texte d'Isaïe : *Filios enutrivi, et exaltavi, ipsi autem spreverunt me* (1, 2), il exposa avec clarté et une mâle éloquence les bienfaits du sacerdoce envers la société, et l'ingratitude de la société envers le sacerdoce. L'orateur traita supérieurement ce sujet et répondit à l'attente de l'immense auditoire réuni dans la cathédrale de Notre-Dame pour l'entendre. Le soir, Monseigneur, à la tête de son clergé, se rendit auprès du zélé missionnaire pour lui témoigner sa reconnaissance ; celui-ci parut très touché d'une pareille démarche. Quelques jours après, le vénéré prélat Claude-Simon était enlevé à son diocèse le 5 octobre 1825, à sept heures et demie du soir. Il était né à Semur en Bourgogne, le 15 novembre 1744. Avant la Révolution, il était principal du collège d'Autun et chanoine d'Avallon ; il avait été nommé à Grenoble à la suite du Concordat et fut

sacré le 8 août 1802. On offrit ce siège à
l'abbé Pierre-François-Xavier Coustou,
grand-vicaire de Montpellier depuis le Concordat, et âgé pour lors de soixante-six
ans; il refusa pour raisons de santé. Une
ordonnance du 28 décembre nomma à sa
place l'abbé Philibert de Bruillard, curé
de Saint-Étienne-du-Mont, à Paris.

L'abbé Donnet avait refusé de devenir
vicaire-général en titre, pour rester Supérieur des missions de Tours. C'est en cette
qualité qu'en 1827 il prêcha la retraite
ecclésiastique de Bordeaux, à laquelle assistèrent deux cents prêtres; Mgr de Cheverus en présida tous les exercices. Le
prédicateur, dont le zèle et le talent étaient
justement appréciés, se servit heureusement des plus beaux traits de la vie de
Mgr d'Aviau et des grands exemples de
son successeur sur le siège de Bordeaux,
Mgr de Cheverus, afin d'exciter le zèle et
la piété des retraitants. Le sermon de clôture produisit la plus vive impression.

La dernière grande mission que dirigea
l'abbé Donnet fut celle de Loches, une des
villes les plus importantes du diocèse de
Tours, et qui présentait plus d'un obstacle
à son zèle. Ses collaborateurs, surtout
l'abbé Suchet, ecclésiastique plein d'activité

et d'intelligence, en triomphèrent plus encore par leur douceur, leur patience et leur charité que par leur courage et leurs talents. Toutes les oppositions cédèrent à la voix pénétrante de ces ministres de paix.

La mission, commencée le 15 octobre, ne finit que le 20 novembre. La communion générale des femmes se fit le jeudi 16 novembre, dans les églises de Saint-Antoine et de Beaulieu; et celle des hommes qui ne fut pas moins nombreuse, le dimanche 19, dans l'église principale de la ville, dédiée à saint Ours. Il y eut environ 3,700 communiants. La cérémonie de la plantation de la croix se fit le lundi 20, et fut extrêmement édifiante; Monseigneur l'archevêque vint la présider. Des salves d'artillerie se mêlèrent au son des cloches pour annoncer le départ de la procession.

Les jeunes filles, les dames hospitalières, un chœur de jeunes gens, précédaient les divisions des porteurs de la croix, commandées par d'anciens militaires et d'autres notables. L'abbé Suchet était l'âme de cette démonstration catholique. Monseigneur, précédé du clergé de la ville et de celui de l'arrondissement, marchait après la croix portée sur un brancard richement orné, et était suivi du sous-préfet, du tribunal

civil en grand costume, du maire, des ad
joints, etc. Les rues étaient tapissées, et
des arcs de triomphe avaient été dressés de
distance en distance sur le passage de la
croix. Après avoir parcouru les principales
rues de la ville, la procession, arrivant sur
le petit mail qui forme une espèce de quai
prolongé sur les bords de l'Indre, présenta
aux yeux de la foule l'aspect le plus imposant. Là, la division d'hommes composée
des autorités attendait que la croix lui fût
remise. L'étendard sacré fut déposé dans
l'enceinte destinée à le recevoir, et s'éleva
au milieu des acclamations et des cantiques.
L'abbé Donnet, Supérieur des missions, qui
venait de recevoir des lettres de vicaire-
général, avait prononcé avant le départ un
discours dit *ferverino* sur le *mystère* auguste et touchant de la Passion du Sauveur.
Il parla du pardon des injures, des liens
de la fraternité qui devaient unir tous
ceux qui avaient été rachetés par le sang
de Jésus-Christ. L'auditoire était ému jusqu'aux larmes... Des cris de repentir, de
pardon frappèrent les voûtes du temple.
Mais quand l'orateur eut cessé de parler,
plusieurs personnes crièrent fort innocem-
ment : *Vivent les missionnaires !*

Le modeste Supérieur leur imposa silence

et dit que tout le bienfait de la mission devait être renvoyé au vertueux et digne prélat qui l'avait accordée. Le cri de : *Vive le Roi!* fut même poussé par quelques autres. Croyant que le souverain avait envoyé l'orateur pour convertir les âmes, on voulait lui témoigner ainsi la gratitude qu'un semblable bienfait mérite. L'abbé Donnet, redoutant les résultats de cet enthousiasme intempestif, reparut en chaire : « Mes frères, reprit-il, c'est au nom du Roi des rois, mais du Roi qui a dit lui-même que son royaume n'était pas de ce monde, que nous sommes venus à vous. Loin de nous donc les passions qui se rattachent aux choses de la terre, et qui voudraient confondre avec elles une religion toute céleste. Si elle rend à César ce qui est à César, elle rend avant tout à Dieu ce qui est à Dieu. Si elle honore avec soumission les princes et les puissances, elle ne se range sous aucun des étendards qui les divisent, mais elle élève le sien au-dessus de tous, pour y montrer uni avec la profession de sa foi, le seul cri de ralliement qu'elle permette à ses enfants : *Gloire à Dieu au plus haut des cieux et paix sur la terre à tous les hommes de bonne volonté ; vive la Religion! aimons-nous comme des frères.* »

Pendant le cours de ses missions apostoliques, l'abbé Donnet montra la même sagesse, la même prudence, et c'est ainsi qu'il sut toujours se concilier les sympathies et le respect universels.

Le soir, l'abbé Donnet prononça le discours d'adieu qui fut très touchant; les habitants de Loches donnèrent à l'envi, en cette circonstance, des témoignages d'estime, de reconnaissance et de regrets aux ouvriers évangéliques. Mais cela ne faisait point l'affaire du *Constitutionnel*. Aussi un de ses articles contenait, au sujet de la mission de Loches, des réflexions foudroyantes. La colère de cette feuille radicale avait surtout été excitée, à ce qu'il paraît, par une affiche que l'un de ses correspondants sans doute avait lue sur les murs de la ville, relativement à la plantation de la croix, affiche signée par un vicaire général, *vue* et *approuvée* par le maire. Il n'en fallut pas davantage pour provoquer la colère du rédacteur, qui se disait : Qu'est-ce que cela veut dire ? *l'État est-il dans l'Église, sommes-nous retombés sous le joug théocratique?* Il y a toute une colonne de semblables interrogations; la conclusion était que ce nouvel envahissement du clergé était un renversement d'idées et une sorte de monstruosité. Quel scandale, en effet, un maire consentir à viser et approuver le *prospectus* (*sic*) d'une procession! Tout n'est-il pas perdu, si un vicaire général règle la marche d'une plantation de croix? Quelle honteuse usurpation! quelle humiliante anarchie! Mais quelle hypocrisie de la part de l'écrivain, dans cette phrase banale : *C'est à regret que nous faisons ces observations.* Car il y avait à cette époque, au sein de la rédaction du journal de M. Bertin de Vaux, des hommes si profondément religieux, si sages et si modérés! Quelle violence n'ont-ils pas dû se faire pour *articuler* des plaintes si amères! O Molière! si tu avais vécu de nos jours, il ne t'eût pas fallu une grande étude pour trouver à peindre d'autres tartufes et d'autres hypocrites que ceux que tu as voulu fort injustement atteindre dans tes vers! N'est-ce pas une hypocrisie de la pire espèce, celle d'un journaliste qui feint de ne rapporter qu'à regret ce qui faisait l'objet habituel et journalier de ses déclamations...

L'abbé Donnet consentit avec bonheur à diriger les exercices du jubilé quarto-séculaire à la Guillotière, faubourg de Lyon, où il avait autrefois inauguré son ministère. Il s'y rendit accompagné de M. l'abbé Suchet, son collègue. Les instructions durèrent un mois. La retraite pour les hommes se continua pendant dix jours de suite. La paroisse se fit remarquer par son empressement et son assiduité à profiter des bienfaits de ces faveurs spirituelles. L'affluence aux cérémonies était telle qu'il fallut établir des cérémonies distinctes pour les hommes et pour les femmes. Une tribune avait été construite tout exprès à cette occasion, et néanmoins il y eut chaque jour de deux à trois cents personnes qui, n'ayant pu trouver de place, restèrent en dehors de l'église. Mgr de Pins, archevêque d'Amasie *in partibus,* administrateur du diocèse de Lyon, vint présider un des exercices et fit un discours. Le dimanche 21 janvier 1827, un des grands-vicaires depuis 1824, M. l'abbé Cholleton, vint célébrer la Messe de la communion générale et distribua le Pain de vie à une foule d'hommes qui remplissaient l'église.

L'abbé Donnet prêcha aussi en 1826 à Poitiers à l'occasion du jubilé, sous l'administration de Mgr de Bouillé, dont la mémoire est restée vivante et respectée dans le diocèse. Plus de quarante ans après, Mgr Donnet parlait encore avec bonheur des consolations qu'il avait goûtées dans l'accomplissement de ce ministère. C'était

le 19 janvier 1873, dans son discours pour
la fête de saint Hilaire.

« Il y a longtemps, disait-il alors, que je
pénétrai pour la première fois dans ce sanctuaire. C'était en 1826, à l'occasion du Jubilé accordé par le pape Léon XII... Qua-
rante-six ans se sont écoulés, et le jeune
prêtre qui vous donna, dans cette circonstance, les prémices de son apostolat, se
souvient encore des consolations qu'il
goûta dans l'accomplissement de son ministère. Devenu, il y a longtemps déjà,
votre métropolitain, et quoique courbé sous
le poids des années, il revient à vous avec
un cœur toujours jeune et une joie immense
de vous retrouver, bons habitants de Poitiers, dignes de votre passé et ayant mérité
de voir un autre Hilaire (le cardinal Pie),
illustrer de sa parole, de ses écrits et de ses
combats pour la défense de la vérité, la
chaire déjà si glorieuse de cette cathédrale... Au déclin de ma vie, et au milieu
de circonstances qui réclament d'un pasteur
des peuples tant de vigilance et d'intrépidité, plus que jamais j'éprouve le besoin
d'être le client et l'imitateur de celui que
nous glorifions dans cette solennité... »

En 1826, l'abbé Donnet fut encore appelé à prêcher le jubilé en Belgique, avec

MM. Caillot et Villecourt, Dufêtre et Suchet ; il en profita pour visiter Turnhaut et son école apostolique.

Ainsi, dans le diocèse de Blois, l'abbé Donnet avec ses collaborateurs évangélisa successivement Vendôme, Saint-Aignan, Amboise, Neuvy-le-Roi, Montrésor, Chinon, Bourgueil, Loches, Sainte-Maure, Richelieu, Blois, Mondoubleau, Romorantin, recueillant partout les fruits de son zèle et de son dévouement. Ses efforts ne se bornaient pas à ces missions solennelles, il visitait aussi les paroisses privées de pasteurs, parcourait les bourgs les plus écartés des deux diocèses de Tours et de Blois, répandant la bonne semence au sein de ces populations que la chaleur entraînante de ses paroles et l'ardeur de sa charité remuaient profondément, réveillant ou conservant ainsi parmi un peuple si longtemps délaissé quelques étincelles de l'antique foi. Toutefois les succès, comme nous l'avons vu, n'étaient pas obtenus sans luttes ni sans difficultés. Il lui fallut surmonter quelquefois des antipathies violentes, des préventions fâcheuses. Ces obstacles servirent à mettre dans tout son jour l'esprit de conciliation et de prudence que le Supérieur savait unir, avec une mesure admirable, à

son zèle et à son activité. Des établissements durables conservèrent, dans plus
d'une localité, les traces utiles de son passage et de son zèle aussi éclairé qu'ardent
et entreprenant.

A Blois, on lui doit la fondation de
l'Œuvre des pauvres orphelines, dont le
succès en peu d'années fut assuré. Pour
opposer un contre-poids à tant de mauvais livres que l'on répandait à profusion
partout, il fonda l'*Œuvre des bons livres*
dans les villes de Vendôme, de Blois, de
Romorantin, de Saint-Aignan, de Richelieu ; outre les ouvrages qu'il fournissait
lui-même, il s'en faisait donner, recevait
des souscriptions, concentrant les livres des
différentes associations dans un même local,
ce qui permettait de joindre aux livres de
religion, des ouvrages d'histoire, de littérature, de voyages, etc., de manière qu'il y
en eût pour toutes les classes et tous les
âges de la société, auxquels on les offrait
gratuitement. Sans doute, il était loin de
sa pensée de répandre indiscrètement le
goût de la lecture : il savait trop bien que
les jeunes gens des deux sexes, les femmes
surtout qui ont la passion de la lecture,
deviennent bientôt inhabiles à toute autre
chose qu'à dévorer le jour et même la nuit,

en prenant sur leur travail et sur leur som-
meil, des milliers de brochures, de volumes
bons et mauvais ; mais il prenait les hommes
tels qu'essayaient de les façonner les incrédules et les libéraux, et il s'empressait
d'offrir à leur avidité des aliments plus
substantiels et moins nuisibles.

Du reste, c'était en même temps donner
une réplique péremptoire à ces accusations
que l'on lançait partout à cette époque
contre les missionnaires, qui, disait-on,
voulaient étouffer les lumières et la civilisation dans leur étroite intolérance. C'était
travailler non par de vaines phrases et de
creuses théories, mais par des institutions
efficaces, à la solution des grandes questions qui encore aujourd'hui préoccupent
l'autorité administrative et les hommes qui
étudient l'économie politique, c'est-à-dire la
question des enfants délaissés et des prisons,
et celle de la propagation simultanée de l'instruction et de la moralisation des peuples.
Quels étaient ici les rétrogrades, nous le
demandons, ou le modeste missionnaire
qui élevant des asiles pour les orphelins et
évangélisant les prisons, cherchait à empêcher l'accroissement des uns et des autres
en opposant au torrent de l'immoralité
et de la cupidité croissantes, la digue des

croyances et des pratiques religieuses, ou bien ces orgueilleux, ces ambitieux philanthropes qui l'insultaient dans leurs journaux et se regardaient comme des génies parce qu'ils nous vantaient, sans en avoir étudié la question, l'importation des doctrines anglaises sur le régime pénitentiaire et le paupérisme ? Quel était le véritable ami du peuple et de son instruction, ou ce missionnaire aidant partout la propagation des bons livres, ou bien ces mêmes philanthropes faisant réimprimer par milliers et à bon marché des productions impies et immondes, se disant hautement et sous tous les tons, les bienfaiteurs de l'humanité, parce qu'ils avaient mis en vogue les écoles à Lancastre pour apprendre à tous les hommes à lire, à écrire et à faire des chiffres ? Une fatale expérience leur a tristement appris l'impuissance des doctrines utilitaires et le danger de l'instruction quand elle reste séparée de la religion et de la morale. En restent-ils convaincus ?...

L'abbé Donnet avait passé les cinq années convenues dans ce laborieux et utile ministère ; Mgr l'archevêque de Tours, voulant récompenser le zèle intelligent du missionnaire et l'attacher d'une manière permanente à son diocèse, lui offrit à plusieurs reprises et avec instance les fonctions de vicaire général titulaire; l'apôtre désintéressé refusa en disant que s'il acceptait une faveur humaine, les grâces du Seigneur seraient pour lui moins abondantes. L'archevêque, touché d'une humilité si rare, n'insista pas davantage; il répondit à l'abbé Donnet qu'il chargeait Jésus-Christ de lui tenir compte des grâces répandues sur les fidèles de son diocèse. Mgr de Sausin, évêque de Blois, ancien vicaire général de Lisieux, voulut aussi le nommer curé-archiprêtre de la cathédrale : l'abbé Donnet n'accepta jamais que le titre de chanoine honoraire, qui lui fut donné le 15 juin 1825.

Un jour, à Tours, Mgr Donnet expliquait lui-même la cause de son départ de ce diocèse :

« Le ministère des missions, qui fut pour nous la source de tant de consolations, touchait à son terme. La permission de le remplir hors de notre diocèse natal, expirait à la fin de 1827; un ordre venu de haut nous appelait ailleurs; il fallut obéir, et nous remîmes entre les mains des fils de saint Vincent de Paul la direction de vos missions diocésaines; vous savez le bien qu'ils ont fait et qu'ils continuent de faire au milieu de vous. »

Mgr l'évêque de Blois lui offrit, le 1er juin 1824, avec le titre de chanoine titulaire, la direction de ses grand et petit séminaires, dont il resta Supérieur jusqu'au 15 juin 1825.

En moins d'une année le nouveau Supérieur y établit un ordre matériel et moral parfait, y dressa un plan d'études uniformes, pourvut à tous les besoins du présent, de manière à leur préparer un heureux avenir. Ce qu'il fit en si peu de temps donna une haute opinion de son intelligence et de son savoir. Il parvint même à provoquer l'établissement à Blois d'une maison de missionnaires sur le modèle de celle de Tours. Quand elle fut constituée et organisée, il désigna à la confiance du prélat, pour diriger ces divers établissements, des prêtres éminents et d'un mérite incontestable, MM. Coindre, Lyonnet, depuis archevêque d'Alby où il est mort, et Dormant. Pour lui, il reprit ses courses apostoliques, genre de ministère où il savait si bien se dépenser. Il fut remplacé dans la direction du grand séminaire par deux de ses amis, M. l'abbé Coindre, décédé le 21 mai 1826 auquel succéda M. l'abbé Lyonnet, professeur de théologie morale.

Dans son discours à la métropole de

Bourges pour la clôture des exercices du millénaire de sainte Solange, vierge et martyre, le 17 mai 1878, Mgr Donnet nous apprend qu'il évangélisa aussi quelques paroisses de ce diocèse.

« Plus d'un demi-siècle s'est écoulé depuis le jour où Mgr de Fontenay voulut bien nous appeler en compagnie de MM. Villecourt, Dufêtre, Allignol et Suchet, pour évangéliser quelques paroisses de son archidiocèse. Ces paroisses étaient rapprochées des villes de Loches, Amboise et Montrésor en Touraine, puis Saint-Aignan, Valençay en Blésois où avaient été données des missions devenues pour MMgrs de Montblanc et de Sausin un sujet de consolations. Nous étions venus plusieurs fois à Bourges et à Châteauroux sous l'épiscopat de Mgr de Villèle et du cardinal Dupont, avec lequel je causais plus volontiers de nos trois années de 1812, 1813 et 1814 passées sur les bancs du séminaire de Lyon, que des sessions du Luxembourg et du Vatican... »

L'abbé Donnet quitta donc Tours et il se rendit aux invitations réitérées des Évêques de Grenoble, d'Angers, de Clermont, d'Orléans, de Limoges, de Bordeaux et de Dijon. Les auditeurs ne lui manquent nulle part; on sait que le missionnaire est fidèle aux traditions de l'éloquence catholique ; on accourt donc, peut-être pour céder à un premier mouvement de curiosité. Bientôt après on est vaincu par la logique et entraîné par la charité de l'homme de Dieu ; personne ne lui résiste. Quand il a le temps il va chez les personnes influentes et il les engage à ne pas perdre le souvenir des bienfaits accordés par le Seigneur en ces jours de bénédictions. Pour que la mémoire ne s'en efface jamais, il leur conseille de visiter les pauvres, de soigner les malades et d'assister les dimanches et les fêtes, aux offices divins. Son langage est ferme ; sous un enjouement réel, il a le talent de cacher une conviction profonde qui prête une force puissante à ses paroles. On lui promet d'obéir, et l'argent tombe de tous côtés dans ses mains pour créer et soutenir les œuvres de sa foi. C'est pour la classe indigente qu'il quête. Après s'être présenté chez les grands, il court chez les petits ; il leur distribue ce qu'il a pu recueillir ; et ces malheureux entendent le missionnaire leur tracer une ligne de conduite pour l'avenir.

Le succès qu'il avait déjà obtenu dans les retraites ecclésiastiques dont il se chargeait pendant l'intervalle de ses courses apostoliques, engagea successivement plusieurs archevêques et évêques à l'appeler pour ce genre de ministère dans leurs diocèses. Nous nommerons les évêques de Grenoble, d'Angers, de Nevers, de Dijon, de Clermont, de Limoges, les archevêques de Tours et de Bordeaux. Il se rendait à leurs vœux avec sa déférence et son zèle accoutumés. Cette nouvelle carrière exigeait toutefois des qualités et des talents tout autres que ceux dont il avait fait preuve comme missionnaire.

Cette éloquence vive, chaleureuse, passionnée même, nécessaire pour secouer l'indifférence ou l'inattention d'une grande assemblée, le déploiement de ces moyens extérieurs qui parlent aux yeux et aux oreilles des masses, cette ardeur de zèle et de charité qui ne se fatigue et ne se rebute jamais en sollicitant la conversion des pécheurs, en un mot, toutes les qualités essentielles du missionnaire cessent à peu près d'être de saison quand il faut entretenir une assemblée grave, attentive, instruite elle-même à l'art de la parole et à la direction des âmes. Ce qu'il faut alors à l'orateur sacré, c'est une connaissance approfondie du cœur humain, la double expérience du monde et du ministère évangélique, la double autorité de la science profane, théologique, ascétique et hagiographique des livres saints, et ce tact si rare qui sait allier à la liberté du zèle et à l'énergie de la vérité, le haut sentiment des égards et le plus rigoureux respect des convenances. Avec ces qualités réunies, le prédicateur des retraites ecclésiastiques parle avec autorité, et il est écouté avec confiance. Ces qualités ne firent point défaut à l'abbé Donnet, comme le prouve l'empressement des évêques à le retenir longtemps d'avance pour leurs diocèses.

———

CHAPITRE SIXIÈME

L'abbé Donnet est rappelé dans son diocèse. — Il accepte la cure de Villefranche. — Difficultés qu'il rencontre. — Trombe, incendies ; son dévouement en ces circonstances lui gagne tous les cœurs. — Il suggère l'institution d'un corps de pompiers qui veulent faire de lui leur capitaine. — Sa constante affection et ses succès de prosélytisme auprès d'eux. — Même à Bordeaux, il continue de leur donner des marques de bienveillance. — L'ancien sergent major dit *Bras d'or*. — Restauration de la vieille collégiale servant d'église. — Claude Bernard, enfant de chœur. — Mgr Langénieux. — Fondation de différents établissements et œuvres. — Amélioration morale du sort des prisonniers : on lui doit l'introduction des Frères et des Sœurs dans le régime des prisons. — Les conversions que font et consolident ses instructions à Villefranche. — Son voyage de prêtre et d'artiste à Rome. — Ses impressions. — Emeutes après 1830 ; comment il les surmonte ; il sauve la ville. — Il est le type des bons curés, dans le vrai sens du mot.

La réputation de l'abbé Donnet s'était agrandie, son nom était devenu populaire ; il comptait parmi les orateurs chrétiens les plus distingués de l'époque. Mgr de Pins, archevêque administrateur de Lyon, le rappela dans le diocèse et lui confia, au mois d'octobre 1827, la cure de Villefranche, chef-lieu d'arrondissement et seconde ville du département du Rhône. C'était un poste difficile et éminemment propre à exercer la prudence et l'activité du jeune pasteur; il saura leur donner une direction différente. Cette ville, par sa position topographique, à vingt-neuf kilomètres de Lyon, sur les bords de la Saône, et traversée par une grande route, se trouvait dans les conditions les moins favorables à la conservation de l'esprit religieux et de la moralité de ses habitants. Les divisions politiques de cette époque venaient ajouter encore aux embarras de la situation. Deux camps bien tranchés partageaient et occupaient ardemment les esprits. Un faux libéralisme prétendant marcher à la conquête des lumières et de la liberté en se montrant hostile au clergé et à tout ce qui se rattachait à la religion, avait pris là, comme ailleurs, des racines envahissantes. D'autre part, les nombreux châteaux du voisinage, habités par d'anciennes et riches familles du Lyonnais, avaient des opinions plus religieuses, sans doute, mais peut-être non moins exigéantes sous plus d'un rapport. Attachées à la Restauration, elles avaient la téméraire prétention de ramener toute chose en religion, sans excepter les personnes, non pas au Créateur de l'univers et au Sauveur des hommes, mais à leur idole, l'antique royauté, digne de tout respect, mais si mal entourée et servie si peu habilement. Ainsi, en cette même année, le grand veneur avait ordonné une chasse générale dans la forêt d'Orléans, le jour de Pâques, depuis sept heures du matin jusqu'à six heures du soir, et rien n'avait nécessité cette chasse en ce saint jour, si ce n'est l'affectation d'un air frondeur, au point de vue religieux; on attendait sans doute de ce sacrifice à l'idole du temps, un grand apaisement dans le camp libéral; cette concession toutefois ne fit que rendre ce parti plus exigeant encore. Un curé, pour plaire aux châteaux et à tous ceux qui en recevaient l'influence, devait donc lui même entrer dans ces vues mesquines, et au lieu de prêcher *Celui par qui règnent les rois,* se donner en quelque sorte la mission de gagner, avant tout, les cœurs aux rois par qui seuls, croyait-on, le clergé et la religion étaient et pouvaient quelque chose.

Entre ces deux opinions opposées et toujours en présence, la route, dans une telle paroisse, était semée d'écueils. Se ranger dans l'une, c'était mettre l'autre contre soi. L'abbé Donnet avait besoin d'une excessive prudence pour naviguer sûrement entre ces deux récifs, sans se heurter ni à l'un ni à l'autre. Et cependant il lui fallait agir, et agir de suite. Son prédécesseur, M. l'abbé Claude Genevey, décédé le 18 juillet à l'âge de quatre-vingt-trois ans, à la suite d'une maladie de poitrine, était vicaire-général du diocèse et avait la confiance de ses supérieurs. Pendant les vingt-sept ans qu'il avait administré la paroisse, c'est-à-dire depuis le Concordat, il s'était concilié par sa piété et ses lumières l'estime, le respect et l'attachement de toutes les classes. S'il avait créé, soutenu et rendu florissants, à Villefranche, des établissements de charité, et spécialement celui des Frères des Écoles chrétiennes et des Dames de la Miséricorde, depuis quelques années son grand âge et ses infirmités avaient laissé beaucoup de choses en souffrance, et l'action du curé sur la population était restée sans influence et presque tout à fait inaperçue. Aussi le parti irréligieux était-il satisfait de cet état de choses et redoutait-il à sa place un prêtre plus jeune, plus actif, et capable de ressaisir toute l'influence que l'abbé Genevey avait laissée passer en d'autres mains.

L'abbé Donnet, avec son esprit clairvoyant, ne se dissimula aucune de ces difficultés; il sentit qu'une précipitation téméraire ne pourrait que les augmenter, que le succès dans cet état de choses devait être l'œuvre du temps et de la prudence. Cette conviction détermina sa conduite. Deux ans auparavant il avait prêché un jubilé dans cette contrée, son nom y était connu, son mérite et son caractère appréciés. C'était déjà un avantage. Il songea d'abord à se faire tolérer par ses actes. Il commença par visiter toute la paroisse, sans acception de fortune et d'opinion. Accueilli avec confiance, il consacra ses premiers soins aux enfants, organisa pour eux les catéchismes, les visita dans leurs écoles, et les gagnait dans toutes les familles par la bonté de son cœur, l'affabilité et la simplicité de ses manières; il se concilia par les mêmes moyens l'amitié des jeunes gens et l'affection des pauvres; il profitait de toutes les occasions d'être tout à tous; il se rendit la providence des malades qu'il visitait assidument, auxquels il prodiguait des secours et des soins de toute sorte : donnant à celui-ci un sage conseil, offrant à cet autre au besoin une utile protection; en un mot, il s'étudiait à faire servir les ressources de sa position, de son esprit et de son zèle à conquérir les âmes à Dieu et à la religion. De cette façon il obtint facilement et bientôt les sympathies de tous les partis, de toutes les classes, du riche aussi bien que du pauvre. C'est que l'abbé Donnet, par la distinction et la politesse de ses manières, la finesse et le tact de son esprit, se faisait remarquer et désirer dans les classes supérieures et polies de la société dont il possédait si bien la langue et les usages, au point de pouvoir se faire petit au milieu des petits, s'en montrant partout et toujours le protecteur et le père : ce qui lui donnait sur les masses un ascendant extraordinaire ; devenu populaire, dans la bonne acception du mot, il avait toujours au milieu de la foule un langage qui l'électrisait et se gravait profondément dans ses souvenirs. Il rencontrait quelquefois autour de lui des jaloux de cette solide influence. Ses manières franches, sa noble familiarité, ses reparties vives, plaisaient beaucoup au peuple.

Survenait-il un désastre imprévu, un grand malheur, une nouvelle importante pour la gloire et le bonheur du pays, son cœur battait spontanément à l'unisson de tous les cœurs mâles et énergiques, de toutes les âmes dévouées et généreuses, et les secours de son zèle, de sa bourse, pas plus que ceux de son bras et de son agilité, ne manquaient à qui en avait besoin. On en retrouve mille exemples dans la longue carrière qu'il lui fut donné de parcourir. L'audace, le dévouement, le courage qu'il déploya dès le début de ses fonctions pastorales, au milieu de deux sinistres qui jetèrent l'épouvante et la confusion au sein de la cité, achevèrent de faire tomber toutes les préventions, et ne contribuèrent pas peu à lui concilier cette faveur qu'il a toujours conservée depuis. Il était désormais maître de la situation. Il avait alors pour vicaire l'abbé Lange, un de ses élèves les plus distingués, et qu'il appela plus tard à Bordeaux ; et pour enfant de chœur le jeune Langénieux, appartenant à une famille de commerçants, et devenu depuis curé à Paris, vicaire général, et aujourd'hui archevêque de Reims, où il aura pour grand honneur d'avoir ravivé la mémoire et le culte du Pape Urbain II.

Revenons aux sinistres dont nous venons de parler. Il était à peine installé depuis un an à Villefranche lorsque, dans le courant de novembre 1828, chose rare pour la

saison, une trombe éclatant sur Villefranche fit déborder le Morgon, petite rivière
qui la traverse, et mit toute la ville dans le
plus grand danger ; toutes les rues furent
envahies à la fois. Et ce qui contribua le plus
à jeter partout une terrible panique, c'est que
le désastre eut lieu au milieu de la nuit, et
l'obscurité ajoutait ses horreurs à l'effroi
des habitants qui s'exagéraient la gravité
de la situation. Dès une heure du matin,
on vit l'intrépide curé à cheval, parcourant
les rues inondées, affrontant le désastre,
portant des secours, rassurant cette population effrayée, arrachant de leur demeure
ceux qui n'y étaient plus en sûreté. Dans
l'endroit le plus exposé, deux vieillards
surpris dans un rez-de-chaussée par l'inon-
dation et un enfant au berceau étaient restés
abandonnés dans une maison que l'eau en-
vironnait de toutes parts et qui menaçait
de s'écrouler. Le curé en est instruit ; tout
à coup, sans se laisser arrêter par le danger
ni par les cris que l'on fait entendre afin de
le retenir, il pousse son cheval au milieu
des flots, arrive à la demeure de ces infortunés, prend l'enfant dans ses bras, fait
mettre les vieillards sur la croupe de sa
monture, et les ramène mouillés et trem-
blants dans l'asile qu'il a fait ouvrir à tous

les malheureux chassés de leurs habitations. Puis, sans prendre aucun repos, il organise les secours, va, au péril de sa vie, faire lever, ou plutôt lève lui-même les vannes d'un moulin qui barraient le passage de la rivière et la faisait refluer vers la ville : la cité se trouva ainsi sauvée en un instant. Ses soins et sa charité pour réparer les suites de cette calamité, ne furent pas moins grands que ne l'avait été son dévouement pour parer au danger, et la reconnaissance publique lui fut acquise.

Trois mois après cette première catastrophe, au commencement de février, un effroyable incendie éclata dans la maison Maillevin. L'actif et infatigable curé arrive un des premiers sur les lieux, se porte partout où le péril est le plus imminent; il fait exécuter avec sang-froid et intrépidité les mesures les plus convenables pour arrêter l'incendie. Le feu éteint, il conduit au presbytère les nombreux travailleurs dont il était entouré, et leur fait servir de quoi réparer leurs forces épuisées par un rude labeur. Comme chacun proclame que c'est à son courage et à son coup d'œil sûr qu'on doit de s'être rendu maître du feu, il en prend occasion de représenter à ces braves gens l'utilité de s'organiser en une compagnie régulière, soumise à des chefs et manœuvrant avec ensemble. Ces conseils furent goûtés, et à quelques mois de là, Villefranche eut un corps de pompiers composé de l'élite de la population ; le percepteur, M. Milanais, depuis trésorier de la ville de Lyon, en prit le commandement. Loin de porter ombrage et d'exciter contre lui des récriminations au sujet de cette initiative, de la part d'un prêtre, son habileté à saisir le moment favorable reçut les applaudissements de l'autorité civile qui intervint à son tour, pour confirmer et organiser officiellement cette sage institution. Des traits de cette nature ne pouvaient manquer de le faire roi au milieu de ce peuple qui, imbu de préjugés, de préventions, d'absurdes calomnies répandues chaque matin contre les prêtres, ne les avait point crus jusque-là capables d'un tel dévouement. Plus les répugnances avaient été opiniâtres, plus, chez ces natures énergiques, le retour fut vif et la confiance illimitée. Tout autre que l'abbé Donnet eût pu se trouver embarrassé, avec moins de présence d'esprit, d'une situation dont l'enthousiasme avait singulièrement exagéré l'étendue.

Aussi, dans l'ardeur de leur admiration,

les pompiers résolurent de le proclamer leur *colonel*. Le curé eut beaucoup de peine à leur faire accepter seulement qu'il bénît leur drapeau et qu'au besoin il devînt leur aumônier. Il ne put les convaincre qu'à demi, et la plupart continuèrent de lui donner le titre honorifique qu'il s'obstinait à décliner. On nous écrit de Villefranche où nous avons voulu vérifier le fait avant de l'écrire :

« Cinq ans après son départ de Villefranche, Mgr Donnet, devenu archevêque de Bordeaux, revint visiter son ancien troupeau. Il fut reçu triomphalement par toute la population et surtout par ses chers pompiers, qui allèrent l'attendre à près d'une heure de la ville. Chaque année, pour la Sainte-Agathe, leur patronne, je crois, plutôt que sainte Barbe, Monseigneur leur envoya longtemps un hectolitre de vin de Bordeaux, jusqu'à ce que le vin devenant rare, il le remplaça par un billet de cent francs. Ce n'est que depuis quelques années que Monseigneur avait cessé ses largesses envers la compagnie, reconstituée sur des bases sans doute un peu plus laïques..... »

Le trait suivant ne nous paraît pas moins authentique.

La mort n'épargne ni les rois, ni les

sujets, personne n'échappe à ses coups, pas plus le maréchal de France que le sapeur pompier. L'un des hommes de la compagnie des pompiers de Villefranche tombe malade. Le curé qui savait faire tourner au profit de la religion ces sympathies populaires, l'apprend et se dirige aussitôt vers sa demeure. Il est accueilli avec joie par le malade, et, après les paroles les plus bienveillantes sur la belle tenue de la compagnie, le zélé pasteur aborda le sujet principal qui le préoccupait à bon droit, le salut de l'âme du brave milicien. Et par une transition naturelle il lui exposa doucement que de même qu'un bon soldat doit toujours avoir les armes en bon état et prêtes pour la revue, il fallait aussi qu'un chrétien se tînt toujours prêt à paraître devant Dieu.

— Vous avez raison, mon colonel, reprit le sapeur-pompier.

— Ainsi, mon ami, vous voilà disposé à faire une bonne confession.

— Oui, mon colonel.

Ici le curé avertit avec bonté le cher malade que le ministère qu'il allait remplir auprès de lui ne permettait plus cette qualification par trop militaire. « Appelez-moi mon père, ajoutait-il. »

— Je le veux, puisqu'il le faut, *mon colo-*

nel; mais j'ai peur que cela ne me fasse tout embrouiller.

Les assistants se retirèrent, le prêtre commença et acheva son ministère de réconciliation du pécheur avec Dieu, et il est à croire que pendant le cours de son accusation le docile chrétien eut peine à lutter toujours contre son habitude, et mêla encore par intervalle dans son accusation le langage du pompier à celui du pénitent.

Dans une autre circonstance, tragique cette fois, on vit éclater le grand ascendant que le digne curé avait obtenu sur ces mêmes hommes, et l'on fut témoin de la sublimité de la morale évangélique. M. Château, engagé dans la compagnie des pompiers de la ville, était propriétaire d'une fabrique d'indiennes à Villefranche, où il occupait un certain nombre d'ouvriers. Un jour, on ne sait trop pourquoi, un de ses ouvriers, allemand d'origine, voulant l'assassiner, lui fit une blessure mortelle. Cet audacieux guet-apens mit en émoi toute la ville ; le curé accourut auprès de la victime et profita des derniers moments qui lui restaient à vivre pour entendre sa confession et lui adoucir les regrets et les angoisses de ce redoutable moment. Pendant qu'il était penché sur cette couche funèbre, le juge d'instruction survint et demanda à confronter l'assassin qui venait d'être arrêté. C'était là une terrible épreuve pour le mourant; il frémit à cette seule annonce. Cependant l'admirable pasteur, par l'onction persuasive de ses paroles et de ses enseignements, et en lui rappelant que l'Homme-Dieu lui-même sur la croix pardonnait à ses bourreaux en les excusant, obtint du maître en faveur du malheureux ouvrier un sublime effort et un dernier sacrifice. Quand l'assassin parut à ses yeux, Château recueillit ses forces pour faire entendre ces paroles adressées à son confesseur : « Comme Dieu et vous, monsieur le curé, venez de me pardonner, je lui pardonne. »

Quel édifiant contraste! Ici, l'homme de Dieu dont la parole de réconciliation et de paix apporte au mourant le calme, le courage, la confiance dans une vie meilleure, et qui obtient à la fois le repentir et le pardon de celui qui va quitter la terre; là, l'homme de la justice humaine qui vient avec les intentions les plus droites, sans doute, troubler ses derniers moments en l'exposant à faire revivre en son cœur la haine et la vengeance, qui n'a d'autre mission, en ce lieu de douleur et de misère, que de rechercher un coupable, et de faire servir la voix expirante du mourant à désigner une victime pour l'échafaud! Combien le prêtre est grand, même aux yeux de ceux qui ne l'aiment pas, quand il sait se tenir comme l'abbé Donnet à la hauteur de son consolant ministère!...

Cette influence exerçait son empire, que le bien-aimé pasteur fût présent ou absent. Nous en trouverons une preuve dans le trait suivant qu'on lit dans les récits du temps. Un pompier, ancien sergent-major, désigné sous le nom de *Bras d'or* dans le langage pittoresque et énergique du peuple, à cause des chevrons et des galons qui couvraient presque son vieil uniforme, avait été envoyé aux eaux de Saint-Alban, près de Roanne; on espérait lui ménager là un soulagement à des infirmités survenues par suite de ses longs services et de ses nombreuses blessures. Mais son état empira et devint désespéré. Sur son lit de souffrance, il se désolait, parlait des sacrements, de colonel, et s'écriait que si son commandant était là, il ne mourrait pas ainsi sans secours et sans confession. Ces paroles singulières provoquèrent des questions de la part des personnes présentes; il s’empressa de les éclairer. On avertit un prêtre qui se présenta comme un ami de son *commandant,* l’abbé Donnet. A ce titre, il fut accueilli avec confiance par le moribond, auprès duquel il fut assèz heureux pour remplir les fonctions de son saint ministère, et *Bras d’or* fit une mort chrétienne et édifiante.

C’est par son ingénieuse charité, sa connaissance profonde du cœur humain, son tact et son habileté à savoir les prendre, que le curé de Villefranche ramenait à la religion et à ses pratiques des hommes dont le plus grand nombre les avaient négligées fort longtemps ; tandis que la prétention, quelque habilement présentée qu’elle fût, de les prêcher, de les convertir, eût trouvé auprès d’eux de la résistance et les eût laissés indifférents au moins, sinon hostiles. C’est en paraissant condescendre à leurs idées que, sans les heurter, il leur fit reprendre le chemin de l’église, dont ils avaient perdu l’habitude. Comment, en effet, se refuser à y venir pour la bénédiction de leur drapeau ? comment s’y refuser encore pour la messe de corps en la fête de sainte Agathe ? Comment ne pas y venir de nouveau lorsque le curé, en ce jour de fête de leur patronage, acceptait une place au banquet qu'ils se donnaient à cette occasion, lorsqu'il les invitait à contribuer à la pompe des cérémonies religieuses, dans les processions du Saint-Sacrement et autres, où ils se sont toujours fait un honneur d'assister, même sous le gouvernement de Juillet, et où ils paraissaient au grand complet? Comment fermer l'oreille aux pieuses exhortations et aux instructions religieuses du curé, lorsqu'elles étaient précédées ou suivies de l'éloge du corps auquel ils appartenaient, et des services que ce corps rendait au pays et qui devenaient pour chacun d'eux des titres à la protection et à la miséricorde divines ?

Lorsqu'il assistait au festin de la Sainte-Agathe, on trouvait bon et tout naturel qu'il bénît la table en commençant, et, chaque année, un motif ménagé à propos, l'obligeait, après quelques instants, de prendre congé des convives. On soupçonnait bien toutefois que l'excellent curé ne voulait ni mettre obstacle aux éclats de leur joie un peu bruyante, ni compromettre la gravité de son caractère, qu'il savait toujours maintenir dans la considération et le respect. Après son départ de Villefranche, son absence du festin semblait le rendre un peu triste et moins cordial. Son sou-

venir néanmoins y était toujours présent.
Plus tard, lorsque le fût de Bordeaux, dont
nous avons parlé, était arrivé à Villefranche,
noùs laissons à deviner avec quel entrain
on célébrait la fête du lendemain et avec
quel enthousiasme on portait la santé de
l'éminent prélat qui leur donnait de si loin
une marque si touchante et si solennelle
de son affectueux souvenir. Ajoutons toutefois que, voulant imiter cet ancien gre-
nadier de l'Empire qui racontait à ses camarades que son colonel était passé roi,
un convive fit remarquer avec quelques
regrets, en fêtant la bien-venue de la première pièce de Bordeaux, qu'au titre de
colonel, auquel ils étaient accoutumés, il
faudrait substituer désormais au moins celui
de général. Assurément la dignité de l'épiscopat et la cause religieuse n'avaient rien à
perdre dans ces joyeux épanchements de
respect, d'affection et de reconnaissance.
Qui pourrait dire, pendant plus de quarante
ans que Mgr Donnet resta à Bordeaux, ce
qu'il est parti de cette ville de paniers des
produits de ce riche pays, à l'adresse des
amis malades ou convalescents de l'éminent
cardinal ? C'est son secret. Car, selon l'avis
du divin Maître, dont il était un des plus
saints apôtres, il voulait que toujours *sa*

main gauche ignorât ce que faisait sa droite.

A Bordeaux comme à Nancy et à Villefranche, il en donna de nombreux exemples. Mgr Donnet n'était point de ces hommes qui voudraient renfermer la religion dans l'enceinte des églises. Sa conviction était qu'aujourd'hui, aussi bien que dans les beaux et grands siècles du christianisme, elle doit intervenir dans toutes les circonstances importantes de la vie humaine, dans tous les actes divers du développement du génie et de l'industrie dans le monde, afin d'en marquer de son sceau tous les progrès. Il pensait que tous ces progrès doivent en retour concourir au service et à la gloire de la religion, et lui prêter l'accessoire de leur prestige afin de contribuer à étendre et à maintenir son empire sur les cœurs et sur les esprits. C'est dans cette vue qu'il a toujours donné un soin particulier à ce qui regarde la pompe et l'éclat du culte, à tout ce qui parle aux sens des fidèles un langage à la portée de tous.

Par ses soins, raconte un écrivain, (M. de Sainte-Vallière) la vieille collégiale de Villefranche, restaurée dans le style de son époque, reprit son caractère imposant, et fut pourvue d'un orgue. Pour la pre-

mière fois, on entendit de graves et mélo-
dieux concerts résonner sous ses voûtes et
rendre aux chants de l'Église leur pompe
et leur dignité, tandis que les voix pures et
exercées de la maîtrise, instituée par lui,
leur restituaient cette justesse et cette harmonie qui éveillent et augmentent les impressions religieuses : elles tendent à devenir si rares dans nos églises de France ! Sous
sa direction, la musique reprit dans son
église la place qui lui convient et qu'elle
n'aurait jamais dû perdre. Le goût des cantiques sacrés qu'il avait su inspirer partout
dans ses nombreuses missions, se réveilla
au milieu de cette population, et le soir des
jours de fête on voyait groupé autour du
sanctuaire un chœur nombreux de voix
jeunes et fraîches, exécutant les chants
sacrés.

M. le curé de Villefranche eut pour
enfant de chœur Claude Bernard, illustra-
tion beaujolaise, né au village de Saint-
Julien, banlieue de cette ville, plus tard
académicien, membre du Sénat, décédé
en 1878. Une partie de son enfance et de
sa première jeunesse se passa sous les yeux
de l'abbé Donnet. MM. les abbés Desgarets
et Desarbre, dont l'habitation était voisine
de celle de Claude Bernard, leur élève de

prédilection, l'ayant présenté comme un enfant phénoménal à **MM.** Boué et Bourgaud, prêtres vénérables, chargés de la direction du collège communal de Villefranche, ceux-ci le prirent comme externe. L'élève fit sous leur direction de rapides progrès dans les sciences. Devenu sénateur en 1868, il prit son ancien curé, sénateur lui-même, pour introducteur au Sénat où il fut désigné deux fois par le sort pour secrétaire dans les commissions dont le cardinal Donnet avait été nommé président. Distingué par la variété et la solidité de ses connaissances, il déclarait sans ostentation comme sans pusillanimité que l'académicien continuait de faire sa prière et de sanctifier le dimanche. Il parlait avec bonheur de deux de ses camarades d'enfance, Mgr Langénieux, archevêque de Reims, et Belleville, curé de Notre-Dame de Bordeaux, depuis 1871 chevalier de la Légion d'honneur, ainsi que de **MM.** l'abbé Lange, son ancien confesseur, décédé curé de Pellegrue, arrondissement de la Réole, et chevalier de la Légion d'honneur, et Montcenis, prêtre très considéré, décédé aumônier de la maison des Sœurs Saint-Joseph de Lyon, à Bordeaux.

M. Dumas, de l'Institut, ancien ministre

de l'empire, a dit sur la tombe de Claude Bernard, que les honneurs avaient toujours été le chercher, et qu'il n'en réclama jamais aucun : savant des plus illustres, il resta humble ; sa science eut toujours pour sœur la simplicité ; c'est chose rare aujourd'hui de trouver dans le même homme tant d'autorité unie à tant de modestie et d'affabilité. Ses travaux de biologie, science dont il est regardé comme le créateur, ne lui ont point fait perdre de vue le salut de son âme, quoi qu'on en eût pu dire, et pour la trouver, il n'avait que faire de la pointe de son scalpel. Il s'est distingué jusqu'à la fin par un profond attachement à la religion et par une foi véritablement pratique.

Tandis que le culte extérieur reprenait à Villefranche ses cérémonies, sa pompe et son éclat, et obtenait faveur en rappelant la foule aux offices religieux, les hommes graves et réfléchis voyaient avec non moins de satisfaction l'infatigable apôtre fonder des établissements utiles et préparer des secours à tous les besoins, comme des remèdes à tous les maux du temps.

Les écoles destinées à l'enfance fixèrent tout particulièrement son attention. Il avait vu le mouvement et la tendance du siècle vers l'extension et la propagation des lumières. Au lieu de se jeter à l'encontre et pour ne pas être emporté par ce mouvement, il pensait qu'il fallait le diriger autant que possible; la religion devait donc y intervenir, selon ses vues, afin de faire tourner au profit du christianisme et des mœurs, un progrès que les mauvaises passions du moment voulaient leur rendre hostile. C'est dans ce but qu'il prit ses mesures pour que la religion ouvrît et gardât elle-même les sources où son troupeau irait puiser cette instruction dont on créait partout le besoin, dans une intention évidente d'hostilité au catholicisme que l'on espérait battre plus facilement en brèche par la diffusion des idées libérales et révolutionnaires. Ce prosélytisme était le seul qui eût alors le droit de cité. L'école fut agrandie. De trois, le nombre des Frères des Écoles chrétiennes fut porté à neuf, tant le nombre des écoliers dont il favorisait de toute manière l'admission, s'était considérablement accru. Grâce à ce précieux renfort, il put ouvrir aussi une école d'adultes en faveur des artisans et des ouvriers de la ville. Le curé disposait son temps pour y venir assidûment, les encourageant par sa présence et ses exhortations; il trouvait là un moyen de se mettre en rapport avec cette partie flottante de la population et d'exercer sur elle, au profit de la religion et de l'ordre public, une utile influence. C'est pour le même motif qu'il accepta plus tard, sous l'empire de la loi Guizot, après 1830, de visiter comme délégué toutes les écoles du gouvernement. Ce choix d'un prêtre pour de telles fonctions, sous un régime où l'on semblait avoir pris à tâche d'éloigner le clergé de tous les emplois civils et mixtes, fait autant d'honneur aux autorités du département qu'au digne curé lui-même. Il put, dans ses visites, apprécier la tendance donnée à l'instruction et l'urgence d'améliorations dans la direction des écoles. Il put, grâce à son esprit conciliant en même temps que ferme, rétablir l'harmonie trop souvent rompue entre le curé et l'instituteur par suite de l'émancipation contenue en la susdite loi de 1833, et redonner ainsi au clergé l'influence que la loi de 1850 voulut lui rendre, et que depuis la République on s'efforce d'anéantir encore.

On oublie trop facilement, malgré la terrible expérience qu'on en a faite, qu'il ne suffit pas de faciliter au peuple les moyens de s'instruire, si on ne refait pas ses mœurs et son éducation, si on n'éloigne pas de ses mains les livres dangereux, les feuilles qui lui apprennent à ne rien respecter; l'instruction dont on l'aura doté sera plus souvent un poison qu'un aliment utile. Ce dernier point était digne de toute la sollicitude du curé de Villefranche; tout en propageant l'instruction, il eut soin de veiller au choix des livres; il fonda même une bibliothèque chrétienne destinée à répandre de bons ouvrages parmi toutes les classes de lecteurs. Cette bibliothèque fut établie à l'Hôtel-de-Ville même, et la distribution des livres confiée à des hommes du monde doués d'une piété aussi solide qu'éclairée.

Afin d'entretenir la jeunesse dans la pratique du bien et dans l'habitude des œuvres de charité, il institua une société de *Jeunes économes* qui mettaient en commun leurs travaux et leurs épargnes pour les distribuer ensuite en aumônes et en bonnes œuvres; association féconde pour le bien, qui, tout en soulageant les malheureux, maintient parmi la jeunesse chrétienne les habitudes pieuses, fait naître et cultive en elle une touchante confraternité. Il préparait dans les mêmes vues les éléments d'une association de jeunes gens pour la fondation d'une maison d'orphelins, lorsque la Providence l'appela à Nancy; il laissa à son successeur, M. de Faubert, le soin de mettre le projet à exécution; la direction en fut d'abord confiée à l'abbé Lange, dont Mgr Donnet fit son secrétaire lorsqu'il devint archevêque de Bordeaux.

En présence de cette prodigieuse fécondité de ressources que l'ardent curé sut trouver dans son cœur brûlant d'amour pour Dieu et ses semblables, inutile de dire qu'il ne manqua point d'établir des catéchismes de persévérance pour les jeunes gens des deux sexes, où il s'efforçait, tout en étendant et affermissant leur instruction religieuse, de les maintenir dans cette ferveur de foi et de zèle qu'avait allumée en eux leur première communion. Il s'en était réservé la direction. On est étonné qu'il soit parvenu à pouvoir les faire en semaine, et il avait choisi le jeudi. En pourvoyant ainsi aux besoins et à l'éducation de la génération qui s'élevait, le curé de Villefranche ne pouvait oublier ceux que le défaut complet d'éducation avait livrés aux vices et à la misère. Ses entrailles de père s'émurent pour cette portion de son troupeau qui gisait dans les hôpitaux et les prisons ou tendait la main sur les places et aux portes des habitants, parce qu'alors la philanthropie n'avait point encore donné un démenti public à cette parole du Sauveur : *Pauperes semper habetis,* en plaçant à l'entrée de nos départements cette désespérante inscription : *La mendicité est interdite dans ce département.* Ce qui peut se traduire par cette sentence : Il ne doit plus y avoir de pauvres.

Il établit pour les pauvres et les mendiants un chauffoir public, ouvert durant toute la mauvaise saison. Il les y visitait souvent, leur faisait la prière et des instructions; il profitait aussi de cette occasion pour distinguer ceux qui avaient encore la force de travailler et les arracher à leurs habitudes de mendicité et de paresse. Les orphelins des deux sexes furent aussi réunis dans un asile. En visitant les prisons, il fut profondément ému de voir ces détenus repoussés par la société, restés sans secours et sans ressource, abandonnés à toutes les tentations du désespoir, et livrés sans garanties à des gardiens que l'amour seul du gain attachait à leurs lourdes fonctions. L'homme naturellement bon ne peut s'empêcher de s'apitoyer même sur le criminel, quand on le voit plongé dans ces horribles séjours. On éprouve un saisissement à l'idée qu'un repentir sincère peut ramener ces hommes à la religion et à la vertu, et que le retour devient stérile pour eux dans cette atmosphère délétère où il n'y a que vices et privations de toutes sortes. D'un autre côté, l'âme recule devant la pensée que les rigueurs de la justice humaine peuvent aussi tomber, et il y en a des exemples, sur l'innocence et la faiblesse, et jeter de simples prévenus dans ces hideux repaires où l'on entassait pêle-mêle, encore à cette époque, les condamnés de tous les âges, de tous les sexes et de toutes les catégories. Il appartenait donc à un ministre de Jésus-Christ de sentir et de faire comprendre que la prison devait être une répression et non une vengeance : *Mea est ultio, et ego retribuam in tempore* (Deut. xxxii, 35), dit le Seigneur au Deutéronome ; et que le vœu de la loi devait être de corriger le coupable, et non d'achever sa ruine morale.

L'abbé Donnet ne négligea aucun moyen de transformer ce milieu délétère. Il inspira ses propres sentiments aux personnes généreuses et surtout à une pieuse dame, Mme la comtesse de la Balmondière, dont le nom, dans tout le Lyonnais, était comme un parfum de bienfaisance et de charité. Dans le même temps elle avait une émule pour la même œuvre à Lisieux. Grâce à ses libéralités, l'abbé Donnet parvint, de concert avec l'autorité administrative, avec laquelle il marcha toujours d'un parfait accord, à faire modifier le régime sanitaire et moral des prisons; on y appela six Sœurs de Saint-Joseph et on leur confia le régime intérieur des prisons de Villefranche. Cette amélioration devint le signal de beaucoup d'autres. Sans nuire au cours de la justice, sans affaiblir l'effet de ses salutaires rigueurs, des voix douces et compatissantes se firent entendre sous ces voûtes qui, jusque-là, n'avaient retenti que de propos lubriques, de blasphèmes et d'imprécations. Le sexe seul et la faiblesse, l'habit de ces pieuses filles commandaient la confiance et le respect. Bientôt de douces exhortations, des soins affectueux, de sages avis succédèrent au langage grossier, aux brusqueries et aux mauvais traitements habituels. Ce changement ne tarda pas à porter ses fruits. Les réformes introduites devinrent si importantes que M. de Gasparin, préfet du Rhône, un des magistrats qui ont acquis le plus d'autorité en cette matière et dont le souvenir vivra longtemps dans le cœur des Lyonnais, se plaisait à citer les prisons de Villefranche parmi celles qui présentaient, par leurs dispositions et leur régime intérieur, les résultats les plus satisfaisants. C'est de cette époque que date le choix de

Frères et de Sœurs pour l'amélioration morale des prisons, les uns étant chargés du quartier des hommes, et les autres de celui des femmes ; et c'est de l'abbé Donnet qu'en viennent l'inspiration et l'initiative.

Dans la réalisation de ces réformes, l'intelligent et zélé pasteur avait déployé toutes les ressources d'une bonté et d'une charité à toute épreuve. Il parut sous M. Rivet, préfet, un rapport fort remarquable de M. Bonardet à M. le Ministre de l'intérieur sur les prisons de Lyon. Le rapporteur traite au nom de la commission, de l'intervention des ordres religieux dans l'administration intérieure des prisons, il discute et résout cette question avec une parfaite connaissance de cause et dans un sens complètement favorable au clergé. Cette pièce restera comme une confirmation indirecte au moins, de la justesse des prévisions et des vues du curé de Villefranche.

Ce n'était point assez de fonder d'utiles établissements, il fallait encore les diriger et les maintenir dans la vie et l'esprit de leur institution primitive, par une surveillance continuelle. L'abbé Donnet n'y manqua point, sa prodigieuse activité suffisait à tout. Chaque semaine il visitait la prison et l'hôpital, soutenant par des éloges et des encouragements le zèle des employés, sans négliger rien pourtant qui pût lui faire découvrir les abus, ou pressentir les améliorations nécessaires. Ce soin ne le détourna jamais de donner l'exemple de l'assiduité aux réunions où l'on traitait des questions qu'il était bon de suivre, aux séances des comités de l'instruction primaire, de l'hôpital, de la prison, etc., aux travaux desquels il prenait toujours une part active et éclairée ; et ces occupations multipliées ne l'empêchaient point de remplir avec la plus scrupuleuse exactitude ses autres fonctions pastorales.

Convaincu de l'importance de former lui-même les premiers liens des familles nouvelles, de se préparer ainsi pour lui et pour la religion un accès favorable au milieu d'elles, il s'était réservé de faire lui-même tous les mariages. On sait que dans les villes l'usage a prévalu d'en charger le premier vicaire, le curé n'y paraissant et n'y officiant lui-même que dans des cas exceptionnels : il est censé retenu ailleurs. Il faut avouer que le curé de Villefranche avait beaucoup mieux compris sa mission. Ses avis et ses instructions dans ces circonstances solennelles, remplis d'une onction affectueuse et d'une sagesse persuasive, étaient accueillis avec fruit et laissaient dans les cœurs d'ineffaçables souvenirs.

Pendant sept années consécutives, on le vit monter exactement dans la chaire de son église pour distribuer à ses ouailles le pain de la parole sainte, soit pendant le Carême, pendant l'Avent, soit dans d'autres temps favorables ; il savait varier les sujets de ses instructions, afin d'éviter de rester monotone et de fatiguer ainsi son auditoire; il les accommodait à la connaissance qu'il avait de son troupeau. Elles étaient particulièrement remarquables, non seulement par les qualités qui distinguent le prédicateur, mais encore par cette nuance d'utilité pratique qu'indiquaient en même temps le jugement exquis de l'orateur et la profonde expérience qu'avait acquise le pasteur des âmes.

C'est ainsi qu'entre autres sujets, il consacra tout un carême à instruire son auditoire des avantages que les chrétiens de toutes les classes peuvent retirer de la lecture des bons livres, et en particulier de l'*Imitation de Jésus-Christ,* qui était comme son *vade mecum.* Il leur inspira le goût de cet inimitable ouvrage et leur apprit comment il fallait s'en servir pour recueillir tous les trésors de consolation, de sagesse et de piété qu'il recèle. Ce qui ne l'empêchait pas toutefois, pour faire diversion, d'appeler de temps en temps dans la chaire de son église les prédicateurs distingués du diocèse. On sait que l'abbé Cœur, pour lequel Mgr Donnet a toujours montré un grand attachement, qu'il appela à Bordeaux en 1839 et auquel il donna des lettres de chanoine d'honneur de la primatiale, débuta dans la chaire de Villefranche où il jeta les bases de sa grande réputation et se fit comme un piédestal pour monter dans une chaire de la Sorbonne. Les études savantes de ce professeur d'éloquence sacrée, sur saint Augustin, les *Confessions* et le livre de la *Cité de Dieu*, le firent désigner pour l'épiscopat. Il mourut subitement, évêque de Troyes, le 8 octobre 1860.

Les prédications du curé de Villefranche étaient toujours suivies de nombreux retours parmi ses auditeurs ; on affluait à son confessionnal, et il recevait au tribunal sacré, non seulement ses paroissiens, mais encore l'élite des habitants du voisinage. Il se rendait même auprès de ceux qui ne pouvaient venir à lui ; chaque dimanche il visitait, entre la messe et les vêpres, tous les infirmes de la paroisse. Outre ces visites régulières, il était toujours prêt, à quelque heure, à quelque moment qu'on l'appelât, à porter dans les familles des consolations aux malades, des paroles de paix et de réconciliation aux hommes ou bien aux ménages désunis. Se regardant comme le père de sa nombreuse famille, dans toute l'acception du mot, il ne bornait pas si rigoureusement ses relations au ministère sacré, qu'il ne s'associât, selon le précepte de l'Apôtre, aux joies et aux chagrins, aux craintes et aux espérances de chacun ; il se faisait tout à tous, visitant la chaumière, la mansarde aussi bien que le château, apparaissant partout comme consolateur, comme ami, comme bienfaiteur et comme père ; il n'est peut-être pas une famille de la paroisse qui ne l'ait vu dans quelqu'une de ces circonstances solennelles de la vie où le cœur, éprouvant le besoin d'épancher les sentiments qui l'oppressent, demande à la sympathie de ceux qui l'entourent un appui pour sa faiblesse et son isolement. Ici, c'est une jeune épouse, Mme de Tournon, morte à vingt ans, par suite d'une chute de voiture sur la route de Villefranche ; son époux désespéré se précipita sur le cadavre inanimé qu'il arrosait de ses larmes. Attiré par ses cris déchirants, l'abbé Donnet arrive, fait dérober à sa vue cette chère dépouille, et rend peu à peu au veuf inconsolable la patience et la résignation. Là, c'est une famille éplorée dont il est heureux d'adoucir les regrets en procurant une sainte mort à celui dont une trop longue insouciance religieuse avait semblé compromettre le salut.

On est à se demander comment un tel curé pouvait suffire à tant d'occupations et de nécessités qu'il s'était gratuitement créées. Tout le monde ne le sait pas, et c'est pourquoi nous le dirons ici, car *opera Dei revelare et confiteri honorificum est* (Tob., xii, 7) : l'abbé Donnet avait reçu de la Providence deux choses qu'il se plaisait à prodiguer avec autant de générosité que Dieu en avait mis lui-même à les lui départir : une santé plus que de fer, c'est-à-dire inaltérable, et l'activité d'un zèle incessant. Il faut l'avoir vu de près pour connaître l'esprit de rectitude et de précision qui le caractérisait ; sa devise semblait être cette parole de l'Ecclésiastique : *Particula boni doni non te prætereat* (xiv, 14). Le sage emploi qu'il sut faire de chacun des instants de ses journées, et la grande facilité dont il était doué, le trouvaient toujours apte et prêt à tout. S'il vivait dans son intérieur comme un père et un frère avec ses vicaires et ses prêtres, parmi lesquels nous citerons l'abbé Thiollaire Dutreuil, décédé chanoine de Bordeaux, c'était à la condition d'établir d'abord pour chacun cette heureuse distribution des heures, des forces et du travail, qui quadruple le temps et produit partout l'ordre et la régularité.

En 1829, il fut donné à l'abbé Donnet d'éprouver une de ces joies nobles et pures qui font époque dans la vie du prêtre. Une circonstance imprévue vint faire diversion à ses immenses labeurs et le mettre sur les chemins de la Ville éternelle. Ce pieux pèlerinage, il lui sera donné de le renouveler bien des fois pendant sa vie, et toujours avec un nouveau bonheur. Mgr de Montblanc, archevêque de Tours, venait d'être appelé à Rome ; il jeta les yeux sur l'abbé Donnet pour l'accompagner dans ce voyage et le lui fit proposer. Le curé de Villefranche sentit qu'il avait besoin de quelques mois de repos et s'empressa d'accepter avec reconnaissance une si honorable invitation. Ce fut à la fois un voyage de prêtre et d'artiste. Il passa avec le digne prélat et l'abbé Dufêtre les mois de mai, juin et juillet 1829 en Italie. La terre classique du catholicisme et des arts lui procura de nobles jouissances, car il aimait les arts et avait le goût des lettres.

Les conditions dans lesquelles il faisait ce voyage le mirent dans la position la plus favorable pour observer sous tous les rapports cette contrée aux vieux souvenirs, cette patrie des beaux-arts, cette ville prédestinée à régner sur le monde nouveau par la croix, comme elle avait régné sur le monde ancien par le glaive. Son intimité avec l'illustre prélat lui fit ouvrir toutes les sociétés, tous les palais, et admettre à toutes les réceptions. Puis, il reprenait quand il le voulait l'indépendance du voyageur, pour se livrer en liberté aux vives impressions qu'il recueillait au milieu de ses excursions et de ses promenades solitaires. C'est ainsi que sa piété se raviva aux sources mêmes de la foi, tandis que son esprit cultivé éprouvait les nobles jouissances que donnent le sentiment des arts et le goût des lettres humaines.

Il parcourut de cette manière les principales cités d'Italie, admirant les sites, étudiant les monuments, visitant les personnages célèbres, observant les mœurs et les coutumes, et élargissant ainsi, avec le cercle de ses idées, cet esprit d'indulgence et de tolérance qui est la vertu des sages, parce qu'ils ont beaucoup observé les hommes et beaucoup pratiqué les affaires. Nous aurions bien désiré recueillir quelques souvenirs écrits, quelques lettres contenant le récit des épisodes, des impressions des illustres voyageurs. Mais cette circonstance de la vie de Mgr Donnet remontant à une époque déjà assez éloignée, les traditions se perdent et il nous a été impossible d'en rien découvrir.

A son retour dans sa paroisse, l'abbé Donnet ne laissa aucun doute sur la vivacité de ses impressions. Ses discours se trouvèrent empreints des heureux souvenirs qu'il en avait rapportés. Avec ces épanchements naïfs de charité où le pasteur et le troupeau mettaient en commun leurs pensées et leurs sentiments, et qu'on ne retrouve dans toute leur simplicité qu'en remontant aux premiers temps du christianisme, il rendit compte aux fidèles groupés autour de lui comme autour de leur père, des sujets nombreux d'édification qu'il avait rencontrés sous ses pas et voulut les associer en quelque sorte aux émotions religieuses et aux graves enseignements qu'il en avait rapportés.

Ces communications intimes intéressèrent, sans la surprendre, cette population qu'il avait accoutumée à un échange habituel de procédés bienveillants et de mutuelle sympathie. Aucun habitant de sa paroisse ne restait en dehors de sa bienveillance et de sa charité. Ses secours, ses consolations, son appui étaient assurés à quiconque en avait besoin. En retour, il recevait de tous sans exception, les témoignages d'un respect et d'une confiance qui se manifestaient en toute occasion. Si tous ne se montraient point ses paroissiens par les pratiques exactes du chrétien, tous l'étaient du moins par la considération, les égards et la confiance dont ils environnaient le pasteur, par le concours empressé de leur influence et de leur bourse qu'ils lui prêtaient, dans toutes les circonstances où il faisait appel à leur charité.

C'est ce qui explique encore comment, avec les faibles ressources de sa paroisse, il put parvenir à fonder tant d'œuvres utiles et importantes, à distribuer tant d'aumônes. Il connaissait trop bien la mesure pour importuner jamais personne de demandes indiscrètes; mais tous, grands et petits, étaient heureux de coopérer à des œuvres et à des entreprises qu'ils voyaient dirigées avec autant de zèle que de sagesse. Cette confiance se faisait jour surtout par les conseils qu'on lui demandait, par les secrets dont on le rendait dépositaire, par les lettres qu'on venait le prier d'écrire, service auquel il ne se refusait jamais. Comment, après cela, n'eût-il pas exercé une grande influence sur la population et n'eût-il pas obtenu de sa part un sincère attachement ?

Ces sentiments parurent surtout lorsque éclata la Révolution de juillet 1830. A la nouvelle des événements de Paris, les émeutiers de la localité se firent prêter main-forte par 15,000 étrangers accourus à Ville-franche sur un mot d'ordre. C'est au milieu de cette multitude que fut inauguré le drapeau tricolore. Une bande des plus exaltés se mit à parcourir les rues, abattant les panonceaux des notaires où brillaient les fleurs de lys, et se rendit à la porte de l'église, menaçant de faire subir aux ornements qui la décoraient la même mutilation. L'abbé Donnet fit preuve au milieu de ce danger d'un vrai courage. Il se présenta sur le perron de son église, en face des énergu-mènes, éleva énergiquement la voix pour faire respecter la maison du Seigneur, et, faisant appel à l'affection et à la confiance de ses paroissiens, dissipa ces émeutiers qui menaçaient la tranquillité publique. La ville était précisément privée alors de la présence des autorités administratives et judiciaires ; le sous-préfet était absent, le maire malade : elle ne dut son salut qu'à la seule influence de son bien-aimé pasteur. Ce qui se passa en 1848 donne l'idée de ce que l'on aurait pu faire à Villefranche en 1830, sans les efforts énergiques du digne curé. Les pompiers s'offrirent pour garder le presbytère ; et le pasteur, soit en se rendant chez le maire pour le visiter dans ses souffrances, soit en intervenant dans l'intérêt de l'ordre, ne cessa d'être partout environné d'égards et de respect. Aussi quand, en 1830 et en 1834, l'insurrection de Lyon mit de nouveau en commotion tous les environs de cette cité, le presbytère de Villefranche devint l'asile de plusieurs familles fugitives, et le curé employa son influence à calmer la fermentation parmi les ouvriers de la ville et les empêchât d'aller se réunir à l'émeute, qui se grossissait à Lyon de tous les mécontents du voisinage.

Rien, après les événements de 1830, ne fut changé dans ses rapports avec ses paroissiens, ni avec la nouvelle administration qui venait de remplacer l'ancienne. Du reste, la Révolution qui, renversant l'ancienne dynastie de nos rois, avait modifié la constitution et imprimé à la France entière un mouvement fort inquiétant pour l'ordre religieux et social, l'avait plus affligé que surpris. Ses observations journalières sur la marche des hommes et des événements, confirmées par les réflexions que lui avait suggérées l'état politique de l'Italie, lors de son voyage à Rome, avaient donné lieu à un esprit aussi juste que le sien de pressentir d'avance le mouvement qui venait d'éclater comme une tempête et les changements qui en devaient être la conséquence.

L'abbé Donnet n'avait jamais attaché le sort de la religion à celui de la politique, aussi persista-t-il dans la voie qu'il s'était tracée. Les magistrats nouveaux, quelque peu bienveillants qu'ils fussent dans les premières années surtout, le trouvèrent toujours disposé à seconder toutes les mesures qui intéressaient le maintien de l'ordre et de la tranquillité publique : ils se voyaient forcés de convenir qu'il ne se servait de son influence que pour le bien, que son zèle était inspiré par les plus nobles intentions, et ils lui accordèrent à leur tour confiance et respect.

Dans l'effervescence des opinions politiques et des partis à l'ordre du jour, en ces temps malheureux, le prudent pasteur ne compromit jamais ni la gravité de son caractère, ni sa bienveillance habituelle.

Dès le premier jour, il s'était imposé la loi de ne jamais parler de ses paroissiens que pour en dire du bien, de faire abstraction de tout esprit de parti dans les rapports de charité ou de bienveillance qu'il entretenait avec tous, de se prêter avec condescendance aux relations du monde et de la société, sans se prodiguer jamais, surtout sans en épouser les préjugés et les passions. Il faisait toujours servir ses relations avec les familles opulentes à appeler leur générosité et leurs bienfaits sur les classes pauvres; d'autre part, il usait de son ascendant sur ces classes pauvres pour affaiblir en elles les sentiments d'envie et de haine que font naître et grandir la misère et l'inégalité des conditions, pour les rattacher aux hommes de la fortune et du pouvoir par le lien de la protection et des bienfaits : ministère vraiment évangélique, qui fait du pasteur le centre et le lien du troupeau, et qui étend à la constitution de la société civile cette harmonieuse unité de la société chrétienne dont les premiers siècles de l'Église ont offert au monde le touchant tableau.

Villefranche ne paraît pas avoir été visitée par le choléra en 1832, car aucun bulletin de l'épidémie dressé dans cette ville n'a été publié dans les *feuilles* du temps; il n'y est pas fait mention davantage de l'abbé Donnet à ce sujet. Nul doute que, en pareille circonstance, il ne se fût sacrifié pour son troupeau, autant au moins que tous les pasteurs dont le noble dévouement a retenti partout, à cette époque. Au milieu de ces épreuves douloureuses, les évêques, les prêtres, les Sœurs de Charité, malgré leur modestie, ne pouvaient point se cacher, le monde forcément les contemplait à l'œuvre, et l'on ne pouvait s'empêcher de les exalter et de les bénir.

Ce que nous savons de cette douloureuse époque, c'est Mgr Donnet qui nous le fait connaître lui-même, dans une lettre du 25 janvier 1866 au Saint-Père, pour lui demander l'introduction de la cause du Vénérable curé d'Ars, M. l'abbé Vianney. Nos lecteurs nous sauront gré de mettre cette lettre dans sa plus grande partie sous leurs yeux. C'est un coup d'œil rapide mais plein d'intérêt jeté sur la vie de ce grand serviteur de Dieu.

Lorsque l'abbé Donnet fut, en 1821, chargé de la direction des missions dans les diocèses de Tours et de Blois, il perdit de vue M. Vianney et ne le retrouva qu'en 1827, lorsqu'il fut nommé curé de Villefranche; le curé d'Ars était son voisin.

« ... Nous n'étions séparés, c'est Mgr Donnet qui parle, que par la Saône. M. Vianney était déjà en possession de cette réputation de sainteté qui attirait dans son village tant de fidèles, toujours émerveillés d'avoir assisté à son catéchisme, et vivement touchés de ses conseils si pleins d'onction et de sagesse. Je me suis confessé au bon curé plusieurs fois, et j'ai souvent demandé à Dieu qu'il suscitât un grand nombre de pareils directeurs pour les prêtres ; je lui ai rendu deux fois, dans l'hiver de 1829 à 1830, le même service. La Saône n'était pas encore dotée des ponts nombreux qui unissent aujourd'hui ses deux rives ; mais le froid qui sévit à cette époque avec tant de rigueur, permit à mon respectable voisin de traverser la rivière sur la glace épaisse qui la recouvrait. Il m'a rappelé souvent cette circonstance.

« On peut aller à Ars sans frais, lui dis-je, cet hiver ; je vous enverrai un bon nombre de mes pénitents. J'étais, en effet, dans l'usage de presser mes paroissiens de changer de temps en temps de confesseur : chose aussi avantageuse pour les séculiers que pour les religieuses de tous les ordres. Je ne saurais dire le bien qu'il faisait à toutes ces âmes. Elles revenaient plus humbles, plus dociles, plus ferventes, en sortant des mains d'un tel confesseur... »

« ...Nous nous sommes présentés ensemble aux examens qui avaient lieu le 3 novembre 1813 dans l'ancienne maison des Chartreux de Lyon, résidence du cardinal Fesch, archevêque de Lyon. C'est là, en présence de Son Éminence, que M. Vianney fut interrogé, ainsi que je le fus moi-même, par un des professeurs du séminaire de Saint-Irénée. M. Vianney n'ayant pu répondre en latin à aucune des questions qui lui étaient adressées, se vit placé au rang des séminaristes auxquels un *exeat* serait accordé pour entrer dans quelques-uns des diocèses dépourvus de sujets. Le souvenir de sa résignation, de son humilité et de son bon sens qui perça dans quelques-unes des paroles qu'il me fut donné d'échanger avec lui, dans cette circonstance, est resté profondément gravé dans mon esprit.

« Après quelques mois d'étude sous la direction de M. Balley, curé d'Écully, il fut cependant admis au grand séminaire de Lyon, dans le même cours et dans la même conférence que moi. Il passa ses trois ans de théologie sans avoir jamais été interrogé par les professeurs de morale, de dogme et d'Écriture sainte. Il fut ordonné diacre (2 juillet 1815) sous Mgr de la Croix d'Azolette, mort à Lyon en 1858, démissionnaire de l'archevêché d'Auch; et prêtre six mois après. »

Si le curé de Villefranche était regardé comme le type du bon curé, il n'est pas hors de propos de faire remarquer qu'il n'était pas de cette classe de bons curés qui sont l'objet des prédilections de l'incrédulité, avec une hypocrite courtisanerie qui fait quelquefois des dupes. Celle-ci, sous prétexte de rendre hommage aux vertus modestes d'un humble pasteur et de défendre la cause des malheureux dont il est l'appui, se flatte de trouver dans ce ministre de la religion l'indifférence dont on a besoin pour des erreurs et des écarts qui rencontreraient ailleurs des censeurs plus rigides. L'incrédulité veut que son *bon* curé se contente de prêcher une morale purement philanthropique; les heureux du siècle exigent qu'il ne parle ni de la mort ni de l'enfer; le plus grand nombre trouveraient assez convenable qu'un pasteur s'abstînt tout à fait de prêcher, et se contentât de prêcher d'exemple avant tout. Lier ainsi la parole de Dieu, contrairement au précepte de l'Apôtre, *Verbum Dei non est al-*

ligatum (II Tim., ii, 9), n'est-ce pas attaquer
la foi jusque dans sa base ? Si de pareilles
épreuves et de semblables séductions exerçaient un grand pouvoir dans les rangs du
sacerdoce, c'en serait fait de la religion; elle
disparaîtrait bientôt entièrement du milieu
de nous. On n'invoque point celui en qui
on ne croit pas, c'est le même Apôtre qui
parle, mais pour croire il faut entendre la parole de la foi : *fides ex auditu* (Rom. x, 17),
*auditus autem per verbum Christi : quo-
modo audient, sine prædicante?* Les Apôtres
s'étaient réservé cette fonction importante.
Le siècle, qui n'aime pas la foi, s'oppose à la
parole qui la fait naître et qui la maintient.
C'est aussi pour cela que les philosophes du
dernier siècle conseillaient aux prêtres, et
que les philosophes de notre siècle le leur
conseillent encore, de n'enseigner que la
morale de l'Évangile, surtout la charité, la
tolérance, s'imaginant avec Rousseau, leur
coryphée, qu'il est possible de prêcher la
morale sans prêcher la foi, et d'annoncer
aux hommes la nécessité de travailler à leur
salut, sans leur parler de Celui qui nous en
donne les moyens. Nous savons ce que
c'est que cette tolérance, cette charité tant
recommandée par ces philosophes de toutes
les écoles. Ces belles vertus n'ont de prix à

leurs yeux qu'autant qu'elles peuvent servir de prétexte au relâchement le plus coupable, à une criminelle insensibilité contre le crime, à un indifférentisme stupide entre le vice et la vertu. Aussi le seul pasteur qu'ils croient digne de leurs éloges est celui dans lequel ils reconnaissent cette prétendue tolérance, cette fausse bonté, nécessaire ou non au maintien de la paix et de l'union parmi les chrétiens. Car la vraie charité déteste les vices, mais elle en sépare les personnes dans son affection ; elle sait que cette prétendue paix, si elle peut exister avec le triomphe du crime, n'est pas celle que donne Jésus-Christ. Répétons-le, l'abbé Donnet n'était pas, à Villefranche, le bon curé à la façon des *libres-penseurs*. Il savait, et il le prêchait, que la loi de Jésus-Christ n'est aussi admirable que parce qu'elle subjugue tout à la fois le cœur et l'esprit. Il était de l'école du savant évêque de Troyes, Mgr de Boulogne, qui dans son sermon sur la morale chrétienne s'écriait : « Qu'il est beau, qu'il est ravissant ce code de la loi chrétienne, où rien n'est oisif, où rien n'est écrit pour le stérile ornement de la pensée, et où tout fructifie pour l'instruction et pour l'édification ! Il est clair dans les préceptes, parce qu'il faut les pratiquer ; il est obscur dans les dogmes, parce qu'il faut les adorer; et faisant ainsi de ses lumières comme de ses ténèbres une double source de mérites et de vertus, il n'est pas moins admirable dans ce qu'il nous découvre que dans ce qu'il nous cache. » *Sicut tenebræ ejus, ita et lumen ejus.* (Ps. LVIII.)

CHAPITRE SEPTIÈME

Coup d'œil sur une des causes des révolutions qui agitent sans cesse la France : les *rivalités* des diverses classes de l'ordre social. — Un député, maire de Nancy (Marchal), hostile à Mgr de Forbin-Janson. — Par deux fois, à la suite des événements de 1830, le grand séminaire envahi, saccagé et fermé. — Monseigneur obligé de se dérober par la fuite aux poursuites de ses adversaires, et tenu éloigné de son diocèse par le mauvais vouloir du gouvernement lui-même; mille embarras créés à l'administration diocésaine. — La presse, dans le *Patriote* et le *Journal de la Meurthe*, et l'opposition, toujours sur la brèche contre le vertueux prélat. — Le clergé et les catholiques sont pour lui. — M. Ferry, supérieur du grand séminaire, devenu impossible, pourquoi? — L'aumônier du collège prend chaudement son parti; polémique à ce sujet. — Il se défend. — Le clergé proteste, et après lui les grands vicaires. — Il se défend de nouveau. — Nouvelles attaques à l'occasion du mandement pour le Carême de 1835; teneur de ce mandement. — Monseigneur l'évêque de Saint-Dié vient à Nancy pour une ordination et des confirmations. — Il trouve les populations favorables à l'évêque absent. — Mémoire du clergé sollicitant son retour dans son diocèse. — Le gouvernement reste sourd.

Nous avons vu que l'abbé Donnet se rendant à Grenoble pour recevoir les saints ordres, fit sur son chemin, à Vizille, connaissance de la famille Périer, dont le chef était mort en 1801, laissant cinq fils qui avaient pour noms : Augustin, Alexandre, Casimir, Scipion et Camille. Nous en retrouvons trois sous la Restauration, siégeant à côté de Casimir, à la Chambre des députés, et ce dernier, ministre de Louis-Philippe après 1830. Il avait fait son chemin ! Cette famille avait acquis une grosse fortune dans le commerce ; Périer Claude, père, était régent de la Banque au moment de sa mort. Quant à Casimir, né le 17 octobre 1777, à Grenoble, contrée de la France où les hommes sont comme tous les gens de frontière, bons à la guerre et au négoce, il avait une organisation à la fois mobile, nerveuse et violente. Élevé au collège de l'*Oratoire*, à Lyon, il grandit pour ainsi dire avec la Révolution et en aspira tous les poisons. Engagé d'abord dans la carrière militaire à vingt et un ans, il la quitta pour s'associer à son frère Scipion et créer dans Paris une maison de banque pour laquelle il était plus apte ; car, pour être soldat, il faut avant tout, et de rigueur, du sang-froid, de la subordination, de l'insouciance et de la bonne humeur. C'est à la finance qu'il dut son élévation, et il devint le type le plus exact de cette *classe moyenne* qui, après avoir pendant des siècles et notamment pendant quarante ans, agité le pays, pris souvent même la direction du progrès et accompli la révolution, voulut, par une anomalie qui s'explique, qu'avec son avènement s'arrêtassent pour jamais agitation et révolution, avec le progrès qui en est la conséquence.

La politique qui arborait le beau nom de *Juste-Milieu*, parente des doctrines de Photius et de Cousin, fut personnifiée dans Casimir Périer, qui l'installa parmi nous avec des colères d'Ajax et des fureurs d'Oreste. En effet, la Royauté et l'Empire avaient été vaincus par l'industrie, le capital et la *classe moyenne*; or l'industrie et la finance, après avoir repoussé ces deux gouvernements, pouvaient-elles acclamer la *Restauration*, qui ne pouvait que les replacer au second rang, sans aucun espoir pour elles de lui recruter des ministres, des présidents du conseil, encore moins de conquérir le droit de *morigéner* le roi et la monarchie ? Aussi est-ce à la faveur de la puissance des capitaux et du crédit, que les Casimir Périer, les Laffitte, les Garnier-Pagès, les Delessert et autres, profitant de la paix, après Waterloo, prirent position dans le pays et préparèrent l'avenir. C'est là toute l'histoire de la révolution et du gouvernement de Juillet, l'histoire aussi des *sinistres financiers* dont nous avons été témoins, il y a deux ans. Il fallut donc à tout prix renverser la *Restauration,* et rendre ses hommes désormais impossibles; il fallut sauver la révolution, c'est-à-dire *sauver la caisse.* Les hommes de vraie liberté, c'est-à-dire *rétrogrades,* dans le sens maçonnique, ne peuvent avoir leur place dans la finance, ni faire prospérer leur caisse ; il faut les démolir, coûte que coûte, tant pis pour leur clientèle!! *Il ne fallait pas qu'elle y allât !!!*

Dès avant la révolution de Juillet, la finance et l'industrie avaient trouvé dans M. Marchal, député de la Meurthe, un Garnier-Pagès au petit pied. Aussi faisait-il une guerre acharnée à tout ce qui était ou avait l'apparence monarchique. Mgr de Forbin-Janson ne pouvait échapper à ses coups. On chercha dès le premier jour à le rendre odieux à ce je ne sais quoi qu'on appelle le *peuple,* mais qui n'est pas cela. M. Marchal, entre autres machinations, dénonça plusieurs fois le *primat de Lorraine* et le poursuivit auprès de tous les ministres, l'accusant de voler l'argent du séminaire. Au mois de juillet 1830, la tribune et les journaux avaient retenti de ces plaintes. Ainsi les esprits étaient tout préparés. On sait que les évènements de juillet 1830 à Paris eurent leur contrecoup dans les provinces, et que le clergé qui depuis plusieurs années était présenté aux populations comme leur ennemi, eut à subir tous les résultats fâcheux de l'effervescence populaire. A Nancy, la retraite pastorale allait s'ouvrir dans ces jours néfastes, mais elle ne put avoir lieu. Mgr de Janson, évêque, fut particulièrement en butte aux fureurs de la multitude; obligé de fuir, il fut longtemps cherché et poursuivi, et il eût été infailliblement victime de l'exaltation des esprits; comme le cardinal de Rohan, à Besançon, il fut obligé de se dérober par la fuite aux recherches les plus actives. Le peuple se vengea sur le grand séminaire du chagrin de n'avoir pu atteindre l'évêque. Dans la nuit du 30 juillet, renouvelant les saturnales de la Révolution, il se porta en foule sur cet établissement, un des plus beaux de France, enfonça les portes, et pénétrant dans l'intérieur se mit à casser les vitres, à mettre en pièces le bois des croisées; il parcourut les chambres sans y rien laisser d'intact; supérieur, directeurs et élèves avaient eu heureusement le temps de s'échapper. Bois de lit, meubles, malles, pupitres, tout fut brisé. On jeta les matelas et les paillasses dans la rue et on y mit le feu. On se porta ensuite à la cave, et après s'être enivré, on lâcha le vin des tonneaux. Les jours suivants on revint jusqu'à trois fois au séminaire, sous prétexte d'y trouver des armes qui n'eussent pas échappé aux premières recherches; enfin le séminaire fut laissé dans le plus triste état de délabrement et de ruines. Le 8 août, Mgr de Janson fuyant là persécution arrivait à Trêves; mais ce n'était point assez de l'avoir poursuivi et forcé de se réfugier en pays étranger, on voulut l'empêcher de rentrer dans son diocèse, et toutes les attaques et les menées furent dirigées en ce sens. Ainsi, vers le 15 août, le bruit se répandit qu'il allait revenir; des *hommes calmes et amis de l'ordre,* disait un journal, songèrent à reprendre le projet déjà formé de le poursuivre pour un mandement publié avant les derniers évènements. La cour royale de Nancy paraissait disposée à prendre des mesures à cet effet, et la Chambre d'accusation avait déjà délibéré tant sur le fait du mandement que sur des concussions imaginaires dont on l'accusait, soit dans la gestion de ses séminaires, soit pour des traitements fictifs de curé, et tout cela dans le but d'irriter les esprits contre lui. Errant et fugitif, l'évêque ne devait plus porter ombrage à ses ennemis; mais au lieu de suspendre les effets de leur ressentiment à son égard, comme un simple sentiment d'humanité semblait leur en imposer la loi, ceux-ci n'en devinrent que plus acharnés contre lui. M. Marchal profita habilement de l'absence du prélat qui ne pouvait se défendre, pour lui imputer des concussions; il alla jusqu'à l'accuser d'avoir accaparé les traitements d'un grand nombre de succursalistes qui, nommés à des paroisses, étaient dispensés de la résidence et remettaient leurs quittances à leur évêque. Celui-ci aurait ainsi indûment perçu plus de cent mille francs. Chose absurde et impossible ! mais n'importe, Mgr de Janson était absent, on ne risquait rien de l'incriminer là-dessus.

Dès le mois de janvier 1831, M. Marchal écrivit au ministère une lettre sévère que signa M. Thouvenel, autre député de la Meurthe, mort depuis ministre des affaires étrangères, dans laquelle ces messieurs, par modération, se bornaient à demander que l'on forçât l'évêque à donner sa démission, et enfin ils demandaient la suppression du séminaire de Pont-à-Mousson, comme étant nuisible au collège de la ville, inutile au diocèse (celui de Nancy, on le sait, était fermé), et ne servant qu'à recruter les Jésuites, et ils proposaient de convertir le local en caserne.

De telles manœuvres pour égarer l'opinion, parties de si haut, donnaient de l'audace à ceux qui pouvaient en manquer et arrêtaient l'action du pouvoir. Ainsi, au mois de septembre 1832, en plein choléra, le bruit se répandit que Mgr de Nancy allait revenir dans son diocèse. Alors tous les libéraux prirent ou feignirent de prendre l'alarme. Leurs journaux publièrent des articles violents contre le prélat; cinq officiers supérieurs de la garde nationale, MM. Adam, Novel, Poirel, Dupin et A. Husson, insérèrent dans le *Patriote de la Meurthe,* du 27 septembre, une déclaration portant qu'ils n'entendaient en aucune façon *protéger la rentrée d'un homme,* et cet homme c'était un Français, un évêque ayant droit comme tout autre à la protection des lois, *d'un homme connu par sa haine contre le gouvernement et dont la présence ne pouvait que troubler la tranquillité; et que, dans cette*

circonstance, ils refuseraient leur concours.
C'est ainsi qu'ils donnèrent l'exemple de la
subordination que l'on était en droit d'attendre d'eux. N'était-ce pas plutôt la haine
qu'ils avaient vouée au prélat qui était devenue le seul obstacle à son retour ? Comment le calme pouvait-il s'établir, quand
ceux qui devaient le maintenir étaient les
premiers à soulever les passions de la multitude ? Et le *Patriote de la Meurthe* osait
dire au prélat, à la suite de toutes sortes de
diatribes : *Nous ne vous persécuterons pas,
le temps en est passé.*

Le Séminaire, fermé depuis deux ans,
avait été déclaré *propriété nationale* et un
poste de garde nationale en empêchait la
réouverture. Or, ici encore nous trouvons
une preuve nouvelle que la majeure partie
de la population de Nancy restait étrangère
à ces machinations contre le prélat, c'est que
la garde nationale montait la garde avec
répugnance au Séminaire et qu'un certain
nombre de ses membres manifestaient hautement l'intention de refuser le service.

On ne parut aucunement étonné de voir
le Conseil municipal de Nancy décider que
sommation serait faite au clergé d'enlever,
dans un bref délai, la croix de mission plantée sur la place Mengin, et que faute par lui

d'obtempérer, des mesures seraient prises pour l'y contraindre; aussi, très peu de temps après, la place du marché n'avait plus de croix pour rappeler à ceux qui la fréquentaient, le *Rendez à César ce qui appartient à César et à Dieu ce qui est à Dieu;* pour rappeler le *Non furtum facies,... non concupisces rem proximi tui... non tibi licet... Ne faites pas à autrui ce que vous ne voudriez pas qu'on vous fasse à vous-même...* Du reste, dans le département de la Meurthe, l'autorité donna elle-même le signal pour la destruction des croix; le même signal devait être donné par la même autorité, en France, cinquante ans après, mais on prit soin cette fois d'en colorer la mesure.

Ainsi donc, c'est un fait incontestable, Mgr l'évêque de Nancy était devenu odieux à une minime partie de ses diocésains, à cause de ce zèle ardent dont il avait fait preuve au sein des missions de France auxquelles il avait, de concert avec l'abbé Rauzau, donné l'impulsion, le mouvement et la vie; odieux surtout à cause de son attachement connu à la branche aînée des Bourbons dont un certain parti avait juré la perte. Éloigné de son diocèse dans de déplorables circonstances, il fut poursuivi avec fureur jusque dans les Pays-Bas où on le croyait retiré. Son séminaire, envahi le vendredi 3o juillet, le fut de nouveau le 17 février 1831, par une multitude qu'avait ramassée au bruit du tambour, adjoint et commissaire en tête, un détachement de la garde nationale; et ce jour-là même, en vertu d'un ordre du secrétaire général délégué, le préfet absent pour la révision, cet établissement fut déclaré *propriété nationale* et fermé pendant deux ans jusqu'au mois d'avril 1832; et cela au mépris des articles 1er de la nouvelle charte : *Tous les Français sont égaux devant la loi, quels que soient leurs titres; 5e Chacun professe sa religion avec une égale liberté et obtient pour son culte la même protection; 8e Toutes les propriétés sont inviolables sans aucune exception.* Et comme conséquence de ce violent arbitraire, l'administration ecclésiastique se trouvait sans cesse environnée d'embarras et d'obstacles; seize curés furent expulsés de leurs paroisses, ou bien obligés de se soustraire par la fuite à l'insulte et à la violence; les autres, dans les campagnes surtout, furent en butte aux calomnies, aux dénonciations et à des vexations de tout genre. Des placards, affichés jusqu'aux portes des églises, provoquaient au massacre des prêtres et à l'incendie du Séminaire. Et ce clergé ainsi traqué donnait partout l'exemple de l'union, de la sagesse et du respect pour cette autorité qui lui était moins que favorable, ne s'écartant en aucune façon de cette ligne que lui dictaient et l'esprit sacerdotal et le vrai patriotisme.

Nous avons besoin d'entrer dans de plus longs détails sur cette affaire, afin de mettre clairement sous les yeux des lecteurs ce que firent les uns et les autres ; d'exposer d'un côté la pacifique, noble et généreuse conduite de l'Évêque qui tint à remplir jusqu'à la fin ses devoirs sacrés d'évêque et de premier pasteur d'un grand diocèse, et de l'autre, ce qu'il fallut d'abnégation, de charité et de dévouement au Curé de Villefranche pour entrer dans les vues de Mgr de Janson, au sujet de la coadjutorerie.

D'abord ce n'étaient ni les catholiques ni le clergé qui étaient hostiles à leur évêque. Avant les évènements de juillet, les gens du monde même célébraient l'activité du zèle de l'évêque, sa charité inépuisable, son aménité, son empressement à remplir les fonctions les plus pénibles du ministère. Or, le prélat n'avait point changé et était, dans les derniers temps de son séjour à Nancy, ce qu'on l'avait vu dès le principe.

On le voyait aussi bon, aussi affable, aussi appliqué à tous les devoirs de l'épiscopat. Son clergé était animé pour lui des mêmes sentiments d'admiration et de confiance.

Dans le moment, il y eut des mésintelligences entre M. Ferry, supérieur du grand séminaire, et le préfet de la Meurthe, M. Lucien Arnault. Celui-ci reprochait au premier d'avoir contribué à faire insérer dans l'*Avenir* une lettre confidentielle de ce magistrat, lettre qui parut accompagnée d'un commentaire injurieux pour le préfet; il n'en fallut pas davantage pour empêcher indéfiniment la réouverture du séminaire. Le déplacement de M. Ferry devenait donc nécessaire pour lever le principal obstacle à une rentrée si urgente et si désirée des séminaires; la chose était assez importante pour que, de concert avec lui, on lui donnât un autre emploi, tout en lui conservant l'estime qu'il méritait. On lui offrit la cure de Saint-Nicolas-du-Port, chef-lieu de canton, à la porte de Nancy. Il n'y avait dans ce changement aucune infraction au droit canon, ni aux règles d'une sage administration. En effet, la nomination et le changement d'un supérieur de séminaire appartiennent *jusqu'ici* exclusivement à l'évêque, c'est un de ces actes d'administration inté-

rieure qui peuvent être commandés quelquefois par de graves et justes considérations. Ces charges ne sont pas inamovibles
et des circonstances peuvent se rencontrer
où un évêque peut et doit juger qu'un supérieur de séminaire sera plus utile ailleurs.
Quand il prend une telle mesure, doit-il
rendre compte des motifs qui l'ont déterminé? les inférieurs ne doivent-ils pas sup-
poser que ces motifs, quoiqu'ils ne les connaissent pas, ont dû être pesés au poids
du sanctuaire et qu'ils n'ont prévalu que
parce qu'ils étaient équitables et légitimes?

A la suite de ce changement, c'est-à-dire
le 3 février 1832, il parut dans le *Journal
de la Meurthe,* une lettre de M. l'abbé Garot[1], aumônier du lycée, prêtre étranger

---

[1] Deux ans plus tard, un autre prêtre, M. l'abbé
Verdun, curé de Ferrières près Nancy, croyant se
relever aux yeux des frères et amis, au lieu de se
renfermer dans ses devoirs, se jeta dans les théories d'un libéralisme exalté, en faisant une profession de foi républicaine. Ses supérieurs ecclésiastiques et le préfet, M. Arnault, fort mécontents de
cette équipée, s'entendirent pour l'éloigner de sa
cure, parce qu'il donnait un peu trop dans la politique. Le curé patriote trouva dans le *Patriote de
la Meurthe,* cela devait être, un ardent défenseur,
qui, fidèle à ses habitudes, ne manque pas à cette
occasion d'attaquer par des calomnies, des injures
et des suppositions ridicules Monseigneur de

au diocèse, dans laquelle il signalait à l'opinion publique le despotisme épiscopal, au sujet du changement de M. l'abbé Ferry, appelant son évêque un *despote,* un *brouillon,* un *sultan.* L'ancien Supérieur était entièrement étranger à la publication de cette lettre ; car, en présence de ses élèves, il prêcha le respect et la soumission à l'autorité et repoussa avec indignation le dangereux appui de son indiscret avocat. Il y eut dans le clergé du diocèse un soulèvement général contre cette lettre. Le 5 février, il parut dans le *Courrier lorrain,* autre journal de Nancy, une lettre d'un pieux laïque signant D., écrite avec une extrême modération ; l'auteur de ces réflexions très sensées sur la lettre de l'aumônier, faisait ressortir son indiscrétion et le danger qu'il y avait à fixer sur des querelles affligeantes l'attention de *trois sortes de gens qui n'y avaient que faire : les ignorants, les jaloux et les railleurs.* Le témoignage et les plaintes d'un prêtre, l'amertume de ses expressions, la violence de ses reproches, ne tendaient-ils pas à confirmer les pré-

Nancy, prélat également respectable par ses nobles qualités, ses malheurs et son courage. Mais plus tard il avoua ses torts et fit sa soumission entre les mains du coadjuteur.

ventions des ennemis du clergé en général et de ceux de l'évêque en particulier?

L'abbé Garot, secouant le voile de l'anonyme qu'il avait pris d'abord, inséra dans le *Courrier lorrain* du 9 février, une deuxième lettre qu'il signa cette fois et dans laquelle il essayait vainement de justifier la première tout en déclarant qu'il *respectait le principe d'autorité dans ses supérieurs,* qu'il *ne voulait pas rompre avec la chaire de saint Pierre,* ni *affaiblir l'autorité sainte établie par Jésus-Christ.* Il finissait sa lettre en émettant le vœu que l'on assemblât le clergé pour *délibérer librement et hors de toute influence.* Singulière idée! *Délibérer!* et sur quoi? Sur le déplacement de M. Ferry, sur le choix des grands vicaires, sur le despotisme de l'évêque? Quelle déraison! Convoquer un synode pour juger entre un évêque et un de ses inférieurs. N'était-ce pas du presbytéranisme, s'il en fut jamais? Si l'on juge par M. Garot, les aumôniers de lycée à cette époque n'excellaient pas dans la science théologique, ni dans le droit canon...

Cependant de toutes parts s'élevaient des réclamations contre la levée de boucliers de l'aumônier. Un de ses confrères signant S., curé dans le canton d'Alberstroff, fit insérer dans le supplément du *Courrier lorrain* du 23 février, une lettre fort sage et bien faite où, parlant au nom des prêtres de son canton, il désapprouvait hautement la démarche de M. Garot. Dans une autre lettre très spirituelle du 10 février qui paraissait dans le même supplément, M. Gr...e, prêtre du diocèse, se moquait agréablement du grand zèle de l'aumônier du collège; cette lettre était suivie d'une déclaration de dix-neuf prêtres du canton de Saint-Nicolas-du-Port, protestant contre la lettre et repoussant toute connivence avec lui. Dans une lettre du 10 février, à leur évêque, les curés des cantons de Bayon et de Gerbeviller, désavouant aussi la démarche de M. Garot, signalaient l'inconvenance de son langage et gémissaient de l'absence du prélat.

Au milieu d'un tel éclat, MM. Lamotte et Antoine, vicaires généraux, crurent devoir rompre le silence. A la suite de leur circulaire pour le carême, ils déploraient en termes généraux, une attaque qui ne pouvait qu'être funeste à la paix du troupeau. Mais ils furent plus explicites dans une *réponse* fort modérée à la lettre insérée au Journal de la Meurthe, *contre l'administration diocésaine*. Ils expliquaient

dans des termes pleins d'estime pour
M. Ferry, les motifs de son déplacement
tels que nous les avons donnés plus haut,
réfutant les fausses et puériles accusations
de l'aumônier contre les membres du
Conseil épiscopal, répondaient au reproche
qu'il leur faisait d'être *étrangers,* lui qui
n'était pas du diocèse, et se plaignaient de
ce qu'il semait la division parmi le clergé et
les fidèles, quand on avait besoin plus que
jamais de réunir ses forces contre l'ennemi
commun, qui ne pouvait que se réjouir
d'une lutte qu'il eût voulu susciter lui-
même. Une troisième lettre parut dans le
supplément du *Courrier lorrain* du 25 février, en réponse aux protestations publiées
dans le même journal ; M. Garot ne répondait à rien, et au lieu de terminer noblement cette discussion par un aveu de ses
torts, il semblait prendre plaisir à les ag-
graver encore, sous prétexte de remplir une
mission d'honnête homme qu'il s'arrogeait,
en décochant de mauvaise foi contre son évêque et ses auxiliaires des flèches trempées de
fiel et d'amertume. Il obtint un résultat tout
contraire à celui auquel il visait ; le ton de
sa lettre, son persiflage, ses insultes révol-
tèrent le clergé et ne firent qu'accroître les
sentiments d'attachement à l'autorité qui

sont si conformes à l'esprit de la vocation sacerdotale. Une feuille de la localité, le *Journal de la Meurthe,* fut une des plus acharnées contre Mgr l'évêque de Nancy. Elle osait faire la leçon au prélat et lui donner le conseil de recommencer son séminaire.

Mgr de Janson y entra à vingt-huit ou trente ans, et il fut le modèle de toutes les vertus cléricales. On peut interroger ceux qui l'ont vu dans sa modeste cellule de séminaire, car il en existe encore quelques-uns; il avait quitté sans regret le titre d'auditeur au conseil d'État qui devait le conduire aux plus hautes dignités. Le rang qu'il tenait dans la société, un nom illustre, un esprit facile et brillant l'eussent fait arriver sans peine et successivement à des postes éminents, à une époque surtout où Napoléon recherchait la haute aristocratie. Quand, jeune encore, on est capable d'assez d'abnégation pour renoncer à ces brillantes espérances, on n'est certes ni un ambitieux, ni un égoïste. L'égoïsme! voilà ce que repousse un homme généreux de toute la puissance de son âme. Or, qui avait été moins atteint de ce bas sentiment qu'un prélat ayant travaillé longtemps dans les fonctions les plus pénibles du ministère, et sans autre récompense que la bénédic-

tion des cœurs ramenés par lui à la vertu ?
N'avait-il pas refusé la coadjutorerie de Bordeaux qui lui fut offerte par Mgr d'Aviau ?
S'il accepta l'épiscopat, ne rendit-il pas sa
position moins brillante que celle même
que, sans épreuves pénibles et sans aucun
sacrifice, il pouvait naturellement attendre
dans le monde ? Et pourtant, dans le Midi, à
Bordeaux, il eût trouvé plus de sympathies
que dans l'Est, car il en était de lui comme
de quelques plantes qui prospèrent mieux
sous une certaine latitude plus ardente.

Ce qu'on lui reprochait encore, c'était sa
persistance à retourner à Nancy. Était-ce
un crime ? n'en était-il pas l'évêque et le
père ? Or un père peut-il de gaîté de cœur
consentir à vivre éloigné des siens ? Ne doit-
il pas être disposé à multiplier pour eux
ses sacrifices, et à faire même au besoin
le sacrifice de sa vie ? *Bonus pastor animam
suam dat pro ovibus suis.* (Joan. ii, 4.)

On pouvait, il est vrai, ne pas imiter de
telles résolutions, on pouvait essayer de lui
persuader que les dévouements inutiles
cessent d'être des devoirs ; mais qui aurait
pu croire qu'on aurait eu le courage de
poursuivre celui qui voulait les remplir ?
On sera forcé d'avouer que l'héroïsme seul
de la vertu pouvait inspirer à l'Évêque de

Nancy la parfaite égalité d'humeur, la bonté inaltérable dont il était animé, car il avait à dompter une âme naturellement remplie de chaleur, et à triompher des sentiments d'indignation que tant d'injustes attaques et de mauvais vouloir auraient fait surgir chez les hommes même les plus doux, tandis qu'elles n'ont fait naître chez Mgr de Janson qu'une noble et admirable résignation.

Donc, des haines inexplicables poursuivaient avec acharnement Mgr l'évêque de Nancy. On lui reprochait de faire peser sur ses subordonnés le poids d'une autorité rude dans les formes, injuste ou arbitraire pour le fond. Or, tous ceux qui le connaissaient ou avaient eu avec lui des rapports intimes savaient très bien qu'il était impossible de réunir avec un désir très sincère du bien, avec une grande droiture de cœur, plus d'esprit, d'amabilité, de procédés bienveillants. C'était encore moins par un esprit vindicatif qu'il avait suscité contre lui l'opposition acharnée à laquelle il fut en butte; car il eût été difficile de rencontrer un caractère plus doux, plus populaire même, dans le vrai sens du mot, une âme plus généreuse, un cœur plus aimant et plus charitable. Les hommes de cette trempe devaient être d'autant plus admirés que l'impiété et le libéralisme les avaient rendus plus rares. On eût pu difficilement saisir chez lui un sentiment d'amertume contre ses adversaires les plus violents et les plus déraisonnables. Par *dix* fois différentes, cette feuille l'a avoué elle-même, le *Journal de la Meurthe* s'empara, pour le commenter à sa façon, d'un passage du mandement de Mgr de Janson pour le carême de 1835. *Sagittæ tuæ acutæ in corda inimicorum regis,* paroles du Psalmiste qui, prises dans un sens allégorique, comme l'ont fait tous les prédicateurs et tous les auteurs d'ouvrages pieux, s'appliquent universellement à la grâce et à ses traits divins ; mais le susdit journaliste, torturant ce passage et l'interprétant dans un sens littéral, ce que n'a jamais fait aucun écrivain ecclésiastique, s'appliqua à changer les traits de la charité du prélat en des traits homicides, afin de le rendre plus odieux.

Dans le mandement dont nous venons de parler, Mgr l'évêque de Nancy témoignait son regret de n'avoir pu encore se réunir à son troupeau, et cela dans des termes qu'il est bon de rappeler plus de quarante ans après : « Le cercle d'une année est entièrement révolu depuis que... Nous ne supposions point alors que tant de mois dussent s'écouler sans nous voir enfin au milieu de notre famille spirituelle, entouré de nos enfants si tendrement aimés... Vous n'avez sûrement point ignoré la persévérance de nos efforts pour opérer cette réunion si ardemment désirée; comment, par deux fois encore, nous nous étions comme élancé vers vous, lorsqu'une volonté supérieure à la nôtre et des considérations puissantes sont venues de nouveau nous retenir, et suspendre l'exécution de nos desseins. Toutefois, si nous nous sommes arrêté devant les raisons qu'on a fait valoir près de nous, ce n'est pas que nous leur ayons reconnu la force du droit, ni celle de la vérité; mais, dépendait-il uniquement de nous d'imposer nos convictions personnelles? Mais on nous parlait bien haut de cette paix, de cette tranquillité publique que nous étions loin de vouloir jamais troubler... Or, sans partager aucune de ces alarmes, que nous regardons comme injurieuses à nos sentiments... nous nous sommes cependant résigné à une prolongation de douleur et d'attente... et cette soumission si pénible à notre cœur n'a rien eu de commun avec les timides pensées, nous pouvons l'affirmer dans le Seigneur, d'une *sagesse charnelle ou d'une crainte humaine,*

11*

trop indignes du caractère sacré dont nous sommes revêtu... »

Quelle noblesse de sentiments, quelle grandeur d'âme ! Voilà nos évêques tels qu'ils sont réellement devant Dieu, et non pas tels que les passions et les préjugés les dépeignent.

Mgr l'évêque de Nancy parle ensuite, dans ce mandement, de la visite faite par Mgr l'évêque de Saint-Dié qu'il avait appelé pour le suppléer, puisque depuis quatre ans il n'avait pu pénétrer parmi ses ouailles, ni au moment du choléra, en 1832, ni dans l'automne de 1834 où il avait projeté d'aller au moins dans une partie de son diocèse et d'y faire une tournée de confirmation, de laquelle les pasteurs avaient été prévenus, afin d'y préparer leurs troupeaux. Il est vrai que la maladie et la mort de Mme la Marquise de Janson, mère de Monseigneur, l'empêchèrent d'exécuter son projet [1].

---

[1] Mme Cornélie-Henriette-Sophie-Louise-Hortense-Gabrielle de la famille des princes de Galléan, une des premières du comtat, épousa M. le Marquis de Janson, qui mourut deux ans avant elle. Elle en eut deux fils, le marquis de Janson et l'Évêque de Nancy. Son esprit, la bonté de son cœur et l'élévation de ses sentiments l'avaient fait distinguer dans la société. Elle mourut à Paris à l'âge de 70 ans, le 12 novembre 1834, dans les bras de Mgr de

Donc, au mois de décembre 1834, Monseigneur de Saint-Dié, quoique souffrant, répondant aux désirs de son collègue de Nancy, vint faire à Nancy une ordination et visita un bon nombre de paroisses, accompagné d'un des grands-vicaires de l'évêque absent, qui l'avait chargé de distribuer en son nom pendant cette tournée pastorale, d'abondantes aumônes mises à sa disposition ; et cependant depuis quatre ans il était arbitrairement privé de son traitement. Mgr l'évêque fut accueilli partout avec les égards dus à sa dignité ; il trouva des populations bien disposées, et put juger que s'il existait dans quelques cantons de tristes préventions qui n'étaient pas dissipées, la partie allemande du diocèse en était totalement exempte. Partout les pasteurs et les fidèles témoignaient un égal désir de revoir leur évêque et un égal étonnement des obstacles qui empêchaient son retour. Les autorités elles-mêmes parlaient à cet égard comme les habitants ; et dans une petite ville, le maire s'offrait de loger Mgr l'évêque

Janson qui l'entoura des soins les plus empressés. Ses obsèques eurent lieu à Saint-Thomas d'Aquin, et son corps fut, selon ses intentions, inhumé au cimetière du Mont-Valérien, près duquel elle avait une propriété.

de Nancy dans l'Hôtel-de-Ville. Un membre du Conseil général qui se trouvait là, manifestait les mêmes dispositions, ce qui parut d'autant plus remarquable que dans ses dernières sessions le Conseil général avait exprimé un vote hostile à Mgr de Nancy. Un autre membre du Conseil général était revenu de lui-même aussi sur un vote défavorable à son évêque.

Il nous fallait entrer dans ces détails, pour bien préciser la situation de Mgr de Janson dans son diocèse et exposer la part de responsabilité qui incombait à chacun de ceux qui, en haine de la religion et de ses ministres, se mirent en flagrant délit de conspiration pour l'éloigner à tout prix de son diocèse. La lumière est faite aujourd'hui depuis cinquante ans sur cette lamentable affaire, et l'histoire impartiale doit en révéler les secrets à la postérité... L'évêque n'a jamais pu triompher, malgré ses vertus, des préventions les plus obstinées. Et cependant, à Paris même, des hommes haut placés dans le pouvoir rendaient justice aux belles qualités et à l'esprit conciliant du prélat.

Dans le diocèse on s'indignait des obstacles que Mgr de Forbin-Janson rencontrait pour effectuer son retour. Dans plusieurs paroisses même, les curés en lisant le mandement pour le carême de 1834, que la presse s'évertua de travestir en lui donnant un autre sens que celui qu'il présentait, firent l'éloge du prélat, de sa charité, de sa piété et de son zèle, rappelant ses visites diocésaines au milieu desquelles il laissait des traces de sa charité et se faisait bénir par sa bonté et sa douceur ; les auditeurs confirmaient cette vérité, et au sortir de l'église ils se plaignaient hautement de cette injustice qui les privait de la présence de leur premier pasteur. Ce n'était là qu'un faible écho de l'immense majorité des catholiques unanimes à ce sujet.

En février 1834, le clergé du diocèse adressa au gouvernement un mémoire très pressant pour réclamer la présence de son évêque. Ce mémoire exposait des raisons propres à faire impression sur l'autorité. Cette réclamation, signée par l'universalité des prêtres du diocèse et si conforme au vœu des populations, ne devait certainement pas rester sans effet.

Mais le gouvernement de Juillet, dont Mgr de Janson ne pouvait être ni le panégyriste ni le coryphée, Louis-Philippe lui-même n'étaient pas pour l'évêque de Nancy. Louis-Philippe, en juillet 1830, alors qu'il était encore duc d'Orléans, vint à cheval au Mont-Valérien pour assister avec le roi de Naples, alors à Paris, et accompagné de la duchesse d'Orléans et de la princesse Louise, leur fille, plus tard Reine des Belges, à la dernière mission donnée par Mgr de Janson, et exprima alors toute sa satisfaction au pieux prélat. Eh bien, devenu roi des Français, il l'abandonna à son triste sort, et sinon lui, mais du moins son gouvernement, excita contre lui les colères d'une multitude égarée ; la nouvelle charte proclamait l'égalité des citoyens devant la loi, et ce même gouvernement enjoignait à Mgr de Nancy de ne plus gouverner les fidèles confiés à sa garde, et il devenait le seul et réel obstacle à son retour dans son diocèse.

C'était ainsi que sous le règne de Louis-Philippe on entendait et on appliquait la liberté pour tous et pour chacun.

CHAPITRE HUITIÈME

Affligé de voir son diocèse toujours privé de la présence
du premier pasteur, Mgr de Forbin-Janson se décide
spontanément à se donner un coadjuteur dans la
personne de M. le curé de Villefranche. — Sa lettre
à ce sujet au Souverain-Pontife. — M. l'abbé Donnet
refuse d'abord. — Les coadjuteurs d'après le Concile
de Trente. — Conditions. — Compétition des emplois
civils et ecclésiastiques sous le gouvernement de
Juillet. — Le clergé et le curé de Villefranche inac-
cessibles à de pareilles ambitions. — Un prêtre,
du diocèse de Nancy, dans la *Gazette de Metz*,
blâme le choix fait par son évêque. — Enfin l'abbé
Donnet se rend au désir de Mgr de Janson, et se
rend à Paris, où il est mandé. — A la cour, on est
touché de sa simplicité et de sa modestie. — De
retour à Villefranche, il attend ses bulles dans les
exercices de son ministère. — Il quitte Villefranche
et fait sa retraite à la Trappe. — Il est sacré, à Paris,
dans la chapelle des Dames du Sacré-Cœur, rue de
Varenne ; c'est lui-même qui nous l'apprend.

Mgr de Forbin-Janson, expulsé pour
ainsi dire de son diocèse, cherchait à se
rendre utile et à se consoler ainsi des chagrins de son exil. Étant venu passer quel-

que temps à Lyon, comme il s'était trouvé
plusieurs fois en rapport, en sa qualité de
missionnaire, avec l'ancien Supérieur de
Saint-Martin, il prêta naturellement l'o-
reille à ce qui se disait autour de lui de ce
Supérieur devenu curé de Villefranche. Il
fut frappé de voir un prêtre qui, tout en
restant ferme et inflexible dans tout ce qui
touchait au maintien de la foi et du caractère ecclésiastique, avait su, par son esprit
de conciliation et par sa prudence, triompher de tous les obstacles que lui présentait
l'administration d'une paroisse difficile, et
y réunir, pour l'intérêt de la religion, tous
les partis dans un esprit unanime de confiance et d'affection.

Profondément affligé de voir son diocèse,
par suite de mauvais vouloir, privé de tous
les secours du ministère pastoral, et déses-
pérant de pouvoir en reprendre de longtemps l'administration, après la tentative
infructueuse qu'il avait faite pour y rentrer à l'occasion du choléra, il songea à
M. le curé de Villefranche pour se donner
un coopérateur. La Providence avait en
quelque sorte fait passer l'abbé Donnet par
toutes les épreuves qui pouvaient le préparer à remplir avec succès cette difficile
mission. Ses antécédents, comme les qua-

lités spéciales de son caractère et de son esprit, l'y rendaient plus propre que personne. Il y avait sans doute, dans la position délicate et périlleuse qui lui était proposée, une occasion de rendre un éminent service à l'Église, en faisant cesser le scandale que donnait la collision d'une partie du troupeau avec son pasteur, en ramenant les cœurs égarés dans la voie de la confiance et de la soumission. Mais, disons-le franchement, l'état des choses à Nancy avait de quoi effrayer les plus saints prêtres, précisément parce qu'il fallait compter uniquement sur l'appui de Dieu, appui dont avait pu se rendre indigne une partie de la population et sur lequel aucun homme ne peut compter absolument, en ce qui est de lui, parce que personne ne sait s'il est *digne d'amour ou de haine.*

L'abbé Donnet était donc le prêtre qui lui parut le plus digne et le plus conciliant. Dans une lettre qu'il écrivit au Pape le 27 février 1835 et dont l'*Album catholique de Toulouse* donna la traduction, Mgr de Janson le proposait à Sa Sainteté pour coadjuteur avec future succession [1]. Il en

[1] Nous regrettons que la longueur de cette lettre devenue rare, ne nous permette pas de la publier tout entière, car elle met au grand jour, d'un côté

faisait un juste éloge, indiquant que dans
différentes fonctions qu'il avait remplies,

l'humilité, l'abnégation, le dévouement, la franchise de ce pieux prélat, et de l'autre, elle exprime
en très peu de mots, la cause de ses tribulations
et le mauvais vouloir des hommes politiques :
Inter tot et tantas, y lisons-nous, *quibus me Deus
jactatum et aliquâ saltem ex parte sui similem esse
voluit, publicas privatasque tribulationes, hoc mihi
jam primum levamen concensum est ut ad primi
Jesu Christi Vicarii pedes accedam... rationem
habeam commissi gregis et quanta adnixus dili-
gentia humiliter confidam me nullum ex gravissi-
mis primi pastoris officiis prætermisisse.*
Et plus loin il aborde l'opposition que l'on fit à
son retour dans son diocèse :
Illis vero qui in Gallia summa rerum potiebantur,
quelle heureuse expression : ils pouvaient tout !
Eh bien ! *Cum, ut primùm redux fui, notum fecis-
sem me in meam diœcesim reverti et cupere et
velle, nullatenus per eos licuit, atquè ex Mussilia,
ut* **choleræ,** *gregem meum jam adgredienti occur-
rerem statim profecto prohibitum est Lugdunum
prætergredi, ne* **crimen** *incurrerem, quod jam
ministri intentabant...*
Que lui restait-il à faire ?
*Occluso reditu, jam restabat ut... per vitæ meæ
rationem et res compenendi modum, pacem omnium
procurarem, ostenderemque quantum mihi et partes
agere et politicis rebus sacras misceri alienum
esset...* Voilà la réponse aux accusations.
Vient ensuite la question d'un coadjuteur. Les
choses en étaient là,
*Cum Parisios adventus sancti Deo dati episcopus
ministro et regi Francorum primum consilium
ingessit proponendi episcopi suffraganei aut coadju-
toris. Placuit regi sententia et, ut penès me esset*

il avait montré autant de talent que de zèle et de piété. « *Vestram vero benignitatem ut experiatur, haud scio an quisquis extiterit, aut ad omnia sacerdotii munera quo jam a sexdecim annis et insignè subeundo promptior, aut qui majori fide profiteatur cathedrali principali et indefectibili adhærendum, humiliorem arctioremque pietatem præ se ferat.* » Ici rien d'étonnant. Mgr de Forbin-Janson avait fait chez l'abbé Donnet un séjour de quelques semaines; il l'avait vu à l'œuvre et l'aimait beaucoup. Le duc d'Orléans lui-même, en traversant la ville, avait reçu le curé de Villefranche, ce qui suffisait pour que l'un et l'autre pussent l'apprécier, l'estimer, l'aimer et s'entendre merveilleusement sur le choix. Soit que le gouvernement eût fait proposer à Mgr de Nancy un coadjuteur ou un évêque suffragant, lui laissant le choix du sujet, soit qu'il lui eût désigné l'abbé Donnet, il n'y eut point de contestation.

quis eligeretur et eam esse breviorem viam mei in diœcesi reditus atque omnia componendi... quod vero hoc imprimis attenderem ne quis mihi administratorem imponi existimaret...

N'est-ce pas providentiellement que cette pièce significative et si importante soit acquise pour tous ceux qui, parmi nous, écriront l'histoire ?

Mgr de Janson écrivit au curé de Ville-franche pour lui faire connaître ses désirs et les arrangements même pécuniaires qu'il prendrait avec lui ; et, après lui avoir donné les informations essentielles, il lui déclara que le poste lui convenait et qu'il convenait au poste ; puis, en confirmation de sa parole, il réfutait les objections qui allaient se présenter au modeste curé, et il terminait par les protestations les plus vives et les plus sincères d'un inaltérable dévouement. Il était impossible de faire un meilleur choix. En effet, où le prélat aurait-il pu trouver plus de désintéressement avec plus de zèle, plus de courage avec une plus grande intelligence des besoins, des misères et des faiblesses humaines, plus de jugement et plus d'esprit, plus de grandeur et plus de noblesse d'âme ? L'évènement justifia bien toutes ses idées sur ce point, et le système de conciliation suivi par le coadjuteur durant tout le temps de son séjour à Nancy, fut une véritable merveille de franchise et de politique. Dans sa lettre au Souverain-Pontife du 27 juin 1834, Mgr de Janson disait : « J'aimerais mieux un coadjuteur avec future succession qu'un suffragant... Je propose... M. Donnet, âgé de quarante ans, etc., etc. Étant coadjuteur, il aura plus de grâce, d'autorité et de facilité pour administrer mon clergé et mon troupeau, adoucir les esprits et les rapprocher. *Animos ita demulcebit devincietque, ut brevi palam fiat, non esse omnium sed paucorum admodum, mentem ab episcopo suo alienam, maculaque meæ diœcesis eluatur...*

« ...Je n'en connais point de plus digne, ajoutait-il, de plus habile dans la science du sacerdoce, qu'il pratique depuis seize ans et plus, indissolublement uni à la chaire infaillible, de plus pieux et de plus apte à tous égards. Son aptitude à faire des retraites ecclésiastiques est un des grands motifs qui m'ont déterminé. Si jamais je rentrais dans mon diocèse, je pourrais encore l'employer à ce genre de ministère. » Le prévoyant pontife aborde enfin d'une manière touchante la question qu'il ne pouvait négliger, celle des émoluments : « *Hoc addam postremum, ut sanctitas vestra sine sollicitudine sit undè res suppetat qua adjutorem decet suam tueri dignitatem, quod quidem onus habeo meum, et amissis nuper patre et matre, sustineri lugeo posse facilius.* »

On a paru croire, dans le moment, que Mgr de Janson n'avait pas été libre dans l'affaire d'un coadjuteur et que, si on ne lui en avait pas imposé un, on lui en avait laissé le choix, mais en lui désignant l'abbé Donnet. L'*Album catholique* de Toulouse, en donnant la traduction de la lettre de l'évêque de Nancy à Grégoire XVI, demandant un coadjuteur, avait eu pour but de dissiper les bruits répandus par quelques personnes mal informées, au sujet de la pression exercée sur lui par le gouvernement. Ce qu'il y a de certain, c'est que plusieurs demandes de coadjuteurs, demandes conformes aux lois et à l'esprit de l'Église et présentées par des évêques ayant dépassé quatre-vingts ans et privés d'existence par une démission pure et simple de leur siège, furent repoussées ou ajournées indéfiniment, malgré la *nécessité* ou une *évidente utilité*. Car le concile de Trente est favorable à l'institution des coadjuteurs, mais seulement quand il y a nécessité ou utilité évidente : *Si quando,* dit la sainte assemblée (sess. xxv, c. 7), *ecclesiæ cathedralis urgens necessitas aut evidens utilitas postulet.* Les lois et les usages du royaume, en France, étaient conformes à cette discipline ; il n'y avait exception à cette règle que pour les bénéfices inférieurs, *v. g.* les cures, les abbayes, etc. L'article 7 de l'ordonnance d'Orléans non seulement permettait aux évêques, mais leur enjoignait de prendre des coadjuteurs, quand par *maladie,* âge ou pour toute autre cause de même nature, ils ne pouvaient plus exercer leurs fonctions.

Sous l'Empire on ne vit point de coadjuteurs, car l'épiscopat avait été renouvelé en entier. Quelques années après ce renouvellement, Napoléon devint persécuteur du Pape : comment demander des *coadjuteurs*, lorsque le Saint-Siège se trouvait en droit de refuser des évêques titulaires? Sous la Restauration, plusieurs coadjuteurs furent accordés. Et cependant ces nominations grevaient le trésor, puisque les évêques pourvus d'une coadjutorerie l'étaient aussi d'un traitement de dix mille francs au moyen d'un titre de chanoine de Saint-Denis. Au commencement du règne de Louis-Philippe, deux coadjuteurs furent nommés par bref du 1er octobre 1832 ; dont l'un, évêque *in partibus* d'Icosie et auxiliaire de Mgr de Mazenod, évêque de Marseille son oncle, était M. l'abbé de Mazenod, sacré en cette qualité à Rome le 14 octobre. Le gouvernement trouva d'abord mauvais que le vicaire général de Marseille eût accepté son titre sans l'intervention du ministre, ne le reconnut plus comme vicaire général et lui contesta même le titre de Français. Mais après les explications échangées, le gouvernement se déclara satisfait, et le bref pontifical nommant un coadjuteur auprès de l'évêque de Marseille fût enregistré le 2 décembre.

Le deuxième coadjuteur fut donné à Mgr de Gérines, évêque de Nantes, sous le titre d'évêque *in partibus de Botra;* ce fut M. l'abbé de *Hercé,* Jean-François, curé de Laval, ancien maire de la ville et député, neveu de M. de Hercé, évêque de Dol, fusillé inhumainement après l'expédition de Quiberon qu'il avait suivie pour assister les malades. M. de Hercé ayant perdu sa femme et sa fille unique entra dans l'état ecclésiastique et devint curé de Laval; le bref qui le nommait à la coadjutorerie de Nantes fut enregistré au conseil d'État, et sa publication autorisée par ordonnance royale du 4 mars 1836; il fut préconisé le 1ᵉʳ février et sacré à Laval le 17 avril de la même année.

D'après ce que nous venons de dire au sujet des *coadjuteurs,* nous sommes en droit de conclure que Mgr l'évêque de Nancy a été parfaitement libre dans sa demande et dans le choix qu'il a fait d'un coadjuteur, choix que le gouvernement laissa à sa discrétion. Mgr de Janson présenta au roi les noms de MM. Morlot, mort depuis archevêque de Paris, de Jerphanion, décédé archevêque d'Albi, Cholleton, grand-vicaire de Lyon, mort dans la société des

Maristes, et l'abbé Donnet, mis le premier sur la liste de présentation et qui fut agréé.

D'ailleurs l'évêque de Nancy devait seul supporter les frais d'un coadjuteur, comme nous l'avons vu plus haut : *quod quidem onus habeo meum,* autrement n'eût-il pas voulu bénéficier des lois existantes et laisser au gouvernement la charge du coadjuteur qui lui eût été imposé ?...

Comme 1789, 1830 eut aussi ses conquêtes remportées, non plus par la prise d'une bastille, mais à la faveur des pavés tant de fois remués depuis et remis en place; le *cens* moral et le niveau pour parvenir aux emplois semblaient s'être définitivement abaissés, et chacun de se hisser ou de se faire piloter pour les atteindre. Disons-le, parce que c'est la vérité, le clergé eut le bon esprit de ne pas entrer dans la lice et même de s'en tenir éloigné; mais peut-être ne sut-il pas assez se tenir en dehors des agissements et des intrigues qui se produisaient autour de lui et pour lui. Ainsi, voulait-on faire arriver un de ses membres auquel on portait quelque intérêt, on quêtait et l'on faisait insérer coup sur coup, dans trois ou quatre journaux, des articles en son honneur; on y disait tantôt qu'il allait être nommé, tantôt qu'il l'était déjà, puis on portait ces journaux au ministre : *Voyez-vous,* lui disait-on, *l'opinion publique est unanime, elle réclame ce choix.* On s'adressait à différentes personnes pour les prier de faire des démarches dans le même but. Le ministre se garantissait-il toujours de ces pièges ? résistait-il toujours à ces intrigues, surtout lorsque le temps fut redevenu plus calme et que l'esprit de vertige qui régnait dans les premiers moments de la révolution de 1830 se fut dissipé ? *Adhuc sub judice lis est...* Quoi qu'il en soit, tout cela était misérable, et plus d'une fois le fait a été remarqué avec tristesse.

Quant à l'abbé Donnet, on le sait déjà, il avait toujours résisté même aux plus légitimes avances qui lui furent faites après ses rudes labeurs; car enfin, *dignus est operarius mercede sua.* (Luc, x, 7.) *Laborantem agricolam oportet de fructibus percipere.* (II Tim., ii, 6.) C'est le divin Maître qui l'a dit, et après Lui le grand Apôtre. Le 27 mars, c'est-à-dire plus d'un mois après que la détermination avait été prise d'envoyer un coadjuteur à Nancy et que le choix était arrêté sur M. l'abbé Donnet, on put lire avec étonnement dans un journal estimable du reste, la *Gazette de Metz,* un article sorti de la plume d'un ecclésiastique qui signait E. Gr..., et dans lequel on s'élevait contre ces mesures, on blâmait ce qui était fait et l'on suscitait par là de nouveaux chagrins à un prélat déjà abreuvé de tant d'amertumes. Un évêque si dévoué à son diocèse devait-il attendre de nouvelles épreuves de la part d'un membre de son clergé? Et cependant cet ecclésiastique se permettait de considérer la résolution d'envoyer un coadjuteur, comme la preuve que Mgr de Nancy était effrayé de la continuité de l'orage et renonçait d'aller dans son diocèse.

C'était bien peu connaître Mgr de Janson pour croire et oser écrire qu'il cédait à des considérations indignes de son noble caractère. Il espérait au contraire qu'un coadjuteur pourrait continuer à aplanir les obstacles qui s'opposaient à son retour au milieu de son troupeau, nous l'avons vu plus haut; puis, il était urgent de pourvoir aux besoins d'un diocèse privé de son évêque depuis près de cinq ans, et privé par conséquent des visites pastorales, des confirmations et de la surveillance incessante de son chef. N'était-ce pas pour le premier pasteur un sujet continuel de regrets, de ne pouvoir remplir dans toute leur étendue ses devoirs auprès de ses ouailles ? N'était-ce pas de sa part un trait de zèle et d'une sage prévoyance, d'envoyer à sa place un coopérateur qui pût le suppléer pour les fonctions épiscopales et en même temps lui préparer les voies ? Le sacrifice généreux que faisait en cette occasion le prélat, n'était-il pas une nouvelle preuve de l'affection qu'il portait à son diocèse ?

Mais, disait l'auteur de l'article en question, pourquoi aller chercher à cent lieues de son diocèse, où le clergé est si riche en vertu et en science, un ecclésiastique qui n'y est pas connu et qui aura besoin d'une longue étude pour connaître les localités et les personnes ?

M. E. Gr... plaidait-il ici pour lui ou pour ses amis ? Ce n'était pas être modeste, d'une façon comme de l'autre. S'il était vrai que le diocèse de Nancy fût *riche en vertu et en science*, il n'est guère d'usage de prendre des évêques dans le pays même où l'on veut les placer. Personne n'est prophète dans son pays. *Non est propheta sine honore, nisi in patria suâ et in domo suâ.* (Matt., xiii, 57.) On a soin, au contraire, à quelques exceptions près, d'éloigner les évêques de leur propre pays. On craindrait, en envoyant un évêque dans son diocèse natal, qu'il ne rencontrât plus d'obstacles dans des lieux où il aurait pu froisser quelques intérêts et avoir quelques ennemis, ou du moins où il pourrait y avoir contre lui de petites rivalités ou de petites préventions et d'autres inconvénients plus graves encore. Il n'y aurait qu'un mérite transcendant qui pourrait et encore! faire passer par-dessus ces considérations, et on en vit depuis un exemple dans un diocèse qui n'était pas éloigné de la capitale et dont l'évêque vit encore à l'heure actuelle.

Quant au choix de M. le curé de Villefranche, sans doute il n'était pas particulièrement connu dans le diocèse de Nancy, mais sa voix, pour emprunter l'expression des Livres saints, avait retenti d'un bout de la France à l'autre, dans. de nombreux diocèses où il avait charmé et entraîné par ses entretiens le clergé auquel il s'adressait, *in omnem terram exivit sonus eorum, et in fines orbis terræ verba...* Le clergé de Nancy était-il donc le seul à l'ignorer : *Numquid non audierunt?* (Rom., x, 18.) Prêtre d'esprit et de cœur, l'abbé Donnet ne dut pas résister toujours aux pressantes sollicitations de Mgr de Janson. D'ailleurs, aux yeux des opposants, il devait suffire que l'évêque, objet de leurs attaques, parût éloigné longtemps encore de son siège, pour que l'on se crût obligé de faire bon accueil à son successeur.

Mandé à Paris, le futur coadjuteur de Nancy eut une audience de Louis-Philippe auquel il exposa, avec beaucoup de simplicité et de modestie, son étonnement de ce que l'on avait songé à lui pour ce difficile ministère, et déduisit, nous le savons, les motifs qui devaient le faire regarder comme au-dessous d'une telle mission ; mais son caractère fut tellement apprécié et jugé à la hauteur des circonstances où il allait se trouver engagé, que le Roi osa lui dire qu'il le voulait ainsi et le salua du nom de Monseigneur.

Il s'entendit donc avec son évêque et le gouvernement, et vint attendre ses bulles à Villefranche. Il ne fut préconisé que le 6 avril 1835, coadjuteur de Nancy et de Toul, avec future succession, sous le titre d'évêque *in partibus* de Rosa. Pendant ces quatre mois, la dignité en présence de laquelle il se trouvait ne changea rien, ni à ses habitudes, ni à ses relations, et il continua de se montrer simple et modeste, bienveillant, accessible et affable à tous. Il reprit les catéchismes, la visite des malades et des écoles, le soin des pauvres et des prisonniers, l'assiduité au tribunal sacré, et monta dans la chaire tous les jours du carême qu'il passa encore dans sa paroisse. Ces derniers témoignages de dévouement et de zèle touchèrent profondément des hommes de toutes les classes qui jusqu'alors n'avaient manifesté envers leur curé que des égards stériles pour la foi, et qui vinrent réclamer de lui, avant son départ, les secours spirituels dont ils s'étaient privés depuis si longtemps. Leur présence à la Table sainte fit à la fois l'édification de la paroisse et la consolation du pasteur, qui voyait du moins les ouailles dont il allait s'éloigner rentrer, pour la plus grande partie, dans le sentier de la foi et de la piété. Ce fut dans une communion générale qu'eurent lieu les derniers et muets adieux que l'orateur et l'auditoire n'eussent pas eu la force de s'adresser autrement. Touchante et pieuse ressemblance avec ces temps de foi et de ferveur de la primitive Église, où les confesseurs de Jésus-Christ, avant de se séparer de leurs frères pour voler au martyre, célébraient ensemble le banquet sacré qui fait vivre de la même vie et du même amour sur cette terre, les membres dispersés de la grande famille chrétienne, jusqu'à ce qu'ils se trouvent réunis dans une commune immortalité.

Après cela, inutile de peindre les regrets et la douleur de la paroisse. L'abbé Donnet quitta Villefranche le 4 mai 1835, dans l'espérance de sauver une Église désolée, et celle de beaucoup souffrir pour la gloire de Dieu. Mais il comptait sur la Providence, et la Providence ne lui fit point défaut.

Écrivant de Bordeaux, le 7 février 1868, à M. Fournier, ancien consul général, retiré à la Trappe, il disait : « Mes sympathies sont acquises depuis longtemps à votre monastère ; c'est là qu'en 1835 j'allai faire, avec Mgr de Forbin-Janson [1], la retraite qui précéda mon sacre... Le P. Augustin de Lestrange était mon compatriote... il présida la cérémonie de ma première communion, au collège d'Annonay, en 1808. »

Mgr Donnet fut sacré à Paris, le dimanche 31 mai, dans la chapelle des Dames du Sacré-Cœur, rue de Varenne, par Mgr de

---

[1] Sous Louis XIV, un Forbin-Janson, qui avait servi avec honneur dans les armées sous le nom de comte de Rosemberg, se réfugia à la Trappe de Mortagne, à l'âge de 47 ans, et y fit ses vœux. Il mourut dans les exercices de la pénitence, en 1810. En février 1834, Monseigneur l'évêque de Nancy, donnant une retraite aux religieux, passa quinze jours dans ce monastère, visitant avec intérêt ces lieux pleins de souvenirs, que Bossuet lui-même visitait souvent pour y chercher un délassement à ses travaux et un aliment à sa piété.

Forbin-Janson, assisté de NN. SS. Frayssinous et Blanquart de Bailleul, évêque de Versailles, en visite pastorale dans son diocèse, mais appelé à Paris par la mort de sa mère. Se trouvant alors dans la capitale, il consentit à remplacer pour la cérémonie Mgr Dupont, archevêque d'Avignon, empêché par une indisposition subite. Étaient présents : NN. SS. Garibaldi, chargé d'affaires de Rome à Paris, de Jerphanion, évêque désigné pour Saint-Dié, les députés de la Meurthe, du Rhône, de la Loire, un grand nombre de personnages de distinction et d'ecclésiastiques de la capitale.

Il écrivait, le 2 mai 1876, à M. l'abbé Baunard, d'Orléans, auteur d'une *Vie de Mme Barat*, fondatrice du Sacré-Cœur : « J'ai été sacré à Paris, dans la chapelle de la rue de Varenne, en mai 1834, par Mgr de Forbin-Janson, assisté de NN. SS. Frayssinous et Blanquart de Bailleul ; j'ai reçu dans la même chapelle, trois ans plus tard, le *pallium* des mains de Mgr de Quélen, délégué par Grégoire XVI. Les Mères Barat, de Gramont, Geoffroi, Prévot et Wals occupaient les premiers rangs dans la chapelle. »

CHAPITRE NEUVIÈME

M. le curé de Villefranche, malgré ses
résistances, se trouvait donc placé au premier rang dans la hiérarchie sainte. Mis sur
le *chandelier*, la lumière qu'il projetait
devait désormais s'étendre non pas seule-

ment à ceux de sa maison, mais à tous indistinctement, car un évêque est l'*homme de Dieu* et il se doit à tous. Nous allons maintenant le considérer sous tous les aspects, se dépensant avec activité et avec zèle, avec charité et avec dévouement, jusqu'à ce qu'il ait établi le règne de Dieu dans tous les cœurs.

Le coadjuteur resta encore quelques jours à Paris, où, accompagné de Mgr de Janson, il assista : le jeudi 4 juin, à la consécration de la nouvelle église de Saint-Denis-du-Saint-Sacrement, à Paris, cérémonie présidée par Mgr de Quélen, archevêque de Paris ; le lundi de la Pentecôte, à l'établissement du chemin de la croix chez les religieuses dominicaines de la rue de Charonne. Lorsqu'il fut complètement libre, il s'empressa de diriger ses pas vers Nancy pour y commencer de suite sa mission de paix et de conciliation. Il quitta Paris le 10 juin, accompagné de MM. Dieulin, vicaire général, auquel nous devons un excellent livre, *Le bon Curé*, et Masson, supérieur du grand séminaire ; M. Delalle, depuis évêque de Rodez, fut son deuxième vicaire général de 1834 à 1837 ; le samedi suivant, il fit l'ordination des Quatre-Temps.

Était alors préfet de la Meurthe M. de

Foresta, père de M. de Foresta, supérieur
de l'école apostolique de Bordeaux et dont
Mgr Donnet avait été l'élève pendant cinq
ans.

Quelques jours avant l'arrivée du coadjuteur, un journal de la localité s'exprimait
ainsi sur la réception qui l'attendait :

« Le jeune prélat, que tant de titres re-
commandent et que la voix publique a pro-
clamé si digne du pontificat auquel il vient
d'être élevé, sera reçu avec empressement
dans le diocèse de Nancy. Les Lorrains,
qui connaissent sa prudence et sa modération, la sagesse de ses conseils, son caractère conciliateur, la droiture de ses vues, la
pureté de ses intentions, ne troubleront pas
l'exercice de sa pacifique mission. »

Et cependant, il eut à Nancy des jours
difficiles à passer; c'est lui-même qui nous
l'apprend, trente ans après, dans son discours prononcé lors de la translation des
reliques de saint Martin à Tours, le 11 novembre 1866 : « ..... Mgr Lavigerie, un de
mes successeurs les plus aimés sur le siège
de Nancy, voulut bien m'appeler, après
trente ans d'absence, à présider la translation des reliques du jeune martyr dont le
Souverain-Pontife avait gratifié le petit
séminaire de Pont-à-Mousson. J'avais

traversé des jours difficiles en Lorraine ; j'en fus dédommagé par un accueil et par des procédés dont une exquise délicatesse doublait le prix. »

Quoi qu'en ait dit le journal dont nous venons de parler, les habitants de Nancy firent néanmoins un accueil assez froid à l'ancien missionnaire de la Touraine. A quoi tenait cette répulsion ? L'histoire de cette époque pourra très facilement le révéler. Les effervescences voltairiennes de 1830 n'étaient pas encore éteintes, et le libéralisme aimait, selon une de ses expressions favorites, *à manger du prêtre.* Les discussions se réveillèrent bientôt, plus violentes que jamais. On n'ignorait pas que Mgr de Janson avait lui-même provoqué cette nomination. Quelles que fussent les garanties offertes par les précédents du coadjuteur, on crut qu'il était naturellement sous le coup d'une influence détestée ; une grande partie du clergé le reçut avec les égards dus à un ennemi puissant. Il y eut toutefois des révoltes ouvertes ; on était à la veille d'une nouvelle conflagration.

Mais le caractère du prélat, son abord, sa parole facile et abondante, la franche cordialité qui débordait de son cœur de père, firent qu'après une visite pastorale et la première retraite ecclésiastique, où il laissa voir jusqu'au fond de son âme, il s'était vite concilié l'estime et l'affection de tous. Cette victoire dut être très flatteuse et très douce pour son cœur. Comment, en effet, aurait-on pu résister à l'influence de sa parole à la fois si simple, si affectueuse et si élevée ?

Mgr Donnet resta donc calme, se donna le temps de réfléchir, et il jugea qu'une retraite ecclésiastique pourrait produire d'excellents effets. Il était à peine depuis deux mois à Nancy, lorsqu'il convoqua le clergé à venir se retremper dans les exercices spirituels. Il adressa à cette occasion à tous les curés du diocèse, une circulaire dans laquelle il montra avec quel tact il savait allier les effusions de la confiance au langage de l'autorité : « Le moment est venu où va se réaliser un des vœux les plus chers à notre cœur. Il nous sera donc donné de vous voir, de vous connaître, de vous apprécier, et de former avec chacun de vous les liens d'attachement et de confiance qui doivent nous unir, je l'espère, pour de longues années. Bienheureux jours de retraite, vous nous procurerez ces avantages, et vous nous ferez comprendre combien c'est une bonne et agréable chose, pour ceux qu'une même vocation a rendus frères, de s'édifier les uns les autres et de partager, sans contention et sans jalousie, le trésor, de bénédictions inépuisables que le Père céleste se plaît à répandre sur ces réunions de famille...

« Vous n'hésiterez pas à répondre à cette première invitation qu'il nous est donné de vous faire, ou plutôt à la voix intérieure qui vous appelle à l'écart. Vous vous rendrez avec empressement dans ce lieu retiré; vous vous délasserez un peu du travail ordinaire. Nous y viendrons avec vous habiter cette maison empreinte de l'esprit clérical que vous y avez reçu. Nous y retrouverons la ferveur dans la prière, l'abnégation de soi-même, un silence absolu sur les intérêts de la terre; nous y apprendrons la soumission à Dieu, qui dirige les événements, l'amour des pauvres, la tendre et active sollicitude pour les malades, la charité non feinte pour ceux qui ne nous aiment pas, l'aménité, la franchise, la cordialité avec tous. On nous y fera connaître les sages tempéraments d'une prudence tout évangélique, qui, sans faiblesse et sans transaction aucune, nous apprend à séparer toujours l'homme de son opinion, pour conserver des rapports de bons pasteurs avec celui-là et pour respecter celle-ci tant qu'elle n'a rien de contraire à la religion et aux lois, ou pour tâcher de la redresser avec douceur si elle nous paraît dangereuse. En un mot, nous y passerons en revue la multitude de nos devoirs; nous y écouterons sur chacun d'eux le témoignage de notre conscience, afin de rapporter à Dieu la gloire qu'elle pourra nous rendre, pleurer devant lui les infidélités qu'elle nous reprochera, et nous résoudre à lui obéir désormais avec plus de générosité.

« Enfin, nous sortirons de ce nouveau cénacle après avoir formé en nous cet homme intérieur, recueilli, religieux; cet homme de prière, de saints désirs; cet homme de paix, de mansuétude, de piété, d'humilité; cet homme de Dieu, en un mot, qui ressemble à Jésus-Christ ou qui en approche. Puisse le Dieu des miséricordes exaucer ces vœux si ardents de notre cœur! »

Près de trois cents prêtres se rendirent à cet encourageant appel. M. l'abbé Tourvieille, alors curé de canton, puis supérieur d'une maison d'éducation dans le diocèse de Viviers, se chargea des discours, et Mgr le coadjuteur des conférences, où il excellait. Quand on eut entendu cette parole douce, simple, limpide et généreuse comme la pensée qu'elle exprimait, quand on eut vu s'épanouir sur cette noble figure un sourire plein de bonheur, d'affection et de pieuse confiance, les idées changèrent; on sentit s'éteindre les préventions; on vit qu'au lieu d'un sévère observateur qu'on avait eu l'injustice de chercher en lui, on ne trouvait qu'un frère, qu'un ami dévoué. Par suite de troubles graves qui avaient eu lieu à Domgermain, arrondissement de Toul, et où il y avait eu des victimes, la paroisse était restée sans pasteur; ce fut pendant cette retraite que l'on y nomma un nouveau curé; la situation de cette localité toucha les ecclésiastiques de la retraite, et ils firent entre eux une quête qui s'éleva à la somme de trois cents francs, que le curé emporta pour le soulagement des malheureuses victimes; tant il est vrai que les prêtres pauvres eux-mêmes savent s'imposer des sacrifices, se dépouiller même pour leurs infortunés compatriotes. Ce fut une source de bénédictions pour le nouveau curé, qui, muni de ce secours, arriva à Domgermain le 24 septembre et fut accueilli à cœur ouvert.

Dans cette même retraite, M. l'abbé Verdun, curé de Ferrières, dont nous avons parlé plus haut, se réconcilia avec Mgr le coadjuteur qui l'accueillit avec bonté, se soumit à ce qui lui fut prescrit, et s'engagea à ne plus écrire pour se renfermer strictement dans ses devoirs de curé.

Il n'en fallut pas davantage pour concilier en peu de temps à Mgr Donnet l'affection du clergé. Tous les prêtres sortirent de la retraite pénétrés pour lui d'estime, de respect, et de confiance dans un avenir meilleur dont le diocèse serait redevable à sa sagesse et à son expérience. Avant de se retirer, ils sentirent au-dedans d'eux-mêmes un grand changement, et tous payèrent un juste tribut d'éloges à l'adresse de l'apôtre dont la voix avait si bien trouvé le chemin des cœurs.

Dans une lettre que publia la *Gazette de Metz*, n° du 24 septembre 1835, un des prêtres qui avaient assisté à cette retraite s'exprimait ainsi : « Mgr le Coadjuteur avait convoqué une partie de son clergé au grand Séminaire : près de trois cents prêtres se sont rendus à sa voix, et là il nous a été donné de contempler de près, celui que la Providence nous a envoyé dans sa miséricorde, pour consoler nos longues douleurs et cicatriser la plaie encore saignante de notre malheureux diocèse. Mgr Donnet a présidé tous les exercices ; Sa Grandeur s'est chargée elle-même du sujet d'oraison et des conférences, et nous ne savons pas ce qu'il faut le plus admirer en elle, ou cette prodigieuse facilité d'élocution, ou cette connaissance approfondie du monde, ou cette juste appréciation de notre siècle, ou cette grâce d'esprit, ou cette fermeté de principes, cette sûreté de doctrines et cette éminente piété qui lui ont fait développer avec tant d'art les admirables voies de Dieu.

« Quant à nous, nous venons de goûter les douceurs d'une réunion de famille, et la joie rayonne aussi sur nos fronts, parce que nous ne formons plus maintenant qu'un cœur et qu'une âme. La religion avait pu gémir sur quelques divisions : des préventions, des luttes intestines, des dissentiments particuliers affligeaient les hommes de bien et glaçaient même sur nos lèvres les ardentes prières de la foi ; mais que tous se rassurent, la fraternité des mêmes affections nous réunit désormais, comme celle des croyances, et serrés autour du trône pontifical, nous n'avons plus qu'une seule ambition, celle de rivaliser de zèle, de science et de vertus, pour le bonheur de nos frères !

« En nous replaçant sur le sol que nous arrosons de nos sueurs, puissions-nous voir aussi, bientôt, ceux que des passions terrestres et des intérêts d'un moment agitent si péniblement dans cette triste arène qu'on nomme la vie, abjurer leurs divisions funestes, ne former qu'une seule famille religieuse, et se serrer cordialement la main sur la terre, en attendant l'immortelle réunion des cieux ! »

Ce langage est d'autant moins suspect que l'abbé E. Grosse, curé dans le diocèse de Nancy, et auteur de cette lettre, avait, quelques mois auparavant, écrit au sujet des affaires de ce diocèse et dans le même journal, des lettres dont la forme et le fond étaient peu convenables. Il en avait témoigné son regret et avait voulu que son respectable évêque en fût instruit. L'aveu public de ses torts indiquait une franchise et une droiture qui ne pouvaient que l'honorer davantage. « Cet éloge du moins, ajoute l'abbé Grosse dans la même lettre, ne sera point suspect dans ma bouche : puissé-je expier par là les *téméraires paroles* que j'avais laissé échapper et que votre excellent journal avait accueillies il y a quelques mois. »

Après s'être mis ainsi immédiatement en rapport avec son clergé, Mgr le coadjuteur voulut voir de près les fidèles et commença, malgré la saison avancée, la visite générale du diocèse, et là encore, il força l'estime et le respect des hommes les plus hostiles. Les journaux du temps en font foi. La neige, les glaces, le mauvais état des routes, rien ne

13*

put l'arrêter. Il visita les arrondissements de Toul, de Lunéville, de Nancy et de Château-Salins, voyageant sans prendre de repos, passant la journée à l'église où il distribuait lui-même la parole de Dieu dans chaque paroisse ; puis consacrant ses longues soirées à s'entretenir familièrement avec les curés, s'informant des besoins et de l'esprit des localités, donnant des conseils en échange des renseignements recueillis. Ces renseignements lui fournissaient pour l'ordinaire le sujet de ses allocutions du lendemain, et lui firent bientôt connaître le diocèse, comme s'il l'eût habité déjà depuis longtemps. Ses courses évangéliques laissaient partout de vives impressions dans le peuple : il semait partout sur son passage des marques de sa générosité et de son zèle. Son but est de propager la foi du Seigneur Jésus, de moraliser les hommes et de purifier les âmes. Pour Mgr Donnet, c'était une nouvelle mission qu'il entreprenait. Non seulement il montait en chaire dans le moindre village, mais il ne croyait pas s'abaisser en faisant le catéchisme aux plus petits enfants, comme on le raconte de plusieurs grands génies, Gerson, Bossuet, etc. En se dépensant ainsi chaque jour, il laissait voir sans s'en douter toutes les ressources de son intelligence et de son caractère, et se conciliait les esprits et les cœurs. Les ennemis mêmes de la religion, témoins d'un zèle qui en lui était toujours tempéré par la charité et la prudence, se virent forcés de lui accorder leur respect et d'estimer l'homme et le prêtre, tout en attaquant le culte dont il était le ministre.

Nous en trouvons un exemple dans un journal de l'opposition, sous la date du 21 juillet 1836. Là, au milieu des diatribes et des sarcasmes inspirés par les préjugés irréligieux encore si communs aujourd'hui, on trouve cet hommage involontaire à l'adresse de Mgr Donnet :

« La modération de Monseigneur le coadjuteur, sa tolérance, son tact, sont trop connus dans son diocèse, où les hommes de toutes les opinions le classent dans la catégorie de Mgr de Cheverus, dont nous déplorons la mort, qui faisait asseoir ensemble à sa table le président du consistoire et le rabbin, — pour qu'on puisse mettre en doute nos intentions bienveillantes à l'égard de M. Donnet, auquel nous avons toujours rendu justice complète... et d'ailleurs le diocèse de Nancy est aujourd'hui administré avec trop de sagesse pour que nos opinions sur le clergé en général puissent recevoir ici aucune application. » « On nous assure, disait encore le même journal, à la date du 1er septembre 1836, que le conseil général du département vient d'allouer, à titre de supplément, quatre mille francs à M. le coadjuteur du diocèse de Nancy. Si un prélat mérite une faveur spéciale, c'est assurément M. Donnet, à la tolérance et aux vertus duquel nous nous plaisons à rendre toute justice. »

Forcer ainsi l'estime des hommes aveuglés par de si tenaces et si injustes préventions, et faire rejaillir sur tout le corps du clergé diocésain la considération que l'on ne pouvait refuser à son chef, c'était un triomphe consolant, et toutefois il n'y a rien là qui étonne, quand on a vu ce qui s'était passé à Irigny, à Tours et à Villefranche ; les mêmes vertus et les mêmes qualités devaient évidemment obtenir les mêmes résultats, aussi bien en Lorraine que partout ailleurs. Seulement il agissait sur un plus grand théâtre et il avait alors proportionné sa conduite à sa position nouvelle. *Attingit à fine usquè ad finem fortiter et disponit omnia suaviter* (Sag. VIII, 1.); il s'étudiait à réaliser dans ses paroles et ses œuvres cette maxime du Sage.

Ces fruits précieux et le succès qu'obtint

sa parole éloquente et persuasive, pendant le cours de cette première visite, lui redonnèrent du courage et procurèrent à son zèle la plus douce des récompenses. La lettre pastorale qu'il publia pour le Carême de 1836, révéla en peu de mots combien il avait été touché de l'accueil fait par les fidèles à leur nouveau pasteur et de leur empressement pour écouter sa voix. Mais au lieu de s'en attribuer le mérite, il se plut avec une modestie toute chrétienne à le faire remonter jusqu'au prélat de qui il tenait sa mission : les paroles de ce mandement ne sont pas seulement un modèle de gratitude et de délicatesse de sentiments, elles donnent encore la mesure du tact exquis et de la féconde habileté avec laquelle le prélat savait aborder les sujets les plus difficiles et ménager, sans faiblesse cependant, les susceptibilités de ceux qu'il voulait ramener au respect et à la soumission, loin desquels le malheur des circonstances aurait pu les écarter.

« C'est la première fois, N. T. C. F., qu'il nous est donné de vous adresser la parole à tous, et déjà nous pouvons vous dire avec effusion de cœur que notre espérance n'a pas été vaine, et qu'il a plu à Celui de qui vient tout don parfait (Jac., 1, 17), de combler notre attente et de remplir la mesure de nos désirs. Là manière affectueuse dont nous avons été accueilli dans les diverses paroisses que nous avons visitées, l'avidité avec laquelle notre parole y a été reçue, sont un heureux présage des bénédictions que le ciel semble promettre à notre ministère au milieu de vous. Dans les villes comme dans les campagnes, *nous avons trouvé la foule sur nos pas.....* Ainsi se sont dissipées, presque aussitôt que nous nous sommes trouvé en face de vous, les inquiétudes qui avaient pu nous préoccuper à notre entrée dans ce diocèse. Nous avons reconnu avec joie et bonheur que Dieu et la religion étaient honorés dans la grande majorité de vos paroisses autant que partout ailleurs, et que, si notre ciel n'a pas toujours été sans nuages, il fallait en accuser plutôt les circonstances difficiles des derniers temps que les intentions et les volontés des hommes.

« Ah! N. T. C. F., combien ce témoignage que nous vous rendons ici dans toute la sincérité de notre cœur, sera consolant pour le vénérable titulaire qui n'a jamais cessé de s'intéresser à ce qui vous touche! C'est à son choix que nous devons l'honneur de vous apporter le don du ciel dont les évêques sont les dispensateurs; c'est lui qui a bien voulu nous appeler à son aide et nous préposer à la garde de son troupeau, devenu également nôtre par les prérogatives qu'il a sollicitées et obtenues en notre faveur du Père commun des fidèles. Si donc nous vous connaissons, si nous vous aimons, c'est à lui, après Dieu, que nous en sommes redevable; il nous est doux de lui en exprimer devant vous notre reconnaissance, et nous implorons tous les jours, de la bonté divine, les lumières et les vertus qui nous sont nécessaires pour répondre à sa confiance. »

Se trouvant à peu près maître du terrain, il aborda cette fois avec une certaine assurance la question des divisions anciennes, et sous forme de conseil, il félicite, avec une grande habileté, tous les chrétiens auxquels il s'adresse, d'avoir su résister à de coupables entraînements :

« Votre docilité seule peut préserver ce diocèse de ces cruelles collisions qui ont déchiré notre cœur dans les premiers moments où il nous fut donné d'habiter parmi vous, et dont nous pleurons encore les trop lamentables résultats. »

Après ces solennelles et touchantes protestations de fidélité et de dévouement à l'endroit de Mgr de Forbin-Janson, il est facile de présumer toute la peine de cœur que sentit Mgr Donnet lorsqu'il vit que les dissensions et les persécutions morales à l'égard du prélat, au lieu de diminuer d'intensité, étaient ravivées à chaque instant par la presse qui se servait toujours de ses vieilles armes, quoique singulièrement émoussées par l'acier des vertus de Mgr de Nancy; car, à défaut de nouveaux thèmes, on ressassait jusqu'à dix fois les anciens; on ne cessait de le poursuivre par des haines qui n'avaient plus de raison d'être, puisqu'il avait consenti par un sacrifice pénible dont on ne savait point lui tenir compte, à rester éloigné plus que jamais de son diocèse. On lui reprochait toujours et à satiété, d'avoir fait peser sur ses subordonnés le poids d'une autorité rude dans les formes, injuste ou arbitraire dans le fond, tandis que ceux qui le connaissaient savaient fort bien qu'il était impossible de réunir avec un désir très sincère du bien, avec une grande droiture de cœur, plus d'esprit, d'amabilité, de procédés bienveillants.

CHAPITRE DIXIÈME

Mgr le Coadjuteur de Nancy sait allier une indulgente
bonté à une véritable énergie. — Il maintient à son poste
contre les habitants deux fois révoltés le Curé de Domgermain, près de Toul. — Sur ses instances, le Séminaire de *Pont-à-Mousson* est rendu à sa destination.
— Il préside à la nouvelle inauguration, à la satisfaction de tout le monde. — Il installe lui-même deux
nouveaux curés dans cette petite ville. — Pour relever
les études, il ouvre dans le diocèse une *institution ecclésiastique* dont les élèves, pour de plus fortes études,
sont envoyés à Paris ou bien à l'*Université catholique*
de Malines. — Un mot sur cette Université transférée
depuis à Louvain. — Les Dames du Sacré-Cœur s'établissent à Nancy. — Deux asiles pour l'enfance sont
confiés aux *Sœurs* dites *Vatelottes*. — Il installe à Bosserville une colonie des enfants de saint Bruno. — Il
s'inscrit pour 6,000 fr. à la tête d'une souscription ouverte pour racheter ledit monastère. — Les Frères de
la Doctrine chrétienne installés dans une vaste maison achetée par le Curé de Saint-Epvre. — Le pèlerinage et l'église de Mattaincourt (Vosges) relevés. —
Sion de Vaudemont. — Ce que dit l'archevêque de
Bordeaux des frères Baillard. — Société catholique
lorraine.

Il ne faut pas croire cependant que l'esprit de douceur et de conciliation dù nouvel

évêque dégénérât en faiblesse. Toutes les fois qu'il était question du bien de l'Église ou de son autorité, ou du maintien de l'autorité épiscopale et des droits ecclésiastiques, il se montrait inflexible. Alors, si les voies de la persuasion étaient restées impuissantes, si les conseils de sa sagesse et de sa prudence étaient méconnus, il déployait au besoin une fermeté persévérante et inébranlable. L'état dés esprits dans un diocèse où le pouvoir épiscopal avait été si violemment attaqué et méprisé, devait lui fournir malheureusement plus d'une fois l'occasion d'y avoir recours.

Dans les premiers temps, il s'en présenta une où l'intervention de l'autorité civile, agissant en dehors de l'autorité épiscopale, fit éclater, entre la population et la force armée, une collision dont les suites affligèrent profondément le cœur du prélat et mirent dans tout leur jour sa prudence et sa vive charité.

Les habitants de la paroisse de Domgermain, près de Toul, mécontents, à tort ou à raison, de leur curé, avaient eu recours, pour le forcer à s'éloigner, à ces moyens de violence auxquels les commotions politiques dont on sortait à peine, les avaient en quelque sorte accoutumés. Ils osèrent ensuite demander un autre pasteur au chef du diocèse. Le prélat examina l'affaire, et ne trouvant point leurs griefs fondés, blâma leur conduite, et essaya de vains efforts pour les ramener au sentiment de leur devoir et à la soumission à son autorité.

Leur obstination ne sut pas plier devant sa justice. Le curé fut maintenu en possession de son titre ; mais, dans leur aveugle ressentiment, les habitants de Domgermain l'expulsèrent de nouveau. L'autorité civile, saisie dès lors de l'affaire, crut devoir recourir à la force. A l'approche des troupes envoyées dans la commune, les habitants se barricadèrent, une collision à jamais déplorable eut lieu, le sang coula, et de nombreuses victimes payèrent de leur vie leur obstination insensée.

A peine informé de ce malheur qui l'émut profondément, le prélat se hâta de se rendre à Domgermain ; on savait que c'était à son insu et malgré toutes ses réclamations qu'avait eu lieu l'emploi de la force armée ; on citait même une lettre dans laquelle il avait cherché à retarder ou à empêcher le recours aux mesures de rigueur. Il arriva donc dans ce village désolé, comme un ange de paix et de consolation ; il se mit à panser les blessés, à ensevelir les morts, à visiter les familles qui avaient des pertes à déplorer, et toucha leur cœur par les effusions de sa charité et de sa sympathie. Et quand il partit, il chargea sa voiture de pauvres orphelins auxquels il allait lui-même tenir lieu des pères qu'ils venaient de perdre.

Bientôt après, mettant en œuvre cette énergie qu'il sut toujours trouver en lui quand les circonstances le demandaient, il obtint un succès qui, cette fois, ne fut mêlé d'aucuns regrets. Le diocèse de Nancy fut l'un de ceux où les événements de 1830 suscitèrent contre les établissements religieux la réaction la plus violente. L'antique abbaye de Pont-à-Mousson avait été convertie en un petit séminaire; cet établissement pour lequel le diocèse avait fait de grands sacrifices d'argent, parce qu'il était le seul de ce genre dans le diocèse, était devenu très florissant. En novembre 1830, la garde nationale de cette ville, à l'imitation de la garde nationale de Metz, s'y porta avec fureur, s'en empara, en expulsa élèves et maîtres. En vertu des *libertés nouvelles,* le clergé se vit ainsi privé du seul moyen qu'il avait de se recruter et de réparer ses pertes. Les magnifiques bâtiments de cette antique abbaye de Prémontré, devenus sans emploi, furent mis entre les mains du ministre de la guerre ; ils restaient inoccupés depuis six ans, malgré les instances de l'autorité locale pour obtenir qu'on en fît le siège d'une garnison, les réparations restant à la charge de la ville.

Mgr le coadjuteur réclama pour que cet édifice fût rendu à sa première destination. On comprenait la justice d'une pareille demande ; mais, dans la crainte exagérée de blesser les préjugés mauvais de la population et de réveiller les passions endormies, il évitait d'y faire droit, opposant des lenteurs et prétextant chaque jour de nouveaux obstacles. Il cherchait à éluder ainsi les difficultés qu'il redoutait. Le zèle du prélat ne lui en laissa pas les moyens. Fort de son bon droit, mieux instruit de l'état de l'opinion et de l'art de gouverner les masses, il insista pour obtenir justice, et se rendit garant du maintien de la tranquillité et même de l'assentiment du pays. Le gouvernement promit, n'accorda rien, mais laissa faire. Dès les mois de septembre et d'octobre 1836, l'intendant militaire fit enlever le mobilier qui appartenait à l'administration de la guerre ; on fit les réparations nécessitées par les circonstances et par l'occupation militaire. L'ouverture des classes de troisième, de seconde et de rhétorique fut fixée au 15 novembre, et celle des classes inférieures au 1er décembre seulement. La prudence semblait conseiller cette rentrée partielle, et dès l'annonce qui en fut faite, deux cent cinquante jeunes gens se firent inscrire. Cette confiance du prélat dans les bonnes dispositions du pays, à l'exception de l'autorité locale qui avait menacé de se retirer, devint une garantie pour les familles auxquelles on aurait pu inspirer quelques craintes chimériques de troubles.

Au lieu de rentrer à la faveur des ténèbres dans l'établissement dont il reprenait possession au nom du diocèse, le judicieux prélat voulut donner le plus grand éclat à l'inauguration nouvelle, en la présidant lui-même. Il vint installer les professeurs et les élèves en présence d'une assemblée nombreuse qu'il avait eu soin de convoquer. Son but n'était pas seulement de donner de la publicité à l'acte de justice qu'il venait d'opérer, mais principalement de rassurer les familles sur la sécurité et l'avenir de l'établissement auquel elles confiaient de nouveau leurs enfants.

Ses prévisions ne furent point démenties. Les mauvaises passions n'osèrent même pas essayer une tentative de désordre, quoique dès la veille le maire et les adjoints eussent effectivement donné leur démission : car le prélat avait *osé,* et c'était tout pour tant d'âmes lâches qui ne sont puissantes que lorsque rien ne leur résiste. Bientôt les sentiments de la population religieuse qu'on avait comprimés reprirent le dessus, et le petit séminaire de Pont-à-Mousson dut aux soins éclairés et aux efforts de Mgr le coadjuteur, un développement et une prospérité qui se sont maintenus jusqu'aujourd'hui. Il est une circonstance providentielle que nous ne devons pas omettre ici. Quinze jours à peine après ces deux rentrées des élèves, c'est-à-dire le 3 décembre, un violent incendie éclata à Pont–à–Mousson, et menaçait de produire de grands malheurs. On vit le supérieur et tous les professeurs de l'établissement, à la tête de cent élèves des plus âgés et des plus forts, accourir les premiers sur le théâtre de cet affreux sinistre. Leur courage et leur sang-froid provoquèrent plus d'une fois les cris de satisfaction et de reconnaissance de la part de la foule qui en fut témoin; et dès ce moment, ils recouvraient aux yeux de certaines gens, le droit de cité qu'on avait voulu leur contester.

Quelque temps auparavant, une autre mesure non moins heureuse était venue tarir dans leur source toutes les causes de ces longues divisions intestines qui avaient porté le trouble à Pont-à-Mousson. Le 11 septembre 1836, Mgr le coadjuteur installait lui-même deux nouveaux curés dans cette ville : à Saint-Laurent, M. l'abbé Bourgeois qui, pour le bien de la paix et dans le désir de répondre à la confiance de Mgr Donnet, quittait une cure de canton pour cette simple succursale, plus importante, il est vrai ; et à Saint-Martin, qui était la cure, M. l'abbé Richard ; M. Fenal, vicaire, était nommé à Château-Salins. M. Masson, supérieur du grand séminaire, ayant donné sa démission, fut remplacé par M. l'abbé Boulanger, prêtre de Nancy, ancien professeur de théologie, qui consentit à prendre la direction de cet établissement, où il fut installé le vendredi 9 décembre.

Le malheur des temps avait empêché jusque-là nos évêques de donner aux études ecclésiastiques la force et l'étendue qui leur eussent été nécessaires, pour placer comme autrefois le clergé à la tête de la société pour la science, de même qu'il s'y trouvait par le dévouement et la vertu. Aussi les

vœux, les efforts et les actes de Mgr Donnet
tendirent toujours à lui redonner cette
modeste prépondérance que lui assuraient
quatorze siècles d'honneur et de gloire
dans notre beau pays de France qui, parce
qu'il lui devait tout, voulait, on ne sait trop
pourquoi, lui disputer cet honorable passé.
L'éducation de la jeunesse, cette pensée si
chère à son cœur, a toujours été l'objet de
ses plus sérieuses préoccupations, soit pendant ses missions, soit à Nancy ou à Bordeaux, comme nous le verrons en son lieu :
et il a toujours fait ce qui était en son pouvoir pour l'améliorer, c'est-à-dire la rendre
forte et chrétienne.

C'est pour cette jeunesse qu'il parvint à
ouvrir aux familles chrétiennes de la contrée, une institution ecclésiastique où de
fortes études viendraient se joindre à une
éducation vraiment religieuse. C'est sous
la direction de M. l'abbé Muguet, prêtre
aussi instruit que vertueux et qui avait
fait ses preuves depuis longtemps, qu'il
plaça cette institution dont la prospérité
et le succès constatèrent bientôt son excellente administration.

Quant aux jeunes aspirants à l'état ecclésiastique, il envoyait à Paris ou bien à
l'Université catholique de Louvain qui, à

cette époque était inaugurée sous les plus favorables auspices, ceux d'entre eux qui annonçaient d'heureuses dispositions, afin de leur procurer ainsi les moyens de perfectionner leurs études.

Puisque nous venons de nommer l'Université catholique de Louvain, devenue la sœur aînée de nos Universités catholiques de France, le lecteur nous permettra de dire ici quelques mots sur cette célèbre institution qui, à part quelques nuances de libéralisme et de traditionalisme, a jeté un assez brillant éclat dans le monde catholique.

En 1833, les évêques de Belgique formèrent le projet d'établir au sein de la nation une Université catholique, composée de cinq Facultés : théologie, philosophie et lettres, sciences mathématiques et physique, droit et médecine. Pour se conformer à un ancien usage, dans une lettre du 14 novembre 1833, ils soumirent au Saint-Père ce vaste projet. Grégoire XVI leur donna son assentiment dans un bref du 13 décembre 1833 où, après leur avoir rappelé qu'il appartient aux Pontifes romains de défendre la foi catholique et de garder pur et intact le dépôt de la saine doctrine, comme aussi de diriger les sciences sacrées qui s'enseignent publiquement dans les Universités, il les félicite de s'être conformés à l'ancien usage en vertu duquel les plus célèbres et les plus illustres Universités de l'Europe ont été érigées d'après l'avis et le consentement des mêmes pontifes; puis il leur dit : « Vous comprenez que cette Université doit être organisée de manière qu'il n'y soit dérogé en aucune façon aux droits que les Pères du Concile de Trente ont attribués à chaque évêque, de diriger l'éducation des jeunes clercs dans les séminaires et de les instruire dans les lettres et dans les sciences théologiques... »

La presse hostile et vendue s'efforça *d'éclairer*, d'échauffer et d'ameuter les esprits contre le projet de l'épiscopat belge, en disant que c'était lever un impôt pour répandre l'ultramontanisme, ouvrir la voie, le croirait-on ! à l'obscurantisme ; que d'ailleurs, c'était une entreprise inutile, et d'autres billevesées semblables.

Mais les évêques belges, forts du haut encouragement, dans une circulaire qui parut en février 1834, firent un appel au clergé et aux fidèles et leur proposèrent une souscription par actions pour couvrir les frais de cette fondation et engagèrent chacun de prendre une ou plusieurs actions, ou cotisations annuelles. On parut s'y intéresser en France. Mgr Guillon, évêque de Maroc, aumônier de la reine Marie-Amélie, souscrivit pour cinquante actions à un franc, et soixante jeunes gens des écoles de droit et de médecine à Paris souscrivirent pour soixante actions. Le siège de ce vaste établissement fut fixé au Brul, à Malines, et M. l'abbé de Ranc, professeur au grand séminaire, en fut nommé Recteur, fonction qu'il remplit avec beaucoup de distinction jusqu'à sa mort. Le collège y annexé eut pour président M. l'abbé Hermuns, ancien professeur à Thielt et curé de Vracène. L'installation de l'Université se fit avec beaucoup de pompe à la métropole, le 4 novembre 1834. Après le *Veni Creator,* on lut le décret d'érection de l'Université écrit en latin, daté du 10 juin, rendu au nom de l'archevêque et des cinq évêques suffragants et signé par eux. Le décret fut remis par Mgr de Malines au nouveau Recteur, en lui adressant une courte allocution. M. de Ranc avait fait le 30 juillet la profession de foi ordonnée par Pie IV, et promis fidélité et obéissance au corps épiscopal de Belgique. Après l'évangile il adressa lui-même à l'Assemblée un discours latin sur le nouvel établissement. Après la messe on chanta le *Te Deum,* et d'après la teneur d'une deuxième circulaire du mois de juillet, les cours commencèrent le lendemain 5 novembre avec dix-neuf élèves en théologie, venus des six diocèses, quarante pensionnaires et vingt externes pour le collège de philosophie.

La nouvelle loi sur l'enseignement pour la Belgique, votée en 1835, ne reconnaissant plus que deux Universités, l'une à Gand et l'autre à Liège, la nouvelle Université se trouvait supprimée. La régence de Louvain fit des démarches auprès de Mgr de Malines pour demander la translation de l'Université à Louvain. La ville de Malines, de son côté, insistait pour conserver cet établissement. Les évêques se réunirent à Malines, en présence de l'internonce, afin d'en conférer ensemble. On finit par tomber d'accord, et le 13 décembre intervint une convention entre l'Université catholique et la ville de Louvain qui abandonnait à la première cinq collèges : le collège du Pape, précédemment occupé par le collège philosophique, le collège des vétérans, celui attenant et servant de cabinet d'histoire naturelle, celui du Saint-Esprit, destiné à la Faculté de théologie, c'était alors le collège communal, et enfin les halles, où s'étaient données jusqu'alors

les leçons de l'Université. La ville se chargeait, en outre, des dépenses que nécessi-
terait l'appropriation des bâtiments pour
sa nouvelle destination, de fournir le
premier mobilier et de pourvoir aux réparations d'entretien. La translation et l'inauguration se firent le mardi 1er décembre 1835,
à dix heures, en l'église de Saint-Pierre, en
présence des autorités. Après l'évangile on
lut en latin l'acte de translation de Malines
à Louvain, et Mgr l'archevêque le remit au
bourgmestre. M. l'abbé de Cock, Vice-
Recteur, prononça en français un discours
sur l'alliance de la religion et de la science,
et retraça l'histoire de l'ancienne Université
de Louvain créée en 1425. Après la messe
suivie du chant du *Te Deum,* le cortège se
rendit au collège du Pape, où M. van Bockel,
bourgmestre, prononça le discours. Le règlement portait que les étudiants devaient
professer la religion catholique et en remplir les devoirs; les internes et les externes
devaient assister les dimanches et fêtes aux
offices de l'Université le matin, dans l'église
de Saint-Pierre; pour les offices de l'après-
midi, les externes étaient libres de fréquen-
ter toute autre église de la ville.

Revenons à Mgr Donnet et à ses œuvres.
L'abbé Rohrbacher, l'auteur bien connu

d'une *Histoire universelle de l'Église*, s'était
d'abord consacré à l'œuvre des missions; il
avait quitté ce ministère dans les circonstances que nous allons dire. Le coadjuteur
de Nancy, qui savait si bien deviner les
hommes, se garda bien, lorsqu'il fut installé
à Nancy, de tenir plus longtemps éloigné
du diocèse un ecclésiastique de cette taille.

Rohrbacher (René-François) était né le
27 novembre 1789, à Langatte (Meurthe),
où son père était *régent d'école,* comme on
disait alors. Il entra au grand séminaire
de Nancy le 6 août 1810, et fut ordonné
prêtre le 21 septembre 1812. Nommé vicaire de Vibersviller, où il ne passa que
six mois, son mérite reconnu le fit appeler
à un poste plus important à Lunéville. Il
quitta le ministère pour devenir missionnaire diocésain. En 1823, il fut nommé
supérieur de la maison des missionnaires.
Ses prédications eurent d'abord un certain
succès, ce qui le rendit quelque peu pré-
somptueux. Mais bientôt, par de certaines
originalités bizarres (ainsi, par exemple, des
pétards éclatant par ses ordres dans l'église
pendant un sermon sur le jugement dernier, etc.), il finit par s'aliéner l'esprit des
populations, qui ne voulurent plus entendre
parler de missions. Il fut donc obligé d'aban-

donner ce genre de ministère. Sa collaboration au *Mémorial catholique,* revue fondée par MM. de Scorbiac, de Salinis et Gerbet, et même au journal *l'Avenir,* car nous avons sous les yeux une déclaration des rédacteurs de cette feuille, du 27 novembre 1830, où nous trouvons son nom à la suite de ceux de Lacordaire, Lamennais et Gerbet, sa collaboration, dis-je, au *Mémorial,* l'avait mis en rapport avec l'abbé de Lamennais. Il s'empressa, en 1826, année où il quitta le diocèse de Nancy, d'accepter l'hospitalité à la solitude de *La Chesnaye,* propriété patrimoniale que possédait au fond de la Bretagne l'auteur de l'*Essai sur l'indifférence,* et où celui-ci, vers la fin de 1824, était allé chercher le repos et la tranquillité que la capitale lui refusait et dont il avait besoin pour achever ses travaux. Lamennais avait l'amour le plus ardent pour la cause de la sainte Église. Mais on sait aussi quel puissant empire l'orgueil et l'égoïsme exerçaient sur son esprit et sur son cœur. L'abbé Rohrbacher se lia intimement avec lui, prit part aux controverses du temps, et, sous sa direction, ébaucha son grand travail, avec cette épigraphe tirée d'Épiphane : *Le commencement de toutes choses est la sainte Église catholique.* Toutefois, malgré son intimité avec l'abbé de Lamennais, il n'attendit pas l'encyclique *Mirari vos* de Grégoire XVI pour s'en séparer; il cessa toute relation avec lui dès que Lamennais eut donné à l'Église le scandale de la rébellion et de l'apostasie. Il lui en coûta très certainement, car sa charité lui inspira plusieurs fois de faire des tentatives, ainsi que ses autres amis, pour le tirer de son égarement et le soustraire aux peines disciplinaires de l'Église; mais ses efforts restèrent infructueux.

Mgr le coadjuteur de Nancy connaissait depuis longtemps l'abbé Rohrbacher, l'appréciait même et l'estimait. Dans les circonstances où il se trouvait, il comprit l'avantage d'avoir auprès de lui un prêtre de son mérite et de pouvoir le diriger sûrement au milieu de ses travaux. Il n'hésita donc pas à lui offrir au séminaire de Nancy une généreuse hospitalité, avec le traitement d'un professeur en exercice, ce que l'abbé Rohrbacher s'empressa d'accepter avec reconnaissance. Les bibliothèques de l'évêché et de la ville, ainsi que celle du savant abbé Michel, archiprêtre, lui furent ouvertes. On se souvient peut-être des critiques dont son *Histoire générale de l'Église* fut l'objet; les plus redoutables ne furent point celles qui alimentèrent les feuilles publiques de l'époque. Celles qui se produisaient chaque jour dans les maisons religieuses semblèrent porter à l'ouvrage et à son auteur un préjudice plus notable encore que celles qui affrontaient le grand jour de la publicité. On en était venu jusqu'à jeter les hauts cris sur ce qu'on appelait les erreurs, les inexactitudes grossières de l'écrivain. Et cependant la publication de cette histoire a été pour beaucoup, très certainement, dans le mouvement d'idées qui prévalait depuis un certain nombre d'années. De fortes études sur la tradition et les travaux des Pères de l'Église, les immenses publications de l'abbé Migne, le retour en France des ordres religieux avec lesquels il s'est trouvé en rapport, les diverses monographies des papes, des ordres monastiques, ont dû singulièrement faciliter son travail.

L'auteur venait dîner régulièrement une fois par semaine à l'évêché de Nancy; il lisait à Mgr Donnet les pages qu'il avait écrites les jours précédents. On sait que le coadjuteur, bien souvent, n'était pas d'accord avec lui sur certaines appréciations. La franchise de l'abbé Rohrbacher se ressentait de la rudesse de son caractère. Il perçait toujours quelque chose de sa première éducation. Le judicieux prélat ne manquait point de lui reprocher comme bizarres, injustes même, certains rapprochements entre le passé et le présent. Mgr Donnet, entré récemment dans le corps épiscopal, ne pouvait prendre pour lui les reproches de courtisanerie, de faiblesse, qu'il adressait avec une certaine complaisance aux évêques, contre lesquels il ne pouvait dissimuler d'injustes préventions. Il ne faisait pas plus grâce à leurs intentions qu'à leurs actes, ne tenant aucun compte de la difficulté des temps, oubliant les services rendus par des hommes dont la vie entière avait été consacrée à la défense de l'Église et de ses institutions. Cette guerre à outrance à de grands génies, à des prélats consciencieux qui voyaient mieux que lui, les faits le prouvèrent plus tard, seront toujours une tache réelle dans le long, précieux, utile et important travail de l'abbé Rohrbacher.

L'abbé Rohrbacher passa les huit dernières années de sa vie au séminaire du Saint-Esprit, à Paris, où il s'était retiré et consacrait son temps à l'étude et à la révision de ses ouvrages. Il mourut dans cette maison, le 27 janvier 1856, à la suite d'une longue maladie et dans les sentiments de la plus édifiante piété.

Nous avons vu plus haut que Mgr l'évêque de Rosa pourvoyait aux besoins à venir de son clergé en préparant des sujets capables. Toutefois il ne négligeait rien pour tirer parti des ressources du moment. Il redoublait d'activité pour les mettre en œuvre et leur faire déployer toute leur valeur. Regardant les ordres religieux comme de puissants auxiliaires pour un évêque, il les appela à partager ses fatigues et à aider au succès de son ministère pastoral. Ainsi, sous ses auspices et par ses soins, les Dames du Sacré-Cœur s'établissent à Nancy pour diriger l'éducation des jeunes filles. Par son active coopération, deux asiles pour l'enfance sont fondés, et la direction en est confiée aux Sœurs de la doctrine chrétienne ou *Sœurs Vatelottes,* ainsi appelées du nom de leur premier fondateur, et dont la maison-mère est à Nancy même. Il demandait à Angers des religieuses du Bon Pasteur. Il réinstallait à Bosserville, près Nancy, une colonie d'enfants de saint Bruno, arrivant de la Grande Chartreuse. La Chartreuse de Bosserville avait été fondée le 13 janvier 1664 par le duc Charles IV de Lorraine. Les constructions, souvent interrompues à cause des guerres et des troubles de Lorraine, ne furent achevées que dans le siècle suivant, sous le duc François, qui devint empereur. Ce bel édifice, mesurant 426 pieds de façade et 138 pieds de profondeur, avait coûté 1,500,000 livres; il est bâti en amphithéâtre sur la rive droite de la Meurthe, entre Nancy et Saint-Nicolas. Après l'expulsion des Chartreux, à l'époque de la Révolution, les acquéreurs ayant fait de vaines tentatives pour utiliser ces vastes bâtiments, avaient résolu de les démolir. Ce projet effraya tous les amis du pays. Religieux ou non, ils applaudirent tous à l'idée de rétablir cet asile de piété et d'y rappeler les Chartreux. Et l'on ouvrit, chez M. le curé de la cathédrale et chez deux notaires de Nancy, une souscription pour toute la Lorraine, afin de racheter ces bâtiments. Mgr de Nancy y contribua pour une somme de 6,000 francs, et tous les journaux à l'envi recommandèrent cette œuvre. Les opinions les plus opposées se réunirent pour parler en faveur du projet. Le *Journal des Débats* s'exprimait ainsi :

« Il ne restait qu'un moyen de sauver la fondation de Charles IV, tous les autres moyens ayant échoué. Ce moyen (une souscription), qui eût été impraticable il y a quelques années, était devenu possible par le caractère tolérant et large qu'a pris l'opinion publique. Il fallait négliger quelques restes

de préjugés hostiles et repeupler franchement Bosserville de l'unique espèce d'hommes qui puisse encore aujourd'hui l'habiter.
Rappeler les Chartreux dans la Chartreuse,
pour l'empêcher d'être abattue, était un
parti dont les circonstances faisaient loi,
et qui ne doit plus choquer personne aujourd'hui, sinon quelques esprits arriérés
et intraitables. L'ordre de saint Bruno est
tout étranger à la politique; ses membres,
tout occupés des choses du ciel, restent en
dehors des querelles de la terre et n'ont
jamais été accusés d'aucune intrigue. »
Notons que ceci avait lieu en 1835. C'était
là un heureux revirement d'opinion; nous
ne devions pas omettre d'en parler.

Les Frères de la doctrine chrétienne,
soutenus exclusivement depuis 1830 par
les dons du clergé et des fidèles, voyaient
s'ouvrir pour eux, achetée des deniers du
curé de Saint-Epvre, une vaste maison à
la place de celle d'où ils avaient été si bru-
talement chassés au nom de la liberté et
du progrès des lumières; les Sœurs de
Saint-Charles et de la doctrine chrétienne
voyaient se multiplier dans les villes et
dans les campagnes leurs pieux établissements, et ne suffisaient plus aux nouvelles
demandes. MM. Baillard, frères, curé et

vicaire de Favières, près de Toul, prêtres de foi et d'action, avaient terminé le rétablissement du couvent de Mattaincourt (Vosges), et préludaient à la grande œuvre de *Sion, à Vaudemont.* Les hommes du monde qui n'attendaient qu'une impulsion, jetaient les fondements de la *Société catholique lorraine,* ou l'Alliance de la foi et des lumières, société destinée à combler un vide fâcheux et à répondre à un besoin religieux qui, dans ce genre, n'avait été nulle part complètement satisfait.

Désormais cette association *des amis des arts,* compta parmi ses membres ce qu'il y avait de plus distingué dans toutes les classes; l'esprit des associés n'était point celui d'un christianisme vague, mais bien d'une orthodoxie positive. Étrangère à tous les partis et ne voulant s'occuper de ce monde que dans ses rapports avec l'autre, la Société catholique lorraine excluait formellement la politique de son but comme de ses moyens. On peut consulter son règlement et l'on ne sera point étonné de tout le bien qu'elle a déjà pu faire et qu'elle était destinée à faire encore. Une bibliothèque littéraire et savante, créée pour l'usage des membres, était riche en documents variés, tant sérieux qu'agréables; et tous les genres de connaissances que l'on pouvait y puiser étaient pénétrés de cet esprit de religion qui, selon la pensée de Bacon, est l'indispensable *aromate* dont il faut *embaumer* les sciences pour les empêcher de se corrompre.

CHAPITRE ONZIÈME

Le gouvernement de Juillet et les hommes de l'Université tendent à rabaisser le clergé et à l'accuser d'ignorance. — Pour obvier à cette injuste dépréciation, Monseigneur le coadjuteur établit les conférences ecclésiastiques. — Leurs avantages. — Son mandement à cet effet. — Fondation d'une maison de retraite pour le clergé. — Tant d'œuvres pour raviver le règne de la foi, de la religion, de l'instruction et des bonnes mœurs, réveillent les acrimonies des ennemis de l'Église, du *Patriote* en particulier. — Ce qu'en a dit Mgr Donnet.

Sous le gouvernement de Juillet plus encore que sous la Restauration, on cherchait par tous les moyens possibles à rabaisser le clergé dans l'opinion des peuples afin de lui enlever toute influence. On accusait ici son ignorance et ses tendances rétrogrades, là son esprit de domination et d'envahissement, ailleurs son opposition à l'instruction du peuple, lui reprochant avec mauvaise foi de soulever les passions populaires contre les instituteurs laïques par des prédications fanatiques et par des provocations violentes. M. P. Fr. Dubois, député, Inspecteur général de l'Université, se faisait l'écho de toutes ces accusations dans le *Journal de l'instruction publique* en 1833. Ainsi, cet ancien rédacteur du *Globe,* organe des saint-simoniens, qui avait annoncé avec tant de mépris la chute du christianisme, disait lui-même dans une allocution aux élèves du collège de Rennes, en 1831, qu'ils assisteraient sans doute aux *funérailles d'un grand culte,* et assignait pour caractère général au jeune clergé *l'abaissement de l'intelligence,* la grossièreté et l'ignorance : « S'il est un mal qui frappe d'impuissance le clergé catholique, disait-il, c'est qu'il ait été forcé d'appeler en hâte dans ses rangs une adolescence grossière passée au village, ce sont des études précipitées en deux ou trois ans, un noviciat de philosophie et de théologie sans préparation suffisante, une ignorance absolue des sciences, de la géographie, de l'histoire, même de l'histoire sacrée ; tel a été, ajoute-t-il, on peut le dire, sous la Restauration, le caractère général du jeune clergé. » Il en excepte le séminaire de Saint-

Sulpice, et deux ou trois maisons de Jésuites. Il ne faisait point grâce aux petits séminaires, et à l'exception de ceux de Beauvais et du Mans qu'il mentionne avec honneur, auxquels il avait oublié sans doute de joindre le petit séminaire de Saint-Nicolas à Paris, dirigé alors par M. l'abbé Frère, il dénonçait comme singulièrement arriéré, beaucoup plus qu'il ne l'était réellement, l'enseignement qui s'y donnait ; ce qui l'amenait à former des vœux peu sincères, nous le croyons, pour l'amélioration des études dans les petits séminaires. Et à part deux prélats qu'il cite et qu'il regarde comme les seuls qui se soient occupés de cet objet, il reproche à tous les autres, et c'est là ce qu'il avait à cœur de déclarer, qu'*entraînés dans le tourbillon politique,* ils étaient restés *sourds aux plaintes de M. La Mennais, de M. le baron d'Eckstein et de quelques autres catholiques* (il eût pu joindre aussi M. l'abbé Bautain) *contre la faiblesse* et les *lacunes* des études dans les petits séminaires. *Et, pendant que de toutes parts la jeunesse s'élançait vers de fortes études, le clergé se renfermait dans ses vertus, et croyait n'avoir pas besoin de la recommandation du savoir pour gouverner la morale populaire.*

Ce tableau fantastique et ces reproches, aussi injustes qu'impolis, ne manquaient point d'une certaine habileté de la part de l'Inspecteur de l'Université ; c'était le moyen de rehausser les études des établissements universitaires et de ruiner le niveau de l'enseignement dans les séminaires. Et cependant M. Dubois devait ignorer moins qu'un autre ce qui se passait au sein des écoles ecclésiastiques, où dans un très grand nombre on avait fait sous la Restauration et l'on continuait de faire, sous le régime de Juillet, d'heureux efforts pour le progrès des études ; le cercle de l'enseignement s'y était considérablement agrandi, et dans plusieurs, les études étaient plus fortes que dans les écoles de l'Université. Les petits séminaires étaient donc, sous ce rapport, dans une meilleure situation qu'il ne le supposait. S'il avait visité les diocèses, il aurait trouvé dans le clergé des ecclésiastiques pleins d'esprit, de pénétration et d'ardeur, avides de s'instruire ; il aurait trouvé dans les séminaires de province des jeunes gens qui assurément n'avaient rien de grossier ni de rustique, et qui, par leur application et par leurs progrès, n'eussent pas fait honte à nos meilleures écoles. Il n'était pas de diocèse qui ne pût lui présenter des sujets plus ou moins distingués par le succès de leurs études et par d'heureuses dispositions, tantôt pour la chaire, tantôt pour l'enseignement, tantôt pour quelque partie des sciences ecclésiastiques. Sous la Restauration nos évêques avaient tellement compris *où se trouve pour la religion la véritable force,* aussi bien que l'utilité *de la science pour appui de la foi,* que dès le commencement ils réclamèrent et obtinrent la liberté de l'enseignement dans les petits séminaires et formèrent de nouveaux établissements, avec l'approbation de l'État. Ce qui est si vrai qu'on leur reprocha depuis d'en avoir trop créé, et que ce fut un des prétextes invoqués par les libéraux pour crier contre les envahissements du clergé, prétendant que les évêques voulaient s'emparer de l'instruction. Par quelle flagrante contradiction M. Dubois osait-il les accuser, en face de ce même public, d'avoir négligé cette instruction ?

M. l'Inspecteur n'était pas davantage dans le vrai quand il voulait faire croire que, sous la Restauration, les évêques n'étaient occupés que de politique et nullement de la surveillance des études dans leurs séminaires. Pour un petit nombre de prélats que leurs places à la cour ou leurs titres de pairs appelaient dans la capitale, les trois quarts y vinrent à peine une fois pendant les quinze années de la Restauration et n'y firent qu'un court séjour, tel que Mgr d'Aviau, archevêque de Bordeaux ; ils restaient dans leurs diocèses, loin du *tourbillon de la politique,* s'occupant de tous les détails de l'administration et de la direction du clergé et des fidèles confiés à leur sollicitude.

Quoi qu'il en soit, sous Louis-Philippe, nos évêques comprirent la gravité de ces reproches et se tinrent plus que jamais dans leurs diocèses. Et ici encore nouvel écueil : ils étaient accusés, dans les sphères gouvernementales, de bouder le pouvoir. Ils s'appliquèrent à donner une plus forte impulsion aux études cléricales ; et lorsque le dévouement du clergé, pendant l'épidémie de 1832, eut réconcilié ce dernier avec les populations, sans s'être concertés, ils réorganisèrent les conférences ecclésiastiques dans chaque canton. Et c'est là sans contredit une des plus belles institutions de l'Église dans les temps modernes. Elles sont aujourd'hui en vigueur sur presque tous les points de la France, et les avantages qui en résultent pour le clergé et le peuple, ont une immense portée.

Les conférences ecclésiastiques sont destinées en premier lieu à ranimer le goût du travail et à favoriser la culture des sciences ecclésiastiques. Dans un siècle si infatué de ses lumières et de ses progrès, le sacerdoce ne finirait-il pas par déchoir complètement dans l'opinion publique, s'il avait à rougir de son infériorité devant la présomptueuse science des gens du monde ? Or, ces réunions ecclésiastiques empêchent l'ignorance d'envahir le sanctuaire : elles sont un foyer de lumières, un centre d'intelligences variées où chacun apporte le fruit de ses études, les résultats de ses recherches et de ses observations, en sorte que tous les membres qui y prennent une part active, profitant du tribut de capacité et d'érudition mis en commun, peuvent atteindre à un degré de science convenable, se placer au niveau des connaissances qui sont le partage des classes éclairées et suivre de près le progrès dans les sciences ; elles deviennent un véritable cours d'études profondes et de saines doctrines. D'ailleurs, au milieu du mouvement scientifique qui emporte la société, le clergé ne saurait rester stationnaire ; il doit se souvenir que dans tous les temps et chez toutes les nations, il a devancé ou dirigé l'essor des esprits et exercé

la royauté de l'intelligence. Un second avantage des conférences, c'est d'offrir aux pasteurs les moyens de se concerter relativement à l'administration de leurs paroisses.
Saint Paul, quoique divinement inspiré,
vint à Jérusalem pour consulter saint
Pierre, saint Jacques et les autres apôtres
assemblés, et conférer avec eux des intérêts
de l'Église naissante. Or, qui pourrait soutenir que de nos jours, le concert entre les
différents membres du clergé soit moins indispensable pour le bon gouvernement des
paroisses, à une époque surtout où le changement inouï des hommes et des choses
nous a créé une position qui n'a point
d'analogie ni d'antécédent dans l'histoire,
et a compliqué de tant d'embarras et de
difficultés le gouvernement des esprits?
N'est-il pas nécessaire de se voir pour examiner les besoins des populations, aviser
aux moyens d'y pourvoir, arrêter des résolutions communes, former un ensemble de
vues et établir un système d'unité parmi les
pasteurs d'une contrée? En dehors des conférences, qui pourrait produire cet heureux
et si désirable résultat? Combien de jeunes
prêtres, improvisés pasteurs à l'âge de
25 ans, par suite du malheur des temps,
ont su profiter des lumières de leurs doctes

voisins, dans ces assemblées où conseils, talents, vertus et doctrines se trouvaient à la fois réunis ? La théorie peut s'apprendre dans les livres ; mais la pratique, science beaucoup plus difficile, ne s'apprend que dans les entretiens avec ces vénérés pasteurs, qui ont à bon droit la réputation d'administrateurs habiles...

Un troisième avantage, c'est de resserrer entre les membres d'un clergé qui aujourd'hui n'est presque jamais homogène, les liens de cette belle union qui fait toute leur force et leur consolation, jusque dans le dernier âge. Il suffit souvent de se rencontrer et de s'entendre pour dissiper bien des préventions, et rapprocher des cœurs quelquefois divisés. C'est là que, se voyant de plus près, on apprend à mieux se connaître, à s'estimer et à se chérir mutuellement, et alors on ne se quitte plus qu'avec des sentiments d'amitié réciproque et le désir de se revoir bientôt. Enfin, un dernier avantage, c'est de présenter le moyen le plus efficace pour entretenir parmi les prêtres l'amour des vertus et des devoirs de leur sublime vocation. Saint Vincent de Paul, ici le grand maître ès-arts, les regardait déjà comme le seul qui pût guérir les maux du clergé de son temps. La même conviction a

déterminé nos prélats français à en favoriser de tous leurs efforts la formation,
pour mieux seconder le développement de
l'esprit ecclésiastique. Quel beau spectacle
en effet que celui de ces réunions où des
ecclésiastiques travaillent en commun à
s'éclairer, à s'encourager, à s'aimer et à
s'édifier mutuellement par la pratique des
vertus sacerdotales !...

Mgr de Forbin-Janson avait essayé, en
1830, dans le diocèse de Nancy, le rétablissement des conférences ecclésiastiques,
mais les graves événements politiques de
cette année arrêtèrent, dès le début, la réalisation d'un si intéressant projet. Lorsque le
calme se fut un peu rétabli dans la nation, et
après de douloureuses épreuves où le clergé
avait déployé en face de ses amis et de ses
adversaires les efforts d'un dévouement à
toute épreuve, envers ceux mêmes qui naguère l'eussent chassé de tous les points
de la France, le temps paraissait favorable,
et une réunion de prêtres dont on connaî-
trait le but, ne pouvait qu'édifier et réjouir.
C'est alors que Mgr Donnet reprit la grande
œuvre des conférences ecclésiastiques et
s'appliqua à les constituer sur des bases durables. Il publia un mandement à cet effet ;
il y expliqua toute sa pensée, les motifs et

les avantages d'une semblable institution.
« Quel moyen avons-nous, disait-il,
après que le cours des études spéciales
est terminé, de conserver et d'accroître
la masse des connaissances acquises? Ce
moyen, c'est surtout l'institution et la pratique des conférences. Tous ne sont pas au
même degré prophètes, docteurs, évangé-
listes, mais chacun a sa mesure de grâces
et de talents. Dieu, qui en est l'auteur, et
qui les distribue selon son bon plaisir, en
nous ordonnant de faire valoir les nôtres,
veut aussi que nous profitions de l'expérience de nos frères, par un commerce
de conseils, d'exemples et de services. »

Déclarant que le moment est venu de travailler en pleine liberté à la régénération des
peuples; que, pour en arriver là, il ne faut
pas craindre la fatigue et la peine, mais aller
aux sources de la science, compulser les
principaux ouvrages où nos devanciers ont
consigné les résultats de leurs observations
et les leçons de leur expérience, il ajoute:

« Grâce à l'esprit pacificateur, dont le
souffle bienfaisant a ravivé toutes vos paroisses, disait le pieux prélat, le temps n'est
plus où le clergé était en butte à d'injustes
soupçons, et où la réunion de trois ou quatre
prêtres pouvait paraître, à des esprits pré-

venus, une machination ténébreuse. C'est au grand jour de la publicité que nous voulons agir, et déjà les peuples aiment à comprendre qu'ils n'ont pas d'amis plus sincères et plus dévoués que leurs pasteurs.

« Il n'y a donc, dans notre entreprise, ni précipitation, ni témérité; d'ailleurs, elle répond, messieurs, à votre désir général, et généralise, au moins dans les dispositions essentielles, l'ordonnance du 15 avril 1830 (de Mgr de Forbin–Janson); enfin elle sera pour vous tous la source des plus douces consolations et des secours les plus salutaires dans les fonctions pénibles du ministère pastoral. »

Puis, en quelques mots, il énumère les principaux avantages de ces conférences, selon les aperçus que nous venons de donner. Il termine par ces encourageantes paroles : « Grâce au bon esprit qui vous anime, messieurs, nous obtiendrons de vos conférences ces résultats si désirables. Vous conserverez surtout avec soin l'unité de l'esprit dans le lien de la paix. Les plus distingués par leurs talents ou par leur position seront les premiers à se faire *tout à tous* (I Cor., IX, 22), et à *prévenir d'honneur* leurs confrères (Rom., XII, 10). Les anciens seront vénérés comme des maîtres et des pères; ils donneront de leur côté aux plus jeunes des témoignages de leur intérêt et de leur affection. Chacun recevra avec empressement la tâche qui lui adviendra, et il la remplira avec une noble émulation. En un mot, vous n'oublierez jamais que l'affabilité, la douceur et les égards réciproques doivent distinguer les enfants des Mansuy (disciple de saint Pierre), des Gauzelin (évêque de Toul), des Gérard (id.) et des Léon, ces premiers apôtres de la paix et de l'union dans nos contrées : *Filii sapientiæ, ecclesia justorum, et natio illorum obedientia et dilectio* (Eccli., III, 1).

Quand Mgr de Rosa stimulait ainsi le zèle de ses coopérateurs pour le bien des fidèles et de la religion, il leur en donnait le premier l'exemple. Les soins et les embarras d'une administration considérable et difficile n'absorbaient pas tellement son temps, qu'il n'en ménageât une bonne partie pour la consacrer aux travaux du ministère pastoral. Ainsi on le vit souvent occuper la chaire évangélique et prêcher en même temps la station du carême à la cathédrale de Nancy et à Lunéville, trouvant dans son zèle et dans son infatigable activité, le moyen de suffire à cette double tâche. Les écoles étaient assidûment visitées, les pauvres de tous les hôpitaux évangélisés, et il était rare qu'un mois s'écoulât sans qu'il n'offrît lui-même le sacrifice de la Messe dans quelqu'une des maisons d'arrêt de la ville épiscopale. On ne peut se faire une idée de l'ascendant qu'il savait prendre sur cette classe d'infortunés, et de l'impression que ses paroles brûlantes laissaient dans leurs cœurs. Les élèves du collège royal étaient aussi un des objets de son affectueuse prédilection ; il les visitait souvent, et son nom était toujours prononcé avec respect et amour par les maîtres comme par les élèves de cet établissement. Aucun détail ne lui échappait, et il n'était pas une communauté religieuse dont il ne connût le personnel, les attributions même de chacun des membres qui la composaient.

En demandant à son clergé un dévouement à toute épreuve, il s'occupait de son côté des moyens de préparer et d'assurer une douce et paisible retraite à ceux d'entre ses membres que l'épuisement de leurs forces, les maladies ou la vieillesse éloignaient de la carrière pastorale. Pour atteindre ce but, il lui fut donné de réunir les premiers éléments d'un chapitre de vieux prêtres à Notre-Dame de Bon Secours. Sa pieuse sollicitude pour les anciens du sacerdoce ne devait point se borner à leur procurer un asile. Par une de ces délicates attentions qui révèlent à la fois et son expérience des hommes et toutes les ressources de sa belle âme, il s'arrangea pour que cet asile les attachât, en y réunissant tout ce qui peut se prêter aux goûts, aux exigences même que fait naître la vieillesse. L'établissement s'élevait lorsqu'il dut quitter la Lorraine; il laissait à son successeur le soin de mettre la dernière main à une œuvre qui fut une des gloires de son épiscopat, et d'installer les anciens du sanctuaire dans cet honorable asile.

Tant d'utiles institutions, tous ces soins et tous ces efforts pour rendre à la religion l'influence et le pouvoir dont le malheur des temps l'avait dépouillée, au grand détriment de la véritable civilisation et du bien-être des peuples, frappèrent les ennemis de cette religion et réveillèrent leurs mesquines et jalouses susceptibilités. L'attention du coadjuteur à éviter dans son administration ce qui aurait heurté inutilement les hommes et les choses, la bienveillance et les égards qu'il témoignait dans tous ses rapports, sa charité universelle avaient calmé d'abord ces susceptibilités; mais quand ceux qu'elles dominaient s'aperçurent que, tout en évitant de blesser qui que ce fût au monde, Mgr Donnet marchait fermement vers son but, et que le triomphe des intérêts religieux et moraux était en définitive le résultat de cette conduite si pleine d'énergie et de modération, leur haine pour la religion éclatait de nouveau par quelques attaques contre celui qui s'en rendait le si digne promoteur, et le *Patriote*, journal qui depuis longtemps s'en faisait le malheureux écho, exhalait son dépit de la manière suivante :

« Tous les hommes de bonne foi conviendront que M. de Forbin-Janson, dans ses furibondes prédications, dans ses missions extravagantes, n'avait jamais et n'aurait jamais pu atteindre le but que la faction sacerdotale se proposait. Il était réservé à son successeur de faire avec des formes plus polies ce que la fureur du Jésuite ne pouvait réaliser. En effet, Mgr l'évêque de Rosa *in partibus infidelium,* depuis son arrivée parmi nous, a acquis pour son diocèse, d'abord la Chartreuse pour les Chartreux, puis Turique pour les filles repenties, puis un vaste bâtiment près de Bon Secours pour les vieux prêtres, puis le petit séminaire de la ville de Pont-à-Mousson, puis une capucinière pour les Ignorantins, et voici venir un établissement immense dont il jette les fondements sur la montagne de Sion pour une institution agricole... »

Ces récriminations des ennemis de la religion contenaient un bel éloge et constataient à la fois la grandeur et le nombre des travaux du coadjuteur, ainsi que leurs succès.

Mgr l'archevêque de Bordeaux, écrivant le 30 juillet 1873 à M. l'abbé Guillaume, chanoine de Nancy, lui rappelait en quelques mots les différentes œuvres que le *Patriote* censurait avec tant d'hypocrisie et de mauvaise foi.

« ... J'ai conduit en 1836, lui disait-il, de nombreux pèlerins sur votre sainte montagne; j'y ai célébré la messe en plein air, assisté de Mgr Menjaud, alors mon grand-vicaire, et du vénérable doyen de Vézelise, pour lequel j'obtins quelques jours après, du gouvernement, le titre de curé de première classe et que je fis chanoine honoraire de Nancy. Je dois rapporter à cette occasion que les trois frères Baillard, qui ont été plus tard un sujet de peine pour mes successeurs, étaient les grands zélateurs de la belle œuvre que je m'efforçais de ressusciter. Le curé de Favières surtout, jouissait de l'estime générale. Il avait admirablement réussi dans la construction de l'église de Mattaincourt et du bâtiment qu'occupent les Oblats à Sion. Le bruit que firent dans toute la Lorraine le rétablissement de ce pèlerinage et l'installation des Chartreux à Bosserville, me valut d'une part, une très bonne lettre de Grégoire XVI, de l'autre, les diatribes violentes du *Patriote de la Meurthe...* »

CHAPITRE DOUZIÈME

Monseigneur le coadjuteur de Nancy intervient pour amener un rapprochement entre M. l'abbé Bautain et Mgr Le Pappe de Trevern, évêque de Strasbourg. — Détails sur la Société Bautain, dite *Congrégation de Saint-Louis*. — Le chef de cette Société se convertit par les soins et les prières de Mlle L. Humann. — Sa vocation au sacerdoce se declare. — Il est ordonné prêtre par Mgr l'évêque de Strasbourg. — Des jeunes gens qui suivaient son cours de philosophie, convertis par lui, se mettent sous sa direction. — Leurs noms — Ils sont ordonnés prêtres par le même évêque. — M. Baut..in et ses amis sont placés à la tête du petit séminaire de Strasbourg, dit *Collège de Saint-Louis*. — *La Philosophie du christianisme* ou correspondance de M. Bautain avec ses amis, publiée par M. de Bonnechose, suscite des inquietudes et des alarmes au sein du clergé et des catholiques, à cause de nombreuses erreurs que contenait cet ouvrage. — Mgr de Strasbourg l'examine. — *Son avertissement.* — Les six propositions sur lesquelles il demande une declaration formelle à tous les membres de son clergé. — M. Bautain hésite à signer, se défend et finit par refuser sa signature. — Monseigneur lui retire à lui et à ses amis la direction de son petit séminaire — Mgr Donnet essaie de les reconcilier avec leur évêque; mais il échoue dans sa mission de paix, parce que l'abbé Bautain ne satisfit point par ses réponses Mgr de

Strasbourg. — Les collaborateurs de M. Bautain fondent à Strasbourg un pensionnat sous le nom d'*Institution de la Toussaint,* et une grande école primaire. — Le Recteur ne leur est pas favorable; ils sont toujours en désaccord avec leur évêque et se décident à quitter Strasbourg. — L'abbé Bautain part pour Rome, où il évite une condamnation par sa soumission. — A son retour il fait la paix avec son évêque. — Mgr Donnet, qui ne cessa de porter intérêt à *MM. de Saint-Louis,* devient leur intermédiaire auprès de MM. de Scorbiac et de Salinis, directeurs du collège de Juilly (Seine-et-Marne), dont la direction est remise à M. Bautain et à ses amis à partir du 18 avril 1841. — Ils font leurs vœux solennels à Juilly; et bientôt il se fait une désorganisation de la Société, par le départ de plusieurs de ses membres. — La direction du collège passe en d'autres mains.

Lorsque le curé de Villefranche fut installé coadjuteur de Nancy, il y avait depuis quelques années à Strasbourg, diocèse limitrophe que nous avons perdu, hélas! et sous la direction d'un ecclésiastique distingué, orateur, philosophe, écrivain, et revêtu du triple diplôme de docteur ès-lettres, en médecine et en théologie, une *société de prêtres* qui, parce qu'ils promettaient à la cause catholique les plus précieux appuis, avaient été honorés de prime abord de la confiance de Mgr Le Pappe de Trevern, alors évêque de ce diocèse. Mais cette confiance, ils ne tardèrent pas à la perdre en émettant, publiant et soutenant des opinions plus que téméraires, que le

vénéré prélat se vit obligé de condamner.
Et ces prêtres, leur chef surtout, allèrent
jusqu'à refuser opiniâtrement de se soumettre au jugement de leur premier pasteur
et père. Dès son arrivée à Nancy, Mgr Donnet eut connaissance de cette pénible affaire,
et après s'en être bien rendu compte, il
essaya d'amener à une conciliation le chef
de cette société l'abbé Bautain.

Louis-Eugène-Marie Bautain était né à
Paris, le 17 février 1796; ses parents le
mirent d'abord dans une pension, place de
l'Estrapade, et pour des études plus avan-
cées le firent admettre en 1813 au lycée
Charlemagne dont il suivit les cours sous
M. Villemain et dont il devint l'un des
élèves les plus distingués. Se destinant à la
carrière de l'enseignement, il n'avait que
dix-huit ans lorsqu'il entra en 1814, après
de brillantes études classiques, à l'*École
normale,* où il eut pour condisciple *Jouffroy*
et pour maître *Cousin,* qui remarqua son
précoce talent. En effet, au mois de mars de
la même année 1814, il fut reçu bachelier,
licencié en juin 1815, et docteur ès-lettres en
août 1816. Il prit pour titre de sa thèse littéraire la *satire,* et pour celle de philosophie
le *phénoménisme* et le *réalisme.* Aussi Royer-
Collard et Cousin, ses maîtres, crurent

entrevoir dans la personne de ce précoce docteur un futur et brillant successeur dans leurs chaires. A vingt ans, le 12 octobre 1816, il fut envoyé à Strasbourg en qualité de professeur de philosophie au collège royal. Jeune, spirituel, plein d'ardeur et d'entrain, il débuta avec éclat; deux mois à peine après avoir reçu le titre définitif de sa chaire au collège, le 31 octobre 1817, il fut chargé de l'enseignement de la philosophie à la faculté des lettres.

Le succès de ses leçons fut prodigieux et leur influence immense sur l'esprit de la jeunesse, et cependant la transition paraissait périlleuse, surtout pour un débutant; mais l'épreuve ne fut qu'un jeu pour M. Bautain, il s'en tira avec honneur, et ce fut à qui se presserait autour de la chaire du nouveau professeur. C'est qu'il avait tout ce qui séduit un auditoire et le maîtrise. Dans sa chaire et au milieu du monde tout souriait au jeune homme. Mais, hélas! le brillant élève de l'École normale avait abandonné la pratique de la religion; sa foi du moins, sinon éteinte, était voilée et endormie dans son âme. Toutefois, en grandissant et se déclarant *libre-penseur*, il n'avait pas dit son dernier mot. Imbu de l'esprit de l'École normale, c'est-à-dire de *l'éclectisme*, aux vacances de 1817-1818, attiré sur la rive droite du Rhin, il visita les plus célèbres philosophes des universités allemandes. Sous leur influence, il entreprit pour l'année scolaire 1818-1819 un cours de morale transcendante, ce qui accrut encore l'intérêt de son cours. Il se ménageait si peu que paraissant épuisé, un jour il s'interrompit tout à coup au milieu de son cours comme frappé de mutisme, et pâlit, comme un homme pris de vertige sans pouvoir même achever. C'était un acheminement ménagé par Dieu vers sa conversion. Condamné au repos, il prit un congé en mars 1819 et vint à Paris auprès de sa famille et de ses amis. A la rentrée d'octobre il voulut reprendre son cours; mais au bout d'un mois il lui fallut renoncer à tout effort et traîner à travers le monde un esprit épuisé et un corps languissant. Il fut réduit à ne rien faire pour avoir voulu trop faire; il fut enseveli dans ce que le monde appela son triomphe, ne pouvant plus penser, parler ni écrire. Ne digérant plus, ne dormant plus, la tête souffrant au moindre effort d'attention ou de pensée, sa vie paraissait finie sur la terre et il eut la pensée criminelle d'en briser la trame.

Mlle Madeleine-Louise Humann, sœur

du ministre des finances de Louis-Philippe, née le 27 septembre 1766 à Fossenheim, village situé à quelques lieues de Strasbourg, d'une famille aux mœurs patriarcales et chrétiennes, fut l'instrument béni dont le Seigneur se servit pour instruire, relever et sauver le jeune philosophe réduit à une sorte d'anéantissement moral autant que physique.

Mlle Humann, de concert avec M^m Thérèse Breck, veuve d'un ingénieur militaire français, qu'elle connut en 1785, fonda le 25 août 1803, un pensionnat de jeunes filles à Mayence, où elle avait été attirée par son directeur l'abbé Joseph-Louis Colmar, qui en était devenu évêque. Ce pensionnat eut un grand succès. Mgr Colmar étant mort le 15 décembre 1818, rien n'attachait plus Mlle Humann à Mayence; elle prit le parti de rentrer en France, patrie qu'elle n'avait cessé d'aimer, et vint avec son amie Mme Breck et son fils Jean-Marie Breck décédé plus tard à Juilly, s'installer à Strasbourg chez son beau-frère M. Carl; elle était venue chercher là une retraite pour se préparer à la mort [1].

[1] Pendant l'hiver de 1822-1823, Mlle Humann fit acquisition dans la rue de La Toussaint à Strasbourg, d'une maison propre et modeste, dans laquelle

Prenant les eaux de Baden qu'on lui avait conseillées en lui vantant leur efficacité, il fut présenté le 15 août 1820 par un jeune homme de Strasbourg qu'il connaissait, à Mme Georges Humann qui se trouvait aux mêmes eaux, et qui avait auprès d'elle sa sœur Louise Humann. Il s'attendait à trouver en cette dernière une espèce de bas-bleu, ce qui lui souriait fort peu ; aussi fut-il agréablement surpris de se voir en présence d'une personne très simple, très

le professeur, comme on le nommait toujours, vint demeurer auprès de sa mère spirituelle, de Mme Breck et de son fils, jeune homme au cœur d'or, à la foi vive, ayant la raison et la timidité d'un enfant qu'il conserva sous les cheveux blancs. Cette maison fut disposée à l'intention du professeur, d'une manière confortable, avec une simplicité élégante et de bon goût. Un petit jardin tenait à la maison. Le train du ménage était celui de la bonne bourgeoisie, sans luxe, mais du meilleur ton. M. l'abbé Martin de Noirlieu, prêtre pieux, d'une intelligence élevée et d'une grande activité d'esprit, venait d'être nommé par Mgr Tharin, sous-précepteur du duc de Bordeaux. Passant par Strasbourg et voulant connaître le jeune professeur dont tout Paris s'entretenait, il fut reçu par M. Bautain dans la maison de Mlle Humann, en juillet 1826. L'ancien aumônier de l'École polytechnique fut étonné, ravi de ce qu'il lui fut donné de voir et d'observer dans ce *cénacle*, nom qu'il donna depuis à cette réunion, et devint bientôt un ami de la famille de la rue de La Toussaint. Il y revint.

digne en ses manières, parlant peu, toujours avec calme, sans prétention aucune, mais avec beaucoup de sens et de netteté ; il sortit ravi de l'entretien qu'il avait eu avec elle sur la philosophie. Car elle s'était liée en Allemagne avec les principaux écrivains de l'époque, ou avait lu leurs ouvrages, non pas comme font la plupart des femmes légères d'aujourd'hui, mais la plume à la main pour se rendre compte de leurs pensées, et au besoin les développer et les rectifier même. C'était donc une bonne fortune pour M. Bautain, qui avait un faible pour la philosophie allemande. Mlle Humann avait alors cinquante-quatre ans et le docte professeur vingt-cinq. Si cette digne fille n'eût été que philosophe, celui-ci se fût indigné d'être dominé par une femme. Mais c'était avant tout une femme chrétienne, ce qui est la perfection de son sexe ; sa bonté avait saisi son cœur, son intelligence éclairé la sienne, et son affection ouvrant à sa parole la porte de son esprit, disposait M. Bautain à l'écouter avec bonheur. C'était comme une nouvelle école dont personne ne lui avait encore parlé. Aussi devint-elle pour lui une mère spirituelle, une mère en esprit et en vérité comme la grâce les forme et comme Dieu les donne aux âmes qu'il veut sauver.

Quand on se vit réuni à Strasbourg, les entretiens philosophiques se continuèrent. Au lieu d'aller en société, le professeur revenait tous les soirs pour reprendre, sous sa direction, ses entretiens et ses lectures, car elle avait senti ses incertitudes et ses découragements et dirigeait les entretiens en conséquence. Un jour, dans la petite communauté de ces dames, il tomba en défaillance, car sa santé était loin d'être rétablie. On lui donna les soins les plus empressés, et puis on le questionna sur son régime et sa vie matérielle de tous les jours. Comme on y vit des lacunes, on lui proposa de venir partager les repas de la maison, c'était là une occasion de le soigner mieux et de causer plus au long ; l'offre fut acceptée avec reconnaissance. Jusque-là on ne l'avait regardé que comme un honnête païen, n'étant chrétien ni en spéculation ni en pratique, et ne voyant pas la nécessité de l'être ; s'imaginant que la philosophie était supérieure à toutes les religions, symboles dégénérés de la vérité absolue. Voilà ce qui avait percé dans les discussions et les entretiens. Quant à Mme Humann, elle exposait avec calme et tout simplement ce qu'elle voyait, pensait ou croyait ; et en l'écoutant il finissait presque toujours, à son insu, par être de son avis; aussi, presque sans s'en apercevoir, le professeur devint disciple. Quand les entretiens philosophiques eurent roulé un peu de temps sur le terrain religieux, le nouveau disciple acquit la conviction que la doctrine chrétienne est le couronnement, ou, si l'on veut, le dernier mot de la philosophie, et que l'homme sincère qui aime la vérité et désire la voir dans sa pureté pour s'y soumettre pleinement et la mettre en pratique quoi qu'il lui en coûte, la trouvera dans l'Évangile, livre divin, et dans l'enseignement de l'Église instituée par Dieu pour l'annoncer au monde. On le voit, le nouveau disciple était devenu philosophe chrétien en principe ou en puissance : il ne restait plus qu'à le devenir en acte et par la réalité de la vie. Le temps pascal approchait, on vint à parler de ce que l'Église impose à tous les fidèles à cette époque. M. Bautain ne redoutait pas la confession elle-même, mais il passait à Strasbourg pour un ennemi de l'Église; où et comment trouver un prêtre qui n'eût pas de préventions à son sujet ? Mlle Humann lui proposa pour la première fois d'aller faire sa confession générale en pays étranger, sous prétexte d'un voyage de plaisir. Et ce fut à Einsiedeln, ou Notre-Dame des Ermites en Suisse, qu'il redevint chrétien complet par l'absolution reçue et sa participation à l'adorable Eucharistie. Son cœur surabondait de la joie la plus pure.

Que la Providence est admirable dans ses voies! Qui ne serait touché et édifié de voir cette série de circonstances et d'événements qui tendaient tous au même but et que le ciel faisait naître afin d'arriver à ses fins, la conversion de cet autre Augustin, qui rencontra sous ses pas une autre Monique, dans la personne de Mlle Humann, et un saint Ambroise auprès de Mgr Le Pappe de Trevern, évêque de Strasbourg! *Attingit à fine usquè ad finem fortiter et disponit omnia suaviter* (Sap. VIII, 1). Sans doute ces récits pourront paraître sinon un hors-d'œuvre, mais du moins occupant une trop large place dans la vie de l'archevêque de Bordeaux. Mais hélas! en considérant le nombre des philosophes éclectiques qui s'est accru depuis l'abbé Bautain d'une manière si alarmante, qui ne se sentirait disposé à tout tenter pour essayer de jeter quelques lumières dans ces esprits égarés par une fausse science! Leur mettre sous les yeux l'exemple de l'un d'eux, n'est-ce pas entrer dans les vues de Dieu, et pouvions-nous, lorsqu'une si favorable occasion se présentait, passer sous silence les égarements du philosophe de Strasbourg et de ses amis, et surtout les moyens si intelligents mis en œuvre pour le ramener à la vraie lumière de l'Évangile ? On nous comprendra facilement, et nos lecteurs n'hésiteront pas, nous l'espérons, à nous savoir gré d'avoir présenté une lumière aux philosophes qui nous liront. Dans les détails qui vont suivre, nous aurons des choses graves à dire ; mais l'histoire a un bandeau de glace sur le front, elle ne doit pas passer sous silence les déviations.

M. Bautain reprit son enseignement à la Faculté des lettres et au collège, pour l'année scolaire 1820-1821, année où il fut admis, pour sa nourriture seulement, auprès de Mlle Humann et de Mme Breck, vieilles amies qui ne s'étaient pas quittées depuis 1797. Aux vacances suivantes on se retrouva à Baden, où M. Cousin, avec qui M. Bautain était resté très lié, vint mêler sa brillante parole aux causeries philosophiques de la petite société. Pendant l'année scolaire 1821-1822, il fit à l'Académie un cours de *Métaphysique*, qu'il remplaça à Pâques, sous l'inspiration de Mlle Humann, par un cours de *Psychologie*, ce qui

provoqua des rumeurs de diverses sortes
dans la ville; on lui attribuait des propositions hasardées et des hardiesses qui in-
quiétèrent les autorités religieuses, civiles
et militaires. Pendant l'été de 1822, M. Bu-
dan de Saint-Laurent, inspecteur général
de l'Université, fut envoyé de Paris afin
d'assister à ce cours; à la fin de la leçon,
il blâma publiquement, devant tout son
auditoire, l'enseignement du professeur
dont la doctrine et la méthode toute nouvelle menaient aux plus désastreuses consé-
quences, en enlevant toute base à la croyance
religieuse, puisqu'elles niaient la portée de
la raison pour la certitude. Ce fut pendant
les vacances qui suivirent cet éclat, en septembre 1822, que M. Bautain, calme et toujours mieux préparé, se rendit à Einsiedeln,
c'est-à-dire après deux ans d'action et de
soins de la part de Mme Humann. Et ce fut
après le grand acte accompli là, que l'é-
preuve arriva. Par suite de la visite de
l'inspecteur, le grand-maître de l'Université fit donner à M. Bautain l'avis qu'il
était destitué de sa chaire au Collége royal
et que son cours à la Faculté des lettres
était suspendu. Ce silence imposé au professeur, on devait s'y attendre, ne fit qu'accroître l'influence qu'il exerçait sur la jeu-

nesse. A peine commençait-il à vivre chez Mlle Humann, dans la maison de la rue de *La Toussaint,* de cette vie de famille spirituelle, qu'il vit arriver à lui des élèves de son cours public interrompu, pour lui demander de leur accorder un cours privé dans sa maison. Ce cours fut ouvert le 13 mai 1823, et se continua jusqu'en 1824, où M. Ordinaire, alors recteur de l'Académie, l'autorisa à remonter dans sa chaire. Son cours privé fut suivi par une foule de jeunes gens de divers pays et de religions différentes, des Français, des Allemands, des Anglais, des Russes, des catholiques, des protestants, des grecs schismatiques et des juifs, ce qui donna un caractère tout particulier à la vie de ce philosophe devenu fervent chrétien. Quant à l'école philosophique, elle dura six années, de 1823 jusqu'à la fin de 1828, époque où tous les membres de la société entrant dans les ordres, elle se trouva transformée en *communauté,* en famille religieuse.

En effet, après avoir fait avec Mlle Humann et M. Carl un pèlerinage à Marienthal, près Haguenau, où il communia pour consulter Dieu sur sa vocation, M. Bautain se mit à son retour, le 16 août 1827, à la disposition de son évêque, qui l'envoya à Molsheim, sa maison de campagne, transformée par lui, sous le nom de *petite Sorbonne,* en maison des hautes études. Isidore Goschler l'y avait précédé déjà. Après quelques mois d'épreuves, M. Bautain reçut les ordres mineurs et le sous-diaconat; il se trouva ainsi engagé pour toujours au service de Jésus-Christ et de son Église. Il fut ordonné prêtre le 20 décembre 1828, en même temps que l'abbé Carl, et il reprit son cours à la Faculté. Inspiré désormais par l'esprit sacerdotal, sa parole plus pénétrante devint aussi plus féconde. Sa chaire se transforma en une véritable *école,* et il la vit entourée de jeunes gens d'élite qui cherchaient la vraie sagesse dans la philosophie chrétienne.

De leur côté, ses amis, après avoir terminé leurs études académiques et pris leurs grades dans les lettres, les sciences, le droit et la médecine, se mirent, comme leur maître, entre les mains de leur évêque, qui les envoya aussi à Molsheim, pour s'y préparer au sacerdoce sous la direction d'un ecclésiastique habile, et le vénérable prélat les ordonna tous successivement. C'étaient, par ordre de date :

1° L'abbé *Carl,* Georges-Adolphe, le premier et le modèle de ses disciples. Il boitait, par suite d'une chute due à la négligence de sa nourrice. Il était né à Strasbourg en 1804, était neveu par sa mère de Mme Humann, docteur ès-lettres et en médecine. Dans sa thèse pour le doctorat en médecine, il vengea la médecine du reproche de *matérialisme*, et le lendemain, il échangea la robe de docteur contre l'habit des clercs à Molsheim. Juif de naissance, il fit abjuration le 14 avril 1827 et se rendit digne de tous les respects par la simplicité de sa foi, l'humilité de son cœur et la générosité de sa belle âme.

2° Théodore *Ratisbonne*, né le 28 décembre 1802, juif de naissance, de l'ancienne famille des Cerfbeer [1], cousin germain de Meyerbeer, allié aux Fould et aux Rothschild, frère de Marie-Alphonse, converti si merveilleusement à Rome le 20 janvier 1842 et décédé le 6 mai 1884, à Jérusalem, à l'âge

---

1. En exécution d'un vœu que les professeurs de *Saint-Louis* avaient fait pendant le choléra, ils élevèrent dans le Séminaire-collège, en l'honneur de la très sainte Vierge et à leurs frais, une chapelle dont la première pierre fut posée le 19 mars 1833 et qui fut terminée en 1834. Et, chose digne de remarque, la partie de cet établissement qui devenait chapelle, était précisément la première maison juive de Strasbourg, celle des Cerfbeer, famille maternelle des abbés Ratisbonne.

de 72 ans. Théodore fut baptisé le 14 avril 1827; lors du départ de la communauté *de Saint-Louis* de la ville de Strasbourg, il la quitta pour se vouer au ministère des âmes et à la conversion des juifs. Il fonda dans ce but la Congrégation des religieuses et la Société des prêtres de Sion et l'Association des Mères chrétiennes. Son père, riche banquier, était président de la synagogue de Strasbourg. Théodore est mort à Jérusalem le 10 janvier 1884, à l'âge de 82 ans.

3° Jules *Level*, israélite, né à Nancy, en 1802, avocat à la cour royale de cette ville, abjura le 2 février 1827, fut ordonné prêtre en 1830, devint docteur en théologie et supérieur de Saint-Louis-des-Français, à Rome. Jules Level, Théodore Ratisbonne et Isidore Goschler furent baptisés dans le petit salon de Mlle Humann, afin de conserver le secret encore nécessaire vis-à-vis des familles et du public.

4° Nestor *Level*, frère du précédent, né à Nancy, en 1804, attaché d'abord au corps du colonel Fabvier dans l'expédition de Grèce, fut ordonné prêtre en 1832. Les deux frères moururent tous deux à *Saint-Louis-des-Français*, à Rome.

5° Eugène *de Regny*, fils de l'intendant général des finances de la Grèce, sous le roi Othon, né à Gênes en 1804. Venu à Paris en 1824, c'est-à-dire en un temps où il était de bon ton, dans la société de maintenir les traditions voltairiennes et de laisser les pratiques de la religion au peuple, Regny prit et tint la résolution de garder intactes son innocence et sa foi. Ordonné prêtre en 1833, il devint, à Juilly, aumônier du pensionnat des *Dames de Saint-Louis* et supérieur de cette congrégation, fondée en 1841 par M. Bautain, avec le concours de Mme veuve de Vaux, qui en est encore aujourd'hui supérieure générale ; il était chanoine honoraire de Verdun et de Meaux, et mourut à Juilly, en janvier 1884.

6° Le baron Adrien *de Reinach-Werth*, descendant d'une des plus anciennes et plus nobles maisons de l'Alsace, né en 1804, chevalier de Malte, ordonné prêtre en 1834.

7° Isidore *Goschler*, le quatrième quoiqu'il soit placé ici le septième ; israélite, né en 1804, d'abord avocat, puis professeur de philosophie au collège de Besançon, ordonné prêtre en 1830 ; il abjura le 2 juin 1827, prit pour sujet de sa thèse de doctorat en théologie, en 1839, *l'athéisme*.

8° Jacques *Mertian*, aujourd'hui curé de Juilly, fils d'un banquier de Strasbourg et héritier des vertus chrétiennes de sa famille, né en 1806, élève de Saint-Acheul, ordonné prêtre en 1832.

9° Alphonse *Gratry*, de l'Oratoire et de l'Académie française, né à Lille en 1805, ancien élève de l'École polytechnique, quitta la communauté à son départ de l'Alsace pour relever le collège Stanislas, devenir ensuite aumônier de l'École normale, et seconder enfin, en 1852, dans la grande œuvre de la restauration de l'*Oratoire*, les PP. Pététot, ancien curé de Saint-Roch, de Valroger, chanoine de Bayeux, et autres.

10° Le plus célèbre de tous, Henri-Marie-Gaston *de Bonnechose*, né à Paris en 1809; en 1830 il résigna ses fonctions d'avocat général à la cour de Besançon pour venir à Strasbourg suivre les leçons de M. Bautain et *recevoir la lumière et la vie de la foi par sa parole*; ce sont ses propres expressions dans une lettre qui parut dans la *Revue européenne*. Ordonné prêtre en 1834, il fut sacré évêque de Carcassonne en 1848, transféré à Évreux en 1854, archevêque de Rouen en 1858, cardinal en 1863, mourut à Rouen le 27 octobre 1883.

L'abbé Mabile avait été envoyé auprès de M. Bautain par le cardinal de Rohan, archevêque de Besançon, pour suivre son cours et se préparer à prendre plus tard la direction d'une *petite Sorbonne* que le cardinal se proposait de fonder aussi dans son diocèse. Mais l'abbé Mabile ne passa que quelques semaines dans la *communauté de Saint-Louis,* du 31 octobre au 16 décembre 1832. Comme il n'adopta pas le système philosophique du supérieur, dangereux sous plus d'un rapport, système auquel on faisait plier la science divine et humaine et que l'on cherchait à faire prédominer par toute sorte de moyens et d'intrigues, on ne pouvait plus s'entendre; il fallut se séparer.

Pour la rentrée des classes, en 1829, Mgr de Strasbourg eut la pensée de nommer l'abbé Isidore Goschler, professeur de philosophie en son *collège épiscopal,* ou petit séminaire de *Saint-Louis;* comme on lui observa qu'il ne consentirait pas à travailler, seul de sa compagnie, dans un milieu qui lui était peu favorable, on consentit à les prendre tous pour la direction de cette maison, composée de deux cents élèves internes. L'abbé Bautain accepta et voulut répondre à la confiance du vénérable prélat par la gratuité de son concours et de celui de ses amis. Il fut nommé supérieur sans être tenu de résider dans l'établissement; l'abbé Carl en fut réellement le directeur, et l'abbé Jules Level économe. L'abbé Goschler, qui était pour lors professeur de philosophie au collège de Besançon, ne put occuper la chaire de philosophie du *collège Saint-Louis* de Strasbourg qu'à la rentrée des classes, en 1830; MM. de Bonnechose et Gratry se partagèrent la classe de rhétorique, et les classes d'humanités et de grammaire furent confiées à MM. Ratisbonne, de Regny, Nestor Level, de Garsignies, décédé évêque de Soissons, et plus tard Mabile qui vint s'adjoindre à eux et mourut sur le siège de Versailles. Vers ce même temps l'abbé Gratry, laissé sans carrière déterminée par suite de l'expulsion des Rédemptoristes de leur couvent de Bischemberg, vint avec joie se réunir à ses amis.

Quatre ans s'étaient à peine écoulés depuis que ces messieurs étaient à la tête de la maison *de Saint-Louis,* lorsque commença pour leur supérieur une série d'épreuves, dont, à ce qu'il paraît, il avait eu déjà le pressentiment; c'est du moins lui qui nous l'apprend, page 388 de son ouvrage *la Chrétienne de nos jours;* temps d'épreuves qui se prolongea pendant six ans.

Dans le courant de l'année 1834, M. l'abbé de Bonnechose, décédé récemment archevêque de Rouen, et son plus ardent disciple, publia, sous le titre de *Philosophie du chris-*

lianisme, la correspondance de M. Bautain avec ses disciples, où le maître leur exposait toute sa doctrine. L'ouvrage eut du retentissement et fut l'objet d'une polémique ardente. On lui reprochait son traditionalisme et sa haine de la *scolastique* et de l'enseignement des séminaires. Il fut accusé de vouloir annuler la raison et la réduire au scepticisme en livrant l'homme à une foi aveugle et en excluant la discussion et le raisonnement des études religieuses. L'alarme et de graves inquiétudes se répandirent au sein des catholiques et du clergé au sujet de l'enseignement de *Messieurs de Saint-Louis* [1]; Mgr Le Pappe de Trevern ne put rester indifférent; il se fit un devoir d'examiner le livre, qui lui fut présenté; il y fit un extrait de six propositions, et le 15 septembre de la même année 1834, dans un *avertissement* qu'il adressa au clergé et aux fidèles de son diocèse, où M. Bautain était signalé comme un novateur dangereux et condamné, il formula six questions contradictoires sur lesquelles il exigea de tous les prêtres une déclaration expresse. L'abbé

[1] M. l'abbé Mertian dit lui-même (*l'Abbé Bautain,* page 180) : « La doctrine philosophique du professeur de philosophie n'était pas en odeur de sainteté parmi le commun des fidèles... »

Bautain se défendit, discuta, et, mis en demeure de se prononcer, il refusa de se soumettre à la déclaration, s'en référant au jugement de l'Église. Étrange faux-fuyant emprunté aux jansénistes!

Et ici, qu'on nous permette d'évoquer un de nos souvenirs. C'était pendant la semaine qui suivit la clôture du concile de Paris, le 28 septembre 1849; nous faisions une excursion à Paris en compagnie de M. Bautain. Dans notre entretien avec le supérieur de Juilly, nous nous réjouissions de voir enfin renaître les conciles provinciaux en France, et nous exprimions la conviction que désormais, pour répondre aux prescriptions du concile de Trente, la province de Paris s'assemblerait régulièrement tous les trois ans en concile ou tout au moins en synode; et M. Bautain de nous répondre immédiatement avec une sorte d'humeur : *Il y en a bien assez comme cela!* C'est sa parole brève, mais exacte. Et de suite nous abordâmes un autre sujet.

Mgr de Strasbourg, peu satisfait de l'opposition qu'il rencontrait, ne put moins faire que de remettre en d'autres mains l'administration de son petit séminaire et d'interdire à *Messieurs de Saint-Louis* la prédication et la confession.

17*

Le 5 octobre 1834, ces messieurs en reçurent l'avis. Le 6, après avoir rendu les comptes de quatre années de gestion, ils se retiraient rue de *La Toussaint*, 17, dans une maison qui, dès 1828, avait été achetée au nom de l'abbé Carl.

Les choses se compliquèrent, et la *société Bautain*, ayant perdu la confiance de son évêque, ne pouvait espérer de rentrer dans ses bonnes grâces qu'en se soumettant sans condition, comme tous les autres prêtres du diocèse, à ses prescriptions et selon la teneur de l'*avertissement*. Les amis de *Messieurs de Saint-Louis* essayèrent d'amener un rapprochement avec le premier pasteur; et comme on connaissait le tact et l'habileté de Mgr le coadjuteur de Nancy sous ce rapport et le succès inespéré que ses supérieurs l'avaient vu obtenir à Irigny et à Villefranche, ils essayèrent de l'intéresser à une conciliation si importante. Mgr Donnet promit, et pendant les trois ou quatre jours qu'il passa à Strasbourg, il employa son bienveillant concours; mais la fatuité du supérieur dans ses résistances et un fantôme de soumission paralysèrent les bons effets de la négociation.

Le préfet du Bas-Rhin, M. Choppin d'Arnouville, dont nous avons eu le fils pour élève au collège de Juilly, essaya à son tour d'amener l'évêque à composition. On sera étonné sans doute de voir l'autorité civile intervenir en pareille matière. Il nous paraît bon d'en expliquer les raisons. Depuis longtemps déjà, ces Messieurs sollicitaient la place d'aumônier au collège de Strasbourg. En 1833, l'emploi fut demandé pour l'abbé Goschler. En 1834, le ministre de l'instruction publique chargea le recteur de l'Académie de Strasbourg de prier Mgr de Trevern de rendre les pouvoirs à l'abbé de Bonnechose pour qu'on pût le nommer aumônier du collège. Et depuis, le ministre réitéra sa proposition. M. Bautain et ses disciples se virent en quelque sorte obligés de consentir à une formule de déclaration qu'ils signèrent le 18 novembre 1835, au soir. Nous notons cette heure parce que le lendemain cette déclaration était connue à Paris. Mgr de Strasbourg stipula, au moment de la signature, qu'avant de recevoir des pouvoirs pour leurs élèves seulement, M. Bautain et ses amis se présenteraient à l'évêché pour subir un examen sur la théologie. L'abbé de Bonnechose, dont on attendait la nomination au collège d'un jour à l'autre, s'empressa d'aller subir son examen, et le préfet de se rendre avec le plus grand empressement auprès du prélat pour le presser d'accorder les pouvoirs.

Mais quelques jours après son examen, l'abbé de Bonnechose alla sans façon à la cathédrale entendre les confessions de quelques personnes ; c'était la veille de Noël. Il paraît, en effet, que ces messieurs continuaient, malgré l'interdit qui pesait sur eux, d'entendre leurs pénitents, mais sans leur donner l'absolution. C'était alors de notoriété. Le futur aumônier, mandé à l'évêché pour répondre sur ce fait inouï, répondit qu'il avait agi de bonne foi, croyant que, l'examen subi, les pouvoirs devaient lui revenir de plein droit, comme si un tel pouvoir pouvait se présumer. En outre, M. de Bonnechose, dans des lettres du 16 décembre insérées dans le *Semeur* du 19, journal protestant, crut devoir expliquer la déclaration du 20 novembre de façon à faire naître des doutes sur cet acte important. Alors Mgr de Trevern leur retira leurs pouvoirs pour leurs élèves, déclarant qu'ils resteront sous cet interdit jusqu'à ce qu'ils aient réparé, par une adhésion pure et simple à l'*avertissement* du 15 septembre 1834 sur la philosophie de M. Bautain, les nouveaux torts qu'ils venaient de se donner.

Pour une autre raison, l'emploi d'aumônier au collège échappa à l'abbé de Bonnechose. L'abbé Delahaye, qui en était titulaire depuis neuf ans, n'avait démérité en aucune façon; il avait toute la confiance et l'affection des élèves, toutes les sympathies du proviseur et des autres fonctionnaires de l'établissement. Jamais aucune plainte n'avait été portée contre lui par les proviseurs qui s'étaient succédé; jamais même, depuis qu'il avait été question de le remplacer, aucun renseignement n'avait été demandé sur son compte. Pour toutes ces raisons, l'abbé Delahaye réclama auprès du ministre contre la mesure projetée, mesure qui eût été prise contre toutes les règles universitaires et dans l'intérêt d'une coterie. D'ailleurs les familles, indignées, firent entendre de vives réclamations, et l'abbé Delahaye fut maintenu dans ses fonctions.

Les collaborateurs du supérieur disgracié s'en consolèrent en ouvrant, sous le titre d'*Institution de La Toussaint,* du nom de la rue où l'abbé Carl avait acheté en leur nom la maison du numéro 17, vis-à-vis celle de Mlle Humann, un pensionnat dont l'abbé Carl, assisté de MM. Goschler, de Bonnechose, Gratry, Jules et Nestor Level et de Reinach, prit la direction; et en même temps ils se décidèrent à créer, non loin de

là, une grande école primaire qui devait
être la pépinière et la succursale du premier
établissement. Elle fut confiée à MM. de
Regny et Mertian, auxquels l'abbé Ratisbonne voulut s'adjoindre. Ils étaient à
l'œuvre depuis plus de quatre ans, lorsque
le recteur de l'Académie de Strasbourg, par
des exigences arbitraires et jalouses, fit
preuve de dispositions hostiles à leur égard.
Ainsi, à partir de la rentrée scolaire de 1838,
malgré l'énergie des protestations de l'abbé
Carl, directeur, et l'influence de ses protecteurs, les élèves de seconde et de rhétorique
de l'institution de *La Toussaint* furent obligés de suivre les cours du collège royal.
Atteints désormais dans leur liberté vitale,
dans leur droit le plus cher à leurs cœurs
de prêtres et de citoyens, et surtout dési-
rant mettre un terme à cet état de *suspects*
où ils se voyaient aux yeux du clergé d'Alsace et de lutte et de résistance vis-à-vis
de leur évêque qui les avait comblés des
marques de sa confiance et de son affection,
l'abbé Bautain et ses amis songèrent à se
séparer de leurs enfants et à quitter Strasbourg, où cependant bien des liens les attachaient. Mais auparavant le supérieur, sur
l'avis du P. Lacordaire, se rendit à Rome,
et adhéra aux propositions que les cardi-

naux Lambruschini et Mezzofanti lui firent
souscrire au nom de Grégoire XVI. Il fit, le
8 septembre 1840, la paix avec Mgr de Trevern[1] par une nouvelle déclaration qu'il
signa entre les mains de Mgr Rœss, devenu
coadjuteur de Strasbourg. Ce fut dans ces
conditions que Mgr Donnet crut devoir intervenir de nouveau en leur faveur, et cette
fois avec succès, auprès de MM. de Scorbiac
et de Salinis, directeurs du collège de Juilly.
Les conditions de la cession du collège furent
débattues pendant les vacances de 1840, et
le 7 octobre elle s'opéra, selon le mode usité
depuis 1815, sous la forme de l'admission
de MM. Bautain, de Bonnechose, Ratis-

[1] Mgr Le Pappe de Trevern (Jean-François-Marie),
né à Morlaix le 22 octobre 1754, entra en 1775 au
séminaire de Saint-Magloire, à Paris, où il fit
quatre ans de théologie, suivit le cours de la Sorbonne, fut reçu docteur et ordonné prêtre en 1784.
Nommé vicaire général de Mgr de la Luzerne,
évêque de Langres, il refusa le serment à la constitution civile du clergé et se réfugia en Angleterre,
quitta Londres pour faire en Autriche l'éducation
du prince Paul Esterhazy ; en 1822, il fit à Strasbourg des conférences qui eurent un grand succès.
Nommé évêque d'Aix en 1823, il fut transféré sur
le siège de Strasbourg en 1827, reçut en 1828 le
titre de conseiller d'État. On lui donna un coadjuteur en 1840. Il se retira à Marlenhein, où il mourut le 27 août 1842, à l'âge de quatre-vingt-huit ans.

bonne, Jules Level, etc., en qualité de nouveaux membres de la *Société tontinière*.

A partir du 18 avril 1841, la direction générale du collège fut remise à M. l'abbé Carl, remplaçant M. l'abbé de Scorbiac comme chef d'institution ; la direction des études fut confiée à M. l'abbé Goschler et l'administration à M. Jules Level; MM. de Bonnechose, Ratisbonne, Nestor Level, de Regny, Mertian et le baron de Reinach durent concourir à la gestion et à la direction spirituelle de la maison, et M. Bautain aider ses amis de ses conseils et de son expérience. Mais, au bout de quelques mois, il ne paraissait même plus que de loin en loin à Juilly. Le souvenir de ses démêlés avec l'évêque de Strasbourg et aussi l'*Institution des Dames de Saint-Louis*, qui était venue se grouper autour du collège, et dont la supérieure avec quelques sœurs y étaient en permanence, pour le service de la lingerie et de l'infirmerie, furent autant de causes qui, à tort ou à raison, jetèrent des inquiétudes au sein des familles. Comme dans le même temps nous étions devenu vicaire de Dammartin, curé d'Othis, et que l'on connaissait notre affection pour Juilly, plusieurs familles nous firent part de leurs graves scrupules à ce sujet. Les nouveaux directeurs eurent donc pour premier soin de conquérir la confiance des familles par un enseignement hors de toute critique et un dévouement à toute épreuve.

La sollicitude éclairée de la nouvelle Société pour tous les intérêts du collège ne devait pas lui faire perdre de vue les garanties de sa propre existence. Dès l'année 1842, elle s'occupa d'assurer son avenir par la consécration religieuse de ses membres et l'approbation canonique de ses règles. Déjà le 16 mai 1832, ces messieurs avaient signé chez Mlle Humann et sur ses instances, un acte d'union qui établissait entre eux une sorte de famille spirituelle. Le 16 septembre 1842, une messe solennelle fut célébrée dans la chapelle du parc à Juilly, par le supérieur, et, avant la communion, MM. Bautain, Carl, Goschler, Jules et Nestor Level, de Regny et Mertian s'engagèrent « par des vœux perpétuels à garder en leur communauté l'obéissance, la pauvreté et la chasteté, et à travailler particulièrement à l'instruction du peuple et à l'éducation cléricale, le tout suivant le genre de vie usité dans cette communauté ».

Le 3 octobre suivant, M. l'abbé de Bonnechose et M. de Reinach prononçaient les mêmes vœux entre les mains du supérieur, et le 24 du même mois avait lieu l'ouverture solennelle des cours et de l'école de théologie de Juilly, sous la présidence du délégué de Mgr Allou évêque de Meaux, M. l'abbé Pruneau, vicaire général et ancien supérieur du grand séminaire. Cette école, qui subsista jusqu'à la révolution de 1848, eut d'abord pour professeur de dogme M. l'abbé Delsol, lazariste, puis M. l'abbé Carl. C'était toujours grave pour un évêque de consentir à imposer les mains à des jeunes gens qui n'avaient pas été formés sous ses yeux. Ce fut la réflexion qu'on se fit alors et depuis, surtout lorsqu'on se rappelait les amères critiques de *Messieurs de Saint-Louis* contre l'enseignement des séminaires. Le choix des directeurs de séminaires a toujours été une question capitale ; ce choix ne devient-il pas illusoire quand la direction des séminaires est confiée à des congrégations religieuses, où, après un noviciat de quelques années, à vingt-cinq ou trente ans, et sans avoir connu d'autre âme que la sienne, on se trouve chargé de décider des vocations ecclésiastiques ?...

En 1843, M. l'abbé de Bonnechose, après avoir prêché la station du carême à Cambrai, avait commencé celle de l'Avent à Rome même, lorsqu'il fut nommé supérieur de *Saint-Louis-des-Français*. M. Bautain le chargea alors de reprendre, de concert avec M. de Latour-Maubourg, notre ambassadeur, le projet dont s'était déjà occupé M. de Salinis, d'y fonder une école des hautes études ecclésiastiques, et de soumettre en même temps à l'examen de la Congrégation des Évêques et Réguliers, les constitutions de leur société commune, à laquelle il avait donné le nom de *Congrégation de Saint-Louis*.

En janvier 1846, M. Nestor Level, censeur à Juilly, ayant vu son autorité méconnue, dans la division des grands enivrés par la *fumée du tabac*, réclama des mesures de rigueur, que M. Goschler, nouveau directeur, ne crut pas devoir prendre ; afin d'éviter tout conflit d'autorité, il résigna ses fonctions et partit avec l'agrément du supérieur pour prendre à Rome ses grades théologiques ; il y mourut plus tard. Ces retraites successives furent le prélude de séparations douloureuses. M. Goschler, à son tour, se fit relever de ses vœux, en 1847, afin de remplacer l'abbé Gratry dans la direction du collège Stanislas ; quelques mois plus tard, l'abbé Jules Level demanda les mêmes dispenses lorsqu'il fut nommé supérieur de *Saint-Louis-des-Français,* en remplacement de l'abbé de Bonnechose, nommé évêque de Carcassonne. Enfin arriva la Révolution de février qui mit fin à l'instance en reconnaissance des statuts de la Congrégation de Saint-Louis ; l'abandon de l'école de théologie suivit de près la prompte désorganisation d'une société religieuse qui manquait absolument des éléments nécessaires que recherchent surtout les vrais fondateurs d'ordres.

L'abbé Carl, directeur de Juilly, lutta pendant sept ans encore contre tous les obstacles, et lorsque l'âge et les infirmités lui eurent fait sentir le besoin de repos, il résolut, d'après l'avis de l'abbé Bautain et de ses coassociés, d'assurer l'avenir du collège à la direction duquel il avait consacré vingt-cinq ans d'une vie toute de science, de piété et de vertu. Juilly devint alors, en 1864, la propriété commune de tous ses enfants, et ses destinées furent remises entre les mains de ses anciens élèves; M. l'abbé Maricourt, un des élèves de théologie de la maison, prit la direction du collège. Depuis, les Pères Oratoriens de M. l'abbé Petétot ayant bien voulu se charger de cette direction, c'est le P. Olivier qui est aujourd'hui supérieur de Juilly.

CHAPITRE TREIZIÈME

Juilly. — L'abbaye. — Le collège dit *Académie royale*, défendu par la population en 1789 et 1793. — Après la Terreur, quatre Pères oratoriens s'en rendent adjudicataires et en reprennent la direction. — La propriété est mise entre les mains d'une *Société tontinière*. — Une désorganisation menace l'avenir du collège. — MM. de Scorbiac et de Salinis prennent d'abord l'administration du collège comme membres adjoints à la *Société tontinière*, puis ils en deviennent seuls propriétaires. — Leur forte et sage administration. — Ils relèvent les ruines du collège et le rendent florissant. — La maison de Thieux. — La revue : *l'Université catholique.* — Inquiétudes des directeurs sur l'avenir du collège. — Ils échouent dans les projets tentés pour perpétuer leur œuvre et leur plan d'étude. — L'abbé Foisset, les Sulpiciens. — MM. de Scorbiac et de Salinis sont mis par Mgr Donnet pour la cession du collège en rapport avec Messieurs du collège de *La Toussaint*, à Strasbourg. — Détails sur MM. de Salinis et de Scorbiac. — L'abbé Bautain et ses amis s'installent à Juilly. — Pour se consoler et se distraire, MM. de Scorbiac et de Salinis vont à Rome. — Projet pour l'établissement de Saint-Louis-des-Français. — M. de Salinis proposé pour la coadjutorerie de Troyes et pour le siège d'Angers. — Mgr Donnet leur offre à tous deux des lettres de Vicaire-général. — Ils acceptent et viennent se fixer à Bordeaux. — L'abbé de

Salinis professeur d'Écriture-Sainte à la Faculté de théologie. — Son cours, son enseignement, la direction des âmes, l'apostolat du salon. — La sagesse de ses vues au sein du Conseil archiépiscopal. — Sa mort. — L'abbé de Scorbiac chargé des missions diocésaines dans le diocèse de Bordeaux. — Il y dirige un pensionnat de jeunes filles. — Sa mort. — Pieux souvenirs d'un ancien professeur du collège pour ses maîtres et ses collègues.

Nous avons perdu de vue pour un instant MM. de Scorbiac et de Salinis, mais avec l'intention formelle de leur réserver quelques pages à la suite du chapitre que les circonstances nous forçaient de consacrer à Juilly. Notre tâche nous paraîtrait incomplète si nous ne faisions pas connaître plus amplement aux lecteurs, ces deux ecclésiastiques qui ont occupé un rang si distingué au sein du clergé français, pendant une bonne moitié de notre XIXᵉ siècle. Et comme Mgr Donnet leur avait conservé un affectueux souvenir, depuis qu'il leur avait présenté M. Bautain et ses amis comme dignes de continuer leur œuvre et celle des Oratoriens à Juilly, on se réjouira avec nous de les voir, en quittant leur cher Juilly, s'installer à Bordeaux, pour se mettre entièrement à la disposition de l'éminent archevêque. Mais avant de raconter par quelles circonstances MM. de Scorbiac et de Salinis furent amenés à recueillir et à continuer l'œuvre des Oratoriens, et de dire leurs soins incessants pour en faire revivre les gloires, donnons quelques notions sur Juilly, son abbaye, son collège de fondation royale, ses principaux maîtres et les diverses phases dans lesquelles il est entré à la suite des années.

Juilly (*Juliacum*), dénomination qui lui vient sans doute de quelque camp de Jules César situé dans les environs, est un village à la porte de Paris, au canton de Dammartin (Seine-et-Marne), et en l'Ile de France. Une pensée toute chrétienne préside à son passé.

On y voit d'abord une simple chapelle consacrée à la mémoire et au culte de sa patronne sainte Geneviève, puis une abbaye de chanoines réguliers de Saint-Augustin. Juilly reste ainsi pendant plus de douze cents ans l'asile de la charité, de la prière et de la pénitence, connu de Dieu plus que des hommes, et préparant un trésor de bénédictions et de grâces sur le collège destiné à remplacer l'abbaye. A côté de la petite chapelle de Sainte-Geneviève, s'éleva en 1182 une vaste église sous l'invocation de la bienheureuse Vierge Marie, construite pour se consoler à la suite de la mort de son fils unique Guillaume, par un seigneur du lieu nommé *Foucauld de Saint-Denis*, église qui, après bien des restaurations, devint la chapelle intérieure du collège, où nous avons imploré tant de fois le secours d'en haut pour le succès de notre enseignement auprès des élèves qui nous étaient confiés.

Le pieux fondateur établit, pour desservir l'église, des chanoines réguliers de Saint-Augustin, qu'il fit venir de l'abbaye de Chaage, à Meaux. En 1184 il sollicita de Simon Ier, évêque de Meaux, l'érection de l'église en abbaye ; deux ans après, le 4 juillet 1186, il lui assignait un domaine et les revenus nécessaires à l'existence des religieux, auxquels l'évêque de Meaux avait imposé la règle de Saint-Victor de Paris ; cette règle observée pendant trois siècles, rendit l'abbaye digne de figurer dans cette glorieuse famille des ordres monastiques « qui, pour emprunter l'expression de Montalembert, ont couvert le monde de bonnes œuvres et de beaux écrits, créé des asiles pour toutes les douleurs, une tutelle pour toutes les faiblesses, un patrimoine pour toutes les misères, donné des leçons de toutes les vérités et des exemples de toutes les vertus. »

Mais à la suite des guerres désastreuses du XVe siècle et des scandales du grand schisme d'Occident, et du régime des commendes, cette lèpre des ordres religieux; l'abbaye de Juilly fut à partir du XVIe siècle menacée d'une décadence inévitable qui eût amené sa ruine, si elle ne fût passée sous Louis XIII aux mains de l'Oratoire. Lorsque le P. de Condren, vicaire-général de l'Oratoire et successeur du cardinal de Bérulle, eût pris cet héritage, Louis XIII, à force d'instances, obtint qu'il serait affecté à la création d'un collège modèle pour l'éducation de la jeune noblesse ; il lui en avait facilité l'acquisition, et par lettres patentes du mois d'avril 1638, il érigea la maison de Juilly en *Académie royale* avec quelques exemptions de charges et quelques privilèges de juridiction. Le collège de Juilly conserva ce nom et lui fit honneur par la supériorité de son organisation pendant cent cinquante ans, c'est-à-dire jusqu'à la révolution de 1789 qui, selon le langage de M. de Bonald, *eut la tête dans les cieux, et les pieds dans les enfers.*

En 1789, la population de Juilly résista à la contagion du temps et du jour, et sut, par une exception qui l'honore, porter dignement le *poids* de la reconnaissance et préserver le collège du pillage ; mais ce n'était là qu'une protection locale et matérielle ; elle put couvrir les personnes et leur demeure, mais elle fut impuissante à s'étendre jusqu'à l'institution elle-même, dont l'existence fut brisée par les deux funestes décrets que l'Assemblée constituante se laissa entraîner à rendre : celui du serment à la *constitution civile du clergé* (12 juillet 1790) ; et celui qui supprimait les congrégations religieuses (18 août 1792), triste prélude de cette régénération sociale à laquelle elle se croyait appelée ; et elle l'inaugurait par la violation des principes de liberté de conscience et d'inviolabilité des propriétés, inscrits dans la fameuse *Déclaration des droits de l'homme* votée par elle.

La réaction providentielle de Thermidor ayant mis fin aux exécutions sanglantes, il fallut songer à réparer les ruines de toutes sortes. Juilly pouvait-il être oublié ? M. Gibert, propriétaire du château de Thieux, aujourd'hui démoli et non restauré, en fut comme la providence. Afin de soustraire les bâtiments du collège aux spéculations odieuses de la *bande noire,* cet agent de change proposa aux quatre principaux Pères de la maison, les PP. Prioleau qui, pendant la Terreur s'était retiré auprès de l'abbé Moreau, curé de Montgé; Lombois resté à Juilly, Lefebvre et Creuset, de s'en rendre acquéreurs et de leur avancer les fonds nécessaires; ils en devinrent adjudicataires le 21 juin 1796. Le P. Prioleau fut seul en nom, afin de ne pas donner l'éveil; c'était ôter officiellement à l'acquisition son caractère de propriété collective; elle devait être transmise gratuitement pour servir à perpétuité d'établissement d'éducation religieuse libre et nationale. Cette condition, qui ne put être insérée dans l'acte reçu par Me Lavolée, notaire et maire de Dammartin, ouvrit la voie à mille difficultés après la mort du seul acquéreur porté en nom.

En effet, après la mort du P. Crenière, sa famille réclama sa quote-part dans la propriété de Juilly, mais elle fut déboutée dans sa demande par les tribunaux. Pour obvier à un si grave inconvénient, les PP. Lombois et Sonnet, sur la tête desquels reposait alors la propriété tout entière, se décidèrent, d'après l'avis de MM. Pardessus et Berryer, à créer une *Société tontinière*, pour assurer la permanence de la propriété. L'acte fait sous seings privés le 1er août 1816, fut déposé le 29 octobre suivant en l'étude de Me Dehairain, notaire à Paris. Les Pères susdits s'adjoignirent, selon les stipulatiions cinq Pères de l'Oratoire, les PP. Brun, Marcel Pruneau, Viel et Moissenet, et deux anciens professeurs de l'Université de Paris, MM. Huré aîné, et Robert. Ils formèrent donc tous entre eux, pour l'exploitation du collège, une société en forme de *tontine*. Par un autre acte du 23 août 1821, en vue d'assurer davantage la stabilité et la prospérité de la maison, on résolut d'attacher à l'œuvre, sous le titre d'*agrégés*, les professeurs qui s'en rendraient dignes par leur mérite et leur dévouement.

La mort des deux Pères Lombois et Sonnet fut le signal de la décadence de la maison oratorienne à Juilly. Et cependant ils l'avaient conduite avec une sagesse et une économie qui en avaient fait un établissement très florissant, où ils laissaient deux cent quarante élèves soumis à une discipline sévère et adonnés à des études sérieuses, et un corps de professeurs bien choisis. En moins de quatre ans, tous les avantages de cette habile administration furent entièrement perdus. Le conseil de la société, composé d'éléments divers, oublia bientôt l'esprit de l'Oratoire, auquel la plupart de ses membres étaient étrangers. La division se mit entre les chefs et amena à sa suite un relâchement dans la discipline. Toutes ces causes réunies firent pencher rapidement la maison de l'Oratoire de Juilly vers sa ruine.

Bientôt des faits regrettables occasionnèrent la désorganisation de la *Société tontinière*. Les PP. Oratoriens ou refusèrent de prendre part à ses travaux ou furent amenés à donner leur démission; le dernier d'entre eux, le P. Laurent Roche, se retira le 1er avril 1827, laissant la direction du collège à son propre frère, Jean-Louis-Pascal Roche, étranger à l'Oratoire et qui n'était pas même agrégé à la maison de Juilly. Il fut le vingt-huitième et dernier supérieur du collège. Il essaya d'en relever le crédit par quelques réformes et des mesures disciplinaires; mais des mesures aussi secondaires ne pouvant apporter remède, le chiffre de la dette s'accrut et le payement de ses intérêts ne fut plus assuré; le nombre des élèves descendit à soixante-quinze; la position ne fut plus tenable, et M. Pascal Roche se résigna alors au seul parti qu'il lui restait à prendre, celui de céder le collège.

Ainsi donc, pendant la révolution de 1789, les bâtiments et le magnifique parc de Juilly, avec ses arbres séculaires et ses eaux abondantes, rachetés par un des Pères de l'Oratoire, avaient échappé à la dévastation. Dès que des jours plus calmes le permirent, plusieurs Oratoriens s'associèrent dans le but de restaurer le collège de Juilly, et même avec l'espérance de reconstituer leur ancienne congrégation dans cette maison qui en avait été en quelque sorte le centre, et qui rappelait ses plus beaux souvenirs. Il ne leur fut donné de réaliser qu'une partie de leur dessein; de nouvelles vocations firent défaut, et la mort éclaircit peu à peu les rangs des derniers représentants de l'institut du cardinal de Bérulle. Ceux sur qui reposait toute l'administration du collège de Juilly finirent par trouver le fardeau trop pesant pour leurs épaules. Juilly s'éteignait donc; il fallut chercher en dehors de l'Oratoire des successeurs auxquels on pût transmettre le précieux héritage.

Il y avait alors à Paris deux prêtres éminents qui, après l'expulsion des Jésuites par la Restauration, en 1828, s'étaient réunis afin de pourvoir au double besoin de l'éducation de la nombreuse jeunesse attachée à ses anciens maîtres qui lui faisaient défaut, et de la défense du principe tutélaire de la liberté d'enseignement, droit sacré de l'Église qu'il ne fallait pas laisser prescrire, et que le libéralisme oppressif de l'époque se flattait d'avoir atteint par la mesure injuste qui avait sacrifié les Jésuites. Ces deux prêtres, c'étaient M. *de Scorbiac,* né à Montauban, le 4 mars 1796, d'une des premières familles de la province par le rang, la noblesse, la fortune, l'influence durable et populaire, c'est-à-dire celle que donnent toujours, en dépit des révolutions, le dévouement à la foi catholique et la pratique exemplaire des vertus chrétiennes. Élève d'abord de l'abbé Liautard, le jeune de Scorbiac, renonçant à la carrière des armes, à laquelle il s'était préparé par de fortes études, entra au séminaire de Saint-Sulpice au mois d'octobre 1815; il était à peine âgé de dix-neuf ans. Ame pure et généreuse, il se livra tout entier à l'action de la grâce qui fait les saints prêtres. Il se fit remarquer parmi ses condisciples par la distinction de ses manières, l'aménité de son caractère, l'élévation de ses idées, ainsi que par sa tendre piété. Il fut ordonné prêtre après cinq ans de préparation et entra immédiatement dans la maison de missionnaires formée par l'abbé Rauzan, et qui comptait dans son sein des prêtres pleins de talent et de zèle. En 1823, à la suite d'une retraite que l'abbé de Scorbiac venait de prêcher avec le plus grand succès au collège de Rouen, Mgr Frayssinous, ministre de l'instruction publique et des cultes, car alors on ne croyait pas déshonorer la politique en admettant des membres du clergé dans les conseils de la nation, Mgr Frayssinous, évêque d'Hermopolis, le nomma *aumônier général* de l'Université. Depuis on y fit figurer des *inspecteurs généraux;* le service y a-t-il gagné? Peut-être; mais sous le rapport moral et religieux, il a beaucoup perdu à l'absence d'un *aumônier général.* Nous ne nous arrêterons point à le prouver.

Et M. l'abbé *de Salinis,* Antoine, né à Morlans (Basses-Pyrénées), autrefois capitale du Béarn, le 11 août 1778, d'une noble et ancienne famille qui .donna plusieurs évêques à l'Église. Il reçut les premiers éléments de la langue de l'Église de M. l'abbé Lacoste, curé de Momuy, où se trouvait le château, vieille résidence féodale, d'un de ses oncles maternels. Il entra ensuite en sixième, après Pâques de.1808, au collège d'Aire, dirigé alors par un vertueux prêtre, l'abbé Lalanne, toujours regretté au *collège Stanislas;* il quitta le collège d'Aire afin d'aller prendre au séminaire de Saint-Sulpice la place délaissée par son père qui, par suite d'un événement de famille, avait renoncé à la carrière ecclésiastique. Il y eut pour *Directeur* un prêtre d'un esprit éminent et d'une ardente piété, l'abbé *Teysseyre*, un des premiers et des plus brillants élèves de l'École polytechnique, et pour camarades, outre l'abbé *La Mennais* qui avait le même Directeur que lui, le *duc de Rohan*, mort archevêque de Besançon, qui appelait l'abbé Teysseyre *son ange*, et l'abbé *de Scorbiac*, enfant du midi comme lui, dont les éminentes qualités l'eurent bientôt ravi. Formés à la même école, dès que MM. de Salinis et de Scorbiac se connurent, ils s'aimèrent, mais de cette amitié pure et forte dont la mort seule peut ici-bas briser les liens. Ce fut cette amitié qui répandit sur la vie de M. de Salinis les charmes les plus doux. Il connut encore à Saint-Sulpice M. *de Genoude*, depuis directeur de la *Gazette de France*, que nous avons connu nous-même lorsque nous étions professeur au collège de Provins, où il avait pour intime ami l'abbé Grabut, Principal de ce collège, décédé curé de Nemours. Enfin, l'abbé *Gerbet*, avec lequel il se lia aussi d'une intime amitié [1].

[1] M. de Genoude habitait son château des *Tournelles* à Chenoise, près de Provins, et venait très

Mgr Donnet connaissait lui-même l'abbé Gerbet. Dans une lettre du 24 octobre 1878 à Mgr Bornet, ancien vicaire général de Mgr Gerbet, à Perpignan, il raconte qu'il fit connaissance avec lui, lorsqu'il était jeune encore, dans ce qu'il appelait *son Poligny*, lieu de sa naissance. Ce fut à l'occasion de la bénédiction du mariage du comte de Dananche avec une des compatriotes du cardinal, Mlle Chapuy-Manboust, fille du maire de *Bourg-Argental,* bourgade que l'archevêque de Bordeaux avait l'audace de comparer quelquefois au *Poligny* de l'abbé Gerbet.

souvent visiter son ami au collège de cette ville. Aux élections de 1833-1834, M. de Genoude se porta candidat à la députation pour l'arrondissement. M. Simon, homme honnête et chrétien, sous-préfet, et Bourquelot, maire, qui avaient leurs fils au collège, firent cerner cet établissement par les limiers de leur police afin d'y surveiller les allées et les venues; ces alguazils avaient ordre de compter ceux qui entraient et sortaient pendant le jour ou la nuit et d'en prendre exactement les noms...

Après la mort de sa femme, M. de Genoude, à l'exemple du duc de Rohan, entra au séminaire de Saint-Sulpice et devint prêtre; il n'en continua pas moins de donner ses soins à son journal. Réponse à ceux qui posent la question : « Le prêtre peut-il être journaliste ? »

— 323 —

« ...J'avais prêché, écrivait Mgr Donnet à
Mgr Bornet, dans le voisinage, des missions
à Cuiseaux, Saint-Amour et Pont-de-Vaux.
Quand le séminariste jurassien me citait,
à moi qui étais son aîné de trois ans, comme
enfants de Poligny, un cardinal, trois archevêques et neuf officiers généraux..., je lui
opposais la petite ville d'Annonay, berceau
des Mongolfières. J'avais fait là mes études,
sous la direction des prêtres basiliens, et
vite il répondait : *Mais allaient-ils, vos
maîtres, à la cheville d'un Grappinet et
d'un Garasson, que Mgr de Fargues avait
proclamés en 1788 les deux premiers sujets
de la Bourgogne et de la Comté?...* Impossible de lui faire admettre que tout mortel
non franc-comtois ou byzantin pût compter dans le monde littéraire, ecclésiastique
ou guerrier... J'ai dû pendant plus d'un
demi-siècle baisser pavillon en tout et pour
tout devant l'aigle du Jura devenu le ros-
signol des Pyrénées. Quels assauts, n'ai-je
pas dû soutenir à Amiens comme à Juilly
en présence des disciples des Astier et
des Hirabour qui furent plus tard les frères
d'armes des La Mennais, des Jouffroy,
des Gousset, des Tharin et des Doney!
Il ne m'en coûtait pas de m'avouer battu
et de rappeler à de pareils hommes le

respect de la force pour la faiblesse.....
Mgr Gerbet, de 1814 où il commença sous
maître Astier son cours de philosophie à
Besançon jusqu'à sa mort, n'a cessé de
raconter les originalités, les bizarreries, et
l'inexactitude proverbiale de son célèbre
professeur... »

L'abbé Gerbet ne fut pas longtemps élève
de Saint-Sulpice. Après avoir terminé de la
manière la plus brillante son cours de théologie à Besançon, il vint à Paris pour se
perfectionner dans la science sacrée, et se
préparer au sacerdoce. Ce fut là qu'il se
trouva en parfaite communauté d'idées et
se lia avec l'abbé de Salinis.

Le 1er juin 1822, samedi, veille de la très
sainte Trinité, l'abbé de Salinis reçut le
sacerdoce dans l'église Notre-Dame, des
mains de Mgr de Quélen, archevêque de
Paris, en même temps que l'abbé Gerbet.
Le 6 juin, jeudi de la Fête-Dieu, il célébrait sa première Messe dans la chapelle de
la Solitude, à Issy, assisté par l'abbé de
Rohan, auquel il avait servi en quelque
sorte d'initiateur dans la vie de séminaire,
si nouvelle pour lui; un jeune homme du
monde, chargé plus tard d'une importante mission en Chine, et qu'il avait
connu dans les salons du château de la

Roche-Guyon [1]. M. de Lagrenée avait réclamé la faveur de servir la Messe du nouveau prêtre ; l'abbé de Frayssinous, qui faisait la retraite préparatoire à son sacre, et l'abbé de Ravignan, qui venait de quitter avec éclat la robe de magistrat pour prendre l'habit ecclésiastique, étaient les seuls assistants.

La Providence, toujours sage dans ses voies, destinant l'abbé de Salinis à consacrer une grande partie de sa vie à l'éducation de la jeunesse, voulut le mettre en rapport avec un prêtre vénérable, qui avait rendu d'éminents services dans l'exercice de ses fonctions, c'était l'abbé Dominique Éliçagaray, ancien recteur de l'Académie de Pau, membre du Conseil royal de l'instruction publique. Son vénérable compatriote lui communiqua le résultat de ses

1. M. le duc de Rohan offrait, à la Roche-Guyon, à une société choisie de jeunes hommes instruits, la plus noble et la plus libre hospitalité. Pour toute règle on devait se rendre au salon une heure avant le dîner et y passer la soirée après le repas. Depuis le matin, chacun employait son temps comme il l'entendait, sans en rendre compte à qui que ce fût. L'un faisait de la poésie, l'autre de la littérature, un troisième de la philosophie, un autre de de la théologie, etc., etc. La réunion du soir était consacrée à l'examen des travaux de la journée. Mais c'était la liberté de la bonne compagnie.

observations et de son expérience, l'initia aux difficultés qui entravaient le bien dans l'Université, telle qu'elle était déjà organisée, et lui signalait les moyens de les surmonter. Ce fut sous ces influences que l'abbé de Salinis quitta le séminaire pour entrer dans la carrière de l'enseignement. Il fut nommé aumônier du collège Henri IV, à la place de l'abbé de Causans, démissionnaire. Mgr de Quélen, en lui donnant la juridiction, lui dit : « Je vous donne les pouvoirs que l'on accordait autrefois à l'aumônier du collège de Navarre ; votre titre est calqué sur le sien. » Il fut autorisé à s'adjoindre comme collaborateur un ami dont le rare mérite lui paraissait un gage certain de succès. L'abbé Gerbet, que sa piété, son zèle, l'attrait et le talent rendaient apte à ce ministère, fut donc nommé second aumônier du collège Henri IV. Dès ce moment, les deux aumôniers furent unis comme deux frères.

Les ordonnances de 1828, qui excluaient les jésuites de l'enseignement, avaient jeté une perturbation profonde en France. Les pères de famille, soucieux de l'avenir religieux de leurs enfants, et qui avaient une défiance trop justifiée sous le rapport chrétien, pour les collèges de l'État, se trouvaient subitement dépourvus des ressources précieuses que leur offraient les établissements fermés de Montrouge, de Saint-Acheul, de Bordeaux, de Sainte-Anne, de Montmorillon et de Dôle. L'abbé de Scorbiac, aumônier général de l'Université, et l'abbé de Salinis, aumônier depuis six ans du collège Henri IV, avaient pu sonder la profondeur de la plaie qui rongeait, moins complètement toutefois qu'aujourd'hui, les jeunes générations de cette époque déjà si lamentable. Comprenant combien étaient légitimes les préoccupations des pères de famille chrétiens, les deux amis eurent la généreuse pensée de fonder une maison d'éducation qui pût suppléer aux établissements récemment fermés. L'abbé Caire, ancien collègue de l'abbé de Salinis à Henri IV, leur offrit le concours de son expérience, de son talent et de son zèle. Mais ils virent se lever devant eux des obstacles de toute sorte. Où trouver une maison convenable, assez rapprochée de Paris, afin de profiter des ressources d'instruction qu'offrait la capitale, assez éloignée pour soustraire les jeunes gens aux occasions de dissipation, si nuisibles au progrès des études, ainsi qu'aux dangers de nature à alarmer la sollicitude des parents chrétiens?

Et puis, et les fonds nécessaires? Et des collaborateurs en nombre, où les chercher? La tolérance du gouvernement et la confiance des familles, comment les obtenir? La bonne Providence leur vint en aide.

MM. de Bonald et Berryer, tous deux anciens élèves du collège de Juilly, pour lequel ils avaient gardé une affection profonde, partageaient les préoccupations des pères de famille. Ils appelèrent l'attention de MM. de Scorbiac et de Salinis sur cet établissement. Juilly réunissait en effet toutes les conditions désirables pour le succès de l'œuvre qu'ils se proposaient d'entreprendre. On les mit en rapport avec les propriétaires du collège, et M. Berryer s'offrit comme intermédiaire pour mener à bonne fin cette négociation dont il désirait vivement le succès. D'autres personnes leur vinrent en aide afin de résoudre toutes les difficultés. M. de Renneville mit à leur disposition les capitaux considérables nécessaires pour faciliter la transaction; sur les instances de M. de Bonald, ils obtinrent de M. de Vatismesnil, ministre de l'instruction publique, que les clameurs du parti libéral firent hésiter longtemps, ils obtinrent, dis-je, dispense des grades universitaires pour le diplôme de chef d'institution.

Enfin le collège leur fut cédé, le 12 juillet 1828, sous forme de leur adjonction à la *Société tontinière;* et en 1835, par la démission du seul des associés *tontiniers* restants, M. Garric, ils devinrent propriétaires exclusifs du collège et dépendances, du moulin de Grotel, etc. Pour apaiser les scrupules de sa conscience et de celle de ses amis, M. de Scorbiac prit la parole après la signature de ce dernier acte, et s'engagea, au nom de la nouvelle société, à respecter les traditions, à perpétuer l'esprit du collège et à ne pas laisser s'appauvrir par sa faute, entre ses mains, l'héritage béni qui lui était légué. Et ce double engagement fut fidèlement rempli par la nouvelle direction. Le 10 mars 1831, l'abbé de Scorbiac écrivait à l'abbé Mondini : « Le collège est une véritable famille. La plus grande confiance règne entre les maîtres et les élèves. Dieu veuille que nous jouissions longtemps de notre bonheur. » Comme on comptait à Juilly parmi les élèves, beaucoup de jeunes gens appartenant à des familles d'un rang élevé, les directeurs attachaient une grande importance à conserver les bonnes habitudes de la vieille politesse de notre nation, si différente de celle des républiques démocratiques où, pour un insolent *tu,* le *vous* est aboli. Aussi l'urbanité, cette vertu toute française, était fort en honneur à Juilly. Les directeurs en offraient du reste en leurs personnes des modèles achevés. Quel type plus parfait du gentilhomme que l'abbé de Scorbiac? quel modèle plus accompli de conversation vive, spirituelle, animée, que celle de l'abbé de Salinis? Pendant les récréations, leurs salons étaient ouverts, et tous ceux qui le voulaient parmi les élèves de la grande division, y étaient admis. A la seule condition de garder toujours la plus stricte politesse, ce qui, toutefois, n'excluait ni la libre gaieté, ni l'épanouissement du cœur. Tout en se récréant on s'instruisait. Dans ces salons, les élèves se trouvaient mêlés à la société la plus aimable et la plus spirituelle. Ils y recevaient les leçons de prévenance, d'égards, de respectueuse déférence, de *savoir-vivre* et de bonne compagnie, cet art si difficile que les hommes faits eux-mêmes ne possèdent pas toujours. Chez eux rien de ce laisser-aller ordinaire aux collégiens, de cette vulgarité proverbiale, de ces *argots* des écoles, j'allais dire des *halles,* si communs aujourd'hui et qui, hélas! font *rire* tout simplement la plupart des parents. Ne serait-ce pas le cas de répéter ici l'ancien cri d'alarme : *O tem-*

pora! o mores! Aussi, dans le monde, les élèves de Juilly se distinguaient-ils des autres jeunes gens par de rares habitudes d'aisance et de modestie, simples et naturelles dans leur maintien, de distinction sans pruderie dans leurs manières, d'à-propos et de retenue dans leurs paroles, en un mot, par le langage, les formes et le ton de la bonne société. Dans l'intérieur de la maison, dans les soirées où ils étaient admis, les étrangers étaient étonnés et ravis...

Écoutons ce qu'en disait Mgr Donnet dans une lettre du 5 mars 1876, à Mgr Bornet, protonotaire apostolique :

« Si Mgr de Salinis à Saint-Sulpice, l'*ange* de l'abbé Gerbet, transporta dans son enseignement quelque chose de l'attendrissante poésie de Virgile et de Racine, bien plus que de la prose de Billuart et de Bailly ; s'ils surent faire goûter l'un et l'autre aux élèves de Juilly la plus austère morale en la présentant avec les séductions d'une grâce exquise et d'une souveraine harmonie, c'est que le génie de l'antiquité avait souri à leur jeunesse et leur avait révélé ses secrets... »

Développer l'intelligence, c'est bien, mais ce n'est pas assez. On est homme surtout par le cœur et la volonté ; l'éducation, espèce de sacerdoce, doit venir en aide à l'enseignement. Les directeurs de Juilly étaient ici maîtres ès-arts. Le principe qui servait de base à l'éducation de Juilly, c'est que le collège n'était que le complément de la famille. Les élèves, en quittant le foyer domestique, devaient retrouver au collège cette bonne et tendre affection, cette autorité à la fois paternelle et ferme qui fait accepter le devoir sans peine et aide à l'accomplir sans murmure. Aussi à Juilly la discipline n'avait pas cette inflexibilité rigide qui irrite les passions, ni cette funeste faiblesse qui lâche la bride à tous les mauvais instincts. Le principal nerf de la discipline était le cœur dans tous ceux qui hiérarchiquement étaient chargés de la faire observer. Dans les écarts on s'adressait au cœur, on temporisait, on s'adressait aux sentiments de la foi, du devoir et de l'honneur ; en un mot, on épuisait tous les moyens pour ramener au repentir, à l'amendement et à une conversion radicale, et l'on réussissait presque toujours. Nous constatons simplement le fait. Aussi, rarement avait-on recours aux moyens extrêmes. Et cependant les *verges* et le *cachot* pour les différents âges existaient encore, mais pour la forme. Je n'ai jamais vu qu'on les employât. Sous un gouvernement absolu ou militaire, la discipline des collèges peut être ou sévère ou inflexible. Mais sous les régimes modérés et mixtes, une sage liberté et une indépendance rationnelle deviennent un tempérament forcé dans la discipline.

C'est dans ce sens qu'à Juilly les élèves s'habituaient de bonne heure au régime de la liberté, c'est-à-dire que, comme dans nos grands séminaires, toute espèce de contrainte était bannie du sanctuaire de la conscience. On se confessait quand on en sentait le besoin. Et jamais on ne se vit obligé de dire à un élève ou bien à un maître, car il y avait des maîtres laïcs en bon nombre : il faut vous confesser ; les exhortations et les exemples des maîtres, les exemples des condisciples entraînaient. La communion du dimanche était pratiquée par un bon nombre d'élèves parmi les plus avancés. A certaines fêtes, les anciens élèves venaient se joindre à leurs amis et s'approchaient de la Table sainte avec une grande édification. Heureux temps! hélas!... quand reviendront-ils ?

Juilly ne resta que douze ans sous la direction de MM. de Scorbiac et de Salinis;

mais cette courte période de ses annales en fut aussi l'une des plus brillantes. Leur dernière œuvre fut la création de la *succursale de Thieux*, ouverte comme un asile et une terre hospitalière pour les élèves arrivés à la fin de leurs études et obligés de suivre à Paris les cours des Écoles de droit, de médecine, des Écoles centrale, polytechnique, etc. *Thieux* devint le lien moral destiné à unir encore les anciens élèves lorsqu'ils furent dispersés. Ils trouvèrent là, sous la haute direction de M. l'abbé Gerbet placé à la tête de la maison, un centre commun de science et d'action qui les rapprochait des hommes, les plus capables de les diriger dans les années décisives de leur jeunesse, de les exciter au travail et de *divulguer* leur talent. L'*Université catholique* [1], revue fondée par les

---

[1] La création de l'*Université catholique* de Louvain sous l'autorité épiscopale belge, avait inspiré à MM. de Scorbiac et de Salinis de doter leur pays d'une institution semblable. Mais le refus formel du ministère ne leur laissa que la douleur de voir *cette noble terre de France, la mère antique de toutes les Universités européennes, réduite à envier aux provinces belges un bien qu'autrefois elle leur avait accordé.* Pour y suppléer et la préparer, en quelque sorte, les Directeurs de Juilly songèrent à en essayer une ébauche par la presse au

Directeurs de Juilly, fut mise à la disposition de ces jeunes gens d'élite pour la publication de leurs travaux scientifiques; ils en devenaient ainsi comme les *collaborateurs*.

C'était pour eux un grand honneur, surtout à leur âge. Ils s'en rendirent toujours dignes, car noblesse oblige! Quelle heureuse idée présida à la fondation de Thieux!

Au milieu des nombreuses consolations par lesquelles Dieu récompensait le dévouement des Directeurs de Juilly, une préoccupation triste assiégeait constamment leur esprit, celle d'assurer l'avenir et la stabilité du collège. Ils étaient à la recherche des moyens de mettre à exécution le projet qu'ils avaient conçu pour le développement de leur plan complet d'études; et la maison de Thieux était fondée. Restait celui de se survivre avec leurs œuvres. Deux moyens

moyen de l'organisation d'une publication périodique, et une revue fut fondée, l'*Université catholique*, correspondant à une double disposition des esprits: l'une qui les rapprochait du catholicisme en montrant en lui le plus grand préceptorat du genre humain qui ait jamais existé; l'autre qui les en éloignait en leur persuadant que l'humanité parvenue aujourd'hui à l'âge viril, n'avait plus besoin de ses leçons et pouvait se charger seule, et sans appui, de constituer la science, la morale, les arts, la société.

se présentaient : s'adjoindre des collaborateurs jeunes qui, formés sous la direction
des fondateurs, pussent, lorsque l'heure
du repos aurait sonné, entrer dans leurs
travaux ou abandonner l'Établissement à
une de ces associations religieuses qui ne
meurent pas. Ces messieurs tentèrent successivement l'un et l'autre de ces moyens.
Ils comptaient dans les rangs du clergé des
amis plus jeunes dont ils voulurent s'assurer le concours. Par suite de difficultés
que lui avait suscitées l'administration de
Mgr Rey, évêque de Dijon, ancien vicaire
général d'Aix, un des choix les moins heureux qu'ait pu faire le gouvernement de
Louis-Philippe, M. l'abbé Foisset, Supérieur du petit séminaire de Plombières,
près Dijon, ecclésiastique de grand mérite,
se vit forcé de se retirer.

M. Foisset connaissait l'Œuvre de Juilly
et la regardait comme l'une des plus belles
et la plus utile peut-être à laquelle on
pût consacrer son existence. Aussi, les Directeurs de Juilly voulant faire profiter leur
Œuvre de son exil forcé, M. l'abbé de
Salinis se chargea de lui écrire en 1833.
Après lui avoir exposé leurs pensées sur
l'éducation et leurs plans, il lui disait :
« ..... Il ne faut pour cela que le concours

d'un homme qui comprenne l'éducation comme nous, qui ait beaucoup de choses qui nous manquent, et qui consente à joindre ses efforts aux nôtres; cet homme évidemment, c'est vous. Depuis que je vous ai ouvert mon âme et que j'ai lu dans la vôtre, il m'est impossible d'en douter... Pour réaliser tous ces plans, votre coopération nous est absolument nécessaire. »

M. Foisset, installé au printemps de 1837, ne resta que dix-huit mois à Juilly. Louis-Philippe venait de donner à Mgr Rey pour successeur, dans la personne de M. l'abbé Rivet curé de Notre-Dame de Versailles, un homme de Dieu, et gouvernant encore aujourd'hui sagement son diocèse; le nouvel évêque s'empressa de rappeler M. l'abbé Foisset. Les pressantes instances des Directeurs de Juilly ne purent vaincre sa détermination : il se rendit aux désirs de Mgr Rivet. Privés de ce précieux auxiliaire, MM. de Scorbiac et de Salinis tournèrent leurs regards vers une corporation religieuse. M. l'abbé Affre, leur intime ami, qui devait illustrer le siège de Paris par la fermeté de son administration et une mort violente et glorieuse, leur suggéra la pensée d'affilier Juilly à la communauté de Saint-Sulpice. Ils l'accueillirent avec bonheur et s'empressèrent d'en conférer avec M. l'abbé Boyer, Supérieur. « Le dépôt religieux du collège, lui dirent-ils, nous a été remis par les derniers représentants de l'Oratoire. Le P. de Condren qui en est le fondateur, était l'ami de M. Olier; nous pouvons croire interpréter ses intentions en travaillant à faire passer Juilly dans les mains des enfants de M. Olier. » Cette négociation ayant échoué, ils n'en virent plus d'autres qu'ils pussent entamer avec succès. Déjà ils commençaient à perdre tout espoir, lorsque la Providence les mit en rapport, par l'intermédiaire de Mgr Donnet, coadjuteur de Nancy, avec une Société de prêtres chez lesquels ils trouvèrent toutes les garanties propres à assurer le succès de leur Œuvre. M. l'abbé Martin de Noirlieu, ancien précepteur du duc de Bordeaux, alors curé de Saint-Louis d'Antin, leur prêta aussi dans cette circonstance un bienveillant concours. Le prix de la cession fut fixé à 425,000 fr., dont 120,000 fr. de dettes diverses de la *Société tontinière* à endosser par les nouveaux acquéreurs; 80,000 fr. représentant le capital de 9,300 fr. de rente viagères annuelles à payer aux anciens professeurs et oratoriens de Juilly; et 160,000 fr. pour mémoires de travaux de grosses réparations. En sorte que les cessionnaires ne se réservaient que 65,000 fr., formant capital d'une rente viagère de 9,000 fr., pour M. l'abbé Caire et pour eux. Il était impossible de remplir plus scrupuleusement les engagements de leur propre acquisition.

Vers la fin de 1839, pendant que l'abbé de Salinis était encore à Juilly, Mgr Seguin des Hons, évêque de Troyes, sentant ses forces s'affaiblir, résolut de se donner un coadjuteur et jeta les yeux sur le directeur de Juilly, qu'il connaissait déjà. Le prélat s'assura d'abord que M. Teste, ministre des cultes, n'y mettrait pas obstacle; puis il s'en ouvrit à celui sans lequel il ne pouvait réussir. L'abbé de Salinis repoussa de suite un projet qui le forcerait d'abandonner une œuvre à laquelle il était profondément dévoué, et surtout de se séparer d'un ami avec lequel sa vie semblait se fondre chaque jour davantage. Dès qu'il fut rassuré sur ce dernier point, il se mit à la disposition de Mgr de Troyes. Mais des obstacles imprévus vinrent retarder le succès de la présentation; M. Martin (du Nord), devenu ministre en remplacement de M. Teste, fut circonvenu par des intrigues auxquelles ne furent étrangers ni Mgr Garibaldi, internonce, ni les amis de M. de Salinis, parmi lesquels Mgr Thibault, évêque de Montpellier, qui en 1841 répara son erreur. Aussi le nouveau ministre ne crut pas devoir ratifier les promesses de son prédécesseur. La Providence avait permis des soupçons sur l'orthodoxie d'un prêtre profondément dévoué à l'Église et qui en avait donné des preuves lors de l'affaire Lamennais, afin de lui suggérer la pensée de se diriger vers Rome.

En effet, un mois après la cession du collège, M. de Salinis était à Rome avec MM. de Scorbiac, Combalot, et quelques-uns des anciens élèves de Juilly. Ils y reçurent du Souverain-Pontife le plus paternel accueil et y furent vivement sollicités d'accepter la direction de l'établissement de Saint-Louis-des-Français, dont Grégoire XVI, à la demande de nos évêques, voulait faire un centre de hautes études théologiques, qui manquait en France. Des retards inhérents à la nature de l'œuvre, car il s'agissait de reconstituer l'établissement sur de nouvelles bases, se produisirent au milieu des négociations. L'enseignement qu'on devait y donner aux jeunes prêtres envoyés par leurs évêques respectifs aurait compris toute la science ecclésiastique, le droit public ecclésiastique, le droit canonique, l'histoire de l'Église, la patrologie, l'archéologie chrétienne, la prédication, etc. Aujourd'hui ce précieux enseignement se donne, sous d'habiles maîtres, au séminaire français à Rome dirigé par les PP. du Saint-Esprit et du Saint-Cœur de Marie. Si le projet susdit ne put se réaliser, le voyage de M. de Salinis à Rome eut l'immense résultat qu'il constatait le 12 décembre 1840, dans une lettre à M. de Montalembert : « Aujourd'hui, l'internonce est aussi favorable qu'il était opposé. Nous ne sommes donc pas suspects au Saint-Siège. Quand notre voyage à Rome n'aurait produit d'autre résultat, je m'applaudirais de l'avoir fait. »

Des intrigues de la nature de celles dont nous avons parlé plus haut et d'autres encore s'agitèrent, lorsqu'après la mort de Mgr de Montaut des Iles, évêque d'Angers, M. Janvier, député, avocat de l'abbé Lamennais, et un noble pair, M. de Montalembert, firent des instances auprès du ministre pour faire nommer l'abbé de Salinis à Angers. Louis-Philippe paraissait le plus opposé à ce choix ; il reprochait au futur évêque ses opinions légitimistes et ses relations avec tous les chefs de ce parti ; et puis, à *Juilly on n'avait jamais chanté le* « *Domine salvum* », *et d'ailleurs les hommes*

*de science, d'idées, étant entreprenants, pou-
vaient,* disait-il, *créer des embarras au
pouvoir...* MM. Guizot et Villemain le
rassuraient, le premier en répondant qu'il
croyait, au contraire, qu'à mesure que l'on
s'élevait dans les régions de la pensée, on
trouvait plus de calme, plus de facilité à
s'entendre, etc. Le souverain voulut voir et
entendre le candidat si chaudement appuyé
et si énergiquement combattu ; il le vit et
en parut satisfait ; mais l'abbé de Salinis
n'était pas destiné pour le siège d'Angers.

Pendant son long épiscopat, Mgr Donnet
saisissait avec empressement la moindre
occasion qui se présentait d'attirer dans son
diocèse des ecclésiastiques vraiment recom-
mandables et qu'il croyait devoir y briller
par leurs vertus, leurs mérites et leurs
talents. Lorsqu'il apprit que définitivement
les directeurs de Juilly se retiraient, il comprit qu'attacher à son diocèse des prêtres
d'un si haut mérite, ce serait s'assurer un
intelligent concours. Sans plus tarder, il
offrit à l'abbé de Scorbiac des lettres de
vicaire général honoraire, et à l'abbé de
Salinis, avec le même titre, une chaire à la
Faculté de théologie ; car les ministres, qui
le consultaient volontiers, eussent craint en
quelque sorte de le contrister par un refus,

tant ils avaient d'estime et d'affection pour lui! M. Gerbet devait s'unir à eux. Mgr Donnet avait fait créer une nouvelle chaire à la faculté de théologie en sa faveur; il l'accepta, et finit, après un an d'indécision, par envoyer sa démission. Mgr Donnet, écrivant à Mgr Bornet, confirmait ce que nous venons de dire :

« Ce n'est pas ma faute si ma ville épiscopale n'a pas joui de la présence du grand théologien et recueilli ses enseignements. Voulant donner à la science sacrée son complément et n'ayant trouvé, en 1837, la Faculté de Bordeaux pourvue que de deux agrégés, MM. Roux et Blatairon, j'obtins successivement de M. Villemain, ministre de l'instruction publique, des titulaires dont les noms seuls rappellent un mérite incontesté. C'étaient MM. de Salinis... de Langalerie... Sabatier et Gerbet. Ce dernier, qui surveillait à Rome l'impression de ses doctes écrits, sollicitait tous les trois mois une prolongation de congé, que rendait indispensable le genre de travail auquel il s'est livré avec tant de succès. Je tenais avec raison à relater cette circonstance si peu connue de la vie de Mgr Gerbet; l'on y trouve cependant sa nomination de suppléant à la chaire d'éloquence sous Mgr Sibour : il n'exerça pas plus ses fonctions à Paris qu'à Bordeaux. »

Et même *qu'à Meaux,* aurait pu ajouter Mgr Donnet, car l'abbé Gerbet était chanoine titulaire de Meaux, mais résidant à Rome.

Les amis de MM. de Scorbiac et de Salinis, entre lesquels les abbés Caire, Deguerry, leur conseillaient de ne pas quitter Paris, qui était leur place naturelle. L'abbé Cœur était plus précis; dans une lettre du 1er octobre 1844, il disait : « L'archevêque m'a fait appeler hier pour me dire qu'il désirait beaucoup vous voir rester à Paris, qu'il s'estimerait heureux, très heureux, de votre concours ; c'est Dieu qui parle : Rome ou Paris, c'est évident, pas de milieu... je ne suis pas affirmatif de ma nature. Ici, je vois à coup sûr. » Aussi, quoique profondément reconnaissants de ses bienveillantes attentions, ils hésitèrent d'entrer dans les vues de Mgr l'archevêque de Bordeaux.

A son tour l'abbé Combalot [1], prenant

---

1. L'abbé Combalot publia, en 1844, une brochure sous le titre de *Mémoire adressé aux évêques de France et aux pères de famille sur la guerre faite à l'Église et à la société, par le monopole universitaire.* L'édition était presque vendue, lorsque la brochure fut saisie chez l'éditeur Sirou,

part à cette émeute d'amitié pour les retenir à Paris, leur disait : « J'ai eu hier une longue conférence avec l'abbé Fayet, curé de Saint-Roch ; il nous offre sa cure pour y planter notre tente ; son église pour y ouvrir

imprimeur, à la requête du procureur du Roi. Les délits qui lui étaient imputés étaient ceux de diffamation et injures envers une administration publique, d'excitation au mépris des citoyens contre une classe de personnes, de provocation à la haine contre les diverses classes de la société, et d'excitation à la haine et au mépris du gouvernement du Roi. Par arrêt de la Chambre des mises en accusation du 13 février 1844, l'auteur fut renvoyé devant la cour d'assises de la Seine. Il venait de clore, le 11 février, une mission qu'il donnait à Toulon, lorsqu'il se rendit à Paris pour s'entendre avec son avocat, le jeune Henri de Riancey, et répondre aux accusations portées contre lui. Il comparut le 6 mars et prit lui-même la parole après son défenseur. A la simple majorité, après une heure et demie de délibération, un verdict affirmatif sur les trois premières questions, rapporté par les jurés et la cour, prononça un arrêt qui condamnait M. Combalot à quinze jours de prison et 4,000 francs d'amende. Le pouvoir lui fit proposer de lui faire grâce, il refusa noblement. Ses amis de Bordeaux, par les mains de M. de Salinis, se chargèrent de payer son amende. Il voulut se faire écrouer le lundi de Pâques pour purger son écrou. Mais le procureur général lui répondit « qu'un *antique et pieux usage* ne permettait pas, à moins d'une nécessité, de jeter en prison pendant les fêtes de Pâques. » L'abbé Combalot se constituait donc prisonnier le mardi de Pâques, 9 avril, à Sainte-Pélagie.

un vaste enseignement, un immense apostolat. Si donc, vous, l'abbé de Scorbiac, l'abbé Cœur, l'abbé Duguerry et moi, le voulons, nous sommes maîtres de l'église de Saint-Roch, située au centre de Paris, entre les Tuileries, la Bourse et le Palais-Royal. Nous vivrions chez l'abbé Fayet, à la même table ; nous ouvririons ses salons à la jeunesse, aux hommes éclairés du pays... nous donnerions une impulsion forte, puissante, régénératrice à ces multitudes privées d'aliments spirituels ; on verrait enfin ce que peuvent dix prêtres unis par une même pensée. L'archevêque serait enchanté... Le centre du mouvement ne serait plus à la Sorbonne, mais à Saint-Roch... » En effet, il n'y a plus à en douter aujourd'hui, les affreuses convulsions sociales que nous subissons, ont été préparées par les enseignements universitaires...

Quel zèle apostolique dans cette nombreuse phalange d'hommes de Dieu dont nous venons de citer quelques noms seulement ! De nos jours encore, si les principaux curés de Paris et des grandes villes établissaient cette sorte de Sorbonne dans leurs presbytères, qui pourrait en calculer les immenses résultats pour répandre partout la vraie lumière, celle de la vérité catholique ? On sait que lorsqu'il était à Saint-Thomas d'Aquin, M. l'abbé Le Rebours, curé de la Madeleine, en fit l'essai dans sa propre maison.

En présence de ces témoignages d'intérêt affectueux, l'abbé de Salinis resta indécis pendant plusieurs mois. Mais survint un dissentiment regrettable entre l'archevêque et lui. Il avait eu à se plaindre du prélat précisément au moment où le roi, revenu de ses préjugés, allait signer l'ordonnance qui le désignait pour le siège d'Angers; il résolut non par dépit, mais par délicatesse, d'aller se fixer à Bordeaux. Nous venons d'écrire « non par dépit », car après la mort héroïque de Mgr Affre, l'abbé de Salinis écrivait : « Quel prêtre ne se serait senti heureux d'être à côté de l'archevêque...! J'avais été longtemps son ami : j'avais eu depuis à me plaindre de lui. Il est au ciel, il ne se souvient, j'en suis sûr, que de notre ancienne amitié. Il voit toute mon âme... »

Le 17 janvier 1842, M. Villemain, ministre de l'instruction publique, annonçait à l'abbé de Salinis, dans les termes les plus bienveillants et les plus flatteurs, sa nomination de professeur d'Écriture-Sainte à

la Faculté théologique de Bordeaux [1], car
hélas, par une anomalie singulière que nous
ne sommes pas près de voir disparaître,
c'est d'un ministre laïque, sans autorité par
conséquent, quelquefois juif, protestant,
libre-penseur, que jusqu'ici les professeurs
des Facultés de théologie ont reçu la mission d'enseigner la doctrine catholique. Il
est vrai que les Ordinaires diocésains cou-
vrent par l'intervention de leur autorité, l'ir-
régularité de la situation. Ce qui n'empêcha
point le nouveau professeur, en ouvrant
son cours, de dessiner sa position en déclarant à ses auditeurs qu'il venait les instruire
non avec mission de l'État, mais au nom
de l'Église. Le P. Lacordaire venait de
quitter la chaire métropolitaine de Bordeaux, que le cardinal avait été si heureux
de lui offrir et où sa parole éloquente avait
produit dans les âmes des effets si grands
qu'il écrivait à M. de Salinis, le 5 janvier 1842 : « Je suis étonné, mon cher
ami, du succès de mes conférences, qui est

[1] Il avait alors pour collègues MM. Roux, professeur de morale, Ducreux, de dogme, Blatairon,
d'histoire et de discipline, Sabatier, d'éloquence
sacrée, devenu doyen de la Faculté et avec lequel
nous avons fait ample connaissance pendant le
congrès catholique de Bordeaux en 1876.

peut-être plus grand qu'à Paris même ; tout nous fait espérer des résultats sérieux... Je reste ici jusqu'à Pâques. » Lacordaire semble avoir eu pour mission de rapprocher de la religion les esprits qui en avaient été éloignés par les préjugés irréligieux du XVIIIe siècle ; ce n'était point assez de les réconcilier avec l'idée et le sentiment religieux, il fallait les instruire dans la doctrine catholique et les ramener doucement à la pratique des devoirs chrétiens. La Providence, on n'en put douter depuis, avait appelé l'abbé de Salinis à Bordeaux pour continuer cette mission ; il s'y dévoua avec tout le zèle que lui inspirait son amour pour l'Église, par trois grands moyens qu'on nous permettra de recommander aux apôtres de notre siècle : l'enseignement public, la direction des âmes et *l'apostolat du salon,* c'est une expression de l'abbé Combalot. Il transforma sa chaire en chaire d'apologétique chrétienne. Sa pensée fut comprise, car Bordeaux est une ville où les œuvres de l'intelligence sont appréciées par tous, et les charmes d'une parole éloquente et élevée ont un attrait auquel les Girondins résistent difficilement, ce qui explique comment le cardinal Donnet était devenu si populaire.

Nous avons puisé les détails suivants sur la *mission de zèle* de Mgr de Salinis à Bordeaux, dans l'oraison funèbre de l'archevêque d'Auch, prononcée par le cardinal Donnet dans la chapelle du collège de Juilly, le 16 mars 1861.

Autour de la chaire de l'abbé de Salinis, on ne remarquait pas seulement les hommes que la nature de leurs études préparait à comprendre son enseignement philosophique, mais, les Bordelais s'en souviennent encore, des hommes d'affaires, des négociants, des femmes du monde. Ceux qui ont fait collection du journal *la Guienne*, peuvent relire aujourd'hui le N° du 10 novembre 1849, où ils verront confirmé ce que nous venons de dire sur le succès de l'abbé de Salinis dans son cours à la Faculté. Le propre de la vérité catholique est non seulement d'éclairer les hommes, mais de les améliorer ; c'est ce qu'avaient compris les saint Augustin, les saint Vincent de Paul et tant d'autres. C'est ce qu'obtenait aussi le professeur par son enseignement.

Il lui restait peu de temps pour la *direction* des âmes, œuvre délicate et qui exige un ensemble de qualités rarement réunies ; pour y réussir il faut avoir longtemps vécu

dans le monde, connaître les exigences de
la société, savoir exactement ce qu'elles
ont d'inconciliable avec les lois sévères
mais inflexibles de l'Évangile et de la discipline ecclésiastique, et par-dessus tout
être animé de cet esprit, non pas de coupable tolérance, mais d'affectueuse charité
qui, comme celle de l'*Apôtre des nations*,
sait se faire tout à tous. La grâce ne détruit
pas la nature ; les faiblesses journalières en
sont la preuve. L'amour de Dieu épure,
développe les affections légitimes, les con-
serve, les rend immortelles. C'est dans ce
travail d'épuration que consiste la vraie
piété. L'amour de Dieu est le feu qui dépouille l'or de son alliage, et pour en arriver
là, la communion fréquente est la condition la plus essentielle des progrès de l'âme.
La communion c'est Dieu, c'est sa vie,
c'est notre vie. N'attendons pas pour nous
unir à Jésus-Christ d'avoir à lui apporter
des dispositions dignes de lui, ce serait là
une bien folle présomption : notre indigence
ce sera notre titre ; notre droit, c'est celui
du pauvre mendiant, du pauvre paraly-
tique, du pauvre aveugle. A Juilly, l'abbé
de Salinis confessait la plus grande partie
des élèves ; ce genre de ministère lui était
familier ; à Bordeaux, il put le continuer

encore, ainsi que le ministère consolant qu'il exerçait au milieu des salons du collège.

Le *salon,* aujourd'hui comme au dix-huitième siècle, est un des moyens les plus actifs de propagande irréligieuse. C'est dans le salon qu'ont pris droit d'asile sous une forme vive, spirituelle, c'est-à-dire française, les objections qui répandent partout le doute, l'incrédulité, l'athéisme, c'est la gradation. Toute doctrine qui veut se faire accepter doit avant tout s'emparer de l'opinion des salons. L'abbé de Salinis n'eut garde à Bordeaux, dans l'intérêt de la vérité, de négliger une arme aussi puissante pour faire tomber une foule de préjugés, de notions fausses, acceptés comme axiomes, et qui ne sauraient être combattus et détruits plus efficacement que dans les lieux où ils se produisent. Aussi, une fois par semaine, tous les lundis, il ouvrait son salon à tous les hommes désireux de s'instruire, selon la pratique du cardinal lui-même, quel que fût d'ailleurs leur drapeau religieux et politique. On y voyait réunis sur ce terrain neutre et sympathique, des magistrats, des avocats, des professeurs, des médecins, des négociants, des militaires, des hommes du monde. Pas de discours, mais causeries fines, vives, animées, comme aujourd'hui au *Salon des œuvres,* cercle du Luxembourg. Rien qui annonçât une réunion savante. Jamais d'allusion pénible ou blessante. Union la plus parfaite et la plus inaltérable parmi ces hommes d'âge, de condition et d'opinions différentes, et cela pendant sept ans !... Mgr Donnet encourageait de son haut et puissant patronage, et souvent de sa présence, ces réunions devenues des prédications vivantes, rendant meilleurs tous ceux qui y prenaient part, en les rendant chrétiens. Dans ces discussions honorables dont le dernier mot était l'Évangile, les esprits déposaient ce quelque chose de personnel, d'étroit, d'austère quelquefois, qu'ils contractent presque toujours dans l'isolement.

Les familles catholiques seraient plus que jamais aujourd'hui dans la plus grave erreur, si elles se croyaient dispensées d'opposer des digues aux flots d'impiété et d'athéisme qui menacent d'engloutir les générations présentes; dispensées de réagir contre cette foule de mal-appris que la démocratie jette sur la place, jusque dans les salons de la bourgeoisie, sans excepter ceux de la jeune noblesse, et qui, par leur langage, font injure à notre langue, au bon sens et aux vieilles traditions de la courtoisie française ; et ils sont les derniers à s'apercevoir que, grâce à Dieu, ils commencent à tomber dans un profond mépris !!!

Investi du titre de vicaire général, l'abbé de Salinis à Bordeaux, où il avait été attiré par la bienveillance du premier Pasteur, se prêtait à tout ce que le Cardinal désirait de lui dans l'ordre des fonctions administratives. Au Conseil archiépiscopal il apportait un esprit large et sans passion, une expérience consommée, des vues élevées, et non pas étroites et mesquines, un désintéressement parfait et une charité condescendante.

Dans les circonstances difficiles où se trouva la France en 1848, tous les catholiques, prêtres ou laïques, se jetèrent avec ardeur au-devant du péril social pour le conjurer et ne reculèrent devant aucun des moyens qui pouvaient assurer le succès de leurs efforts. Les élections étaient l'affaire grave du moment ; l'avenir de la société, de l'Église et du pays en dépendait. Leurs destinées allaient se dessiner dans le scrutin qui devait avoir lieu. Les prêtres ne pouvaient rester indifférents à aucun de ces intérêts. L'abbé de Salinis usa de son ascendant pour organiser une action électorale avec les hommes habitués à se rencontrer chez lui, puis il crut prudent de se retirer et de se tenir à l'écart le plus possible. Se désintéresser dans la lutte n'était ni dans les desseins de Dieu, ni dans les projets des hommes. La nouvelle Chambre allait avoir pour mission de constituer la France sur de nouvelles bases; les catholiques tinrent à y envoyer des représentants du principe chrétien, qui, quoique ancien, est toujours nouveau. Mgr Donnet désigna l'abbé de Salinis comme candidat, choix honorable que celui-ci hésita d'accepter. Il consulta le Nonce, Mgr Garibaldi, qui lui répondit qu'il était important que le clergé fût représenté directement à l'Assemblée nationale, qu'il fallait quelques prêtres, mais très sûrs : qu'il pouvait y avoir des martyrs, qu'il ne fallait pas qu'il y eût des apostats, que c'était un devoir pour lui de ne pas refuser cette candidature; ce fut aussi l'opinion du P. Lacordaire qui, lui, fut nommé. Et alors il laissa à l'archevêque, qui avait eu l'initiative de sa candidature, le soin de la patronner. Les révolutionnaires ne négligèrent aucune manœuvre pour la faire échouer; il se défendit avec une énergie et une franchise touchante dans la presse et dans les clubs, et néanmoins, avec 44,196 voix, chiffre respectable, il ne fut pas élu. Il put se consoler de cet échec : il avait eu une immense majorité dans la ville de Bordeaux, un très bon rang dans toutes les villes, dans tous les cantons importants ; les protestants, les israélites même, votèrent pour lui ; il ne fut évincé que dans les Landes. La ville de Bordeaux resta toujours calme et dans des idées de résistance très prononcées et, en cas d'anarchie, elle eût entraîné toute cette partie du midi. L'esprit de toutes les populations était resté excellent, et le jour de la Fête-Dieu, pendant que le sang coulait à torrents dans les rues de Paris, les rues de Bordeaux présentaient le spectacle le plus touchant, grâce à l'ascendant imposant qu'avait pris le Cardinal. Ce n'est pas être exagéré de dire que la procession se déroulait au milieu de cent mille personnes recueillies sur le quai et les *Fossés de l'Intendance* que tout le monde connaît à Bordeaux. Mais aujourd'hui tout est supprimé, parce que tout cela déplaît à la libre-pensée !...

Voilà pour Bordeaux ; voilà comment, pour répondre à la confiance du cardinal, l'abbé de Salinis s'acquitta des différents ministères qu'il eut à remplir pendant tout le temps qu'il resta dans cette ville. Le 10 février 1849, le président de la République, sur la proposition de M. de Falloux, ministre de l'instruction publique et des cultes, le désigna pour l'évêché d'Amiens. Il y resta six ans et fut transféré en avril 1856, sur le siège archiépiscopal d'Auch. Dans ces deux diocèses, il sut acquérir des titres à la reconnaissance publique par la grandeur des actes de chacun de ses deux épiscopats. Il mourut à Auch le 30 avril 1861, soutenu lui-même par les dernières et religieuses consolations d'un fils et d'un ami, que nous avons eu nous-même pour élève à Juilly, l'abbé de Ladoue, son grand vicaire, mort évêque de Nevers. Nous nous rappelons encore la physionomie pleine de candeur et de naïveté du jeune de Ladoue, élève de Juilly, à la chevelure blonde et frisée : tout le monde l'aimait, *le petit de Ladoue*, pieux comme un ange!...

Maintenant on nous demandera peut-être ce que devint M. de Scorbiac, lorsqu'il eut posé sa tente à Bordeaux, et à quel genre de ministère Mgr Donnet employa les talents et la longue expérience de ce noble gentilhomme chez lequel cette foi vive, cette piété vraie qui fait les bons prêtres, se trouvaient unies aux instincts les plus délicats, à tous les sentiments distingués qui peuvent relever aux yeux du monde la dignité et la mission du prêtre.

Nous avons contemplé avec une certaine complaisance, parce que notre sujet nous y ramenait, la physionomie morale de l'abbé de Salinis. Tracer le portrait de l'un, c'était reproduire tous les traits de l'autre, puisqu'ils s'étaient, en quelque sorte, fondus tous deux l'un dans l'autre. Toutefois nous ne pouvons nous dispenser de dire ici quelques mots seulement de l'ancien Supérieur de Juilly; hélas! il ne survécut pas longtemps au chagrin de s'éloigner de cette chère Maison!...

L'abbé de Scorbiac paya dignement l'hospitalité que lui offrit Mgr Donnet, en se dévouant aux missions diocésaines organisées par le cardinal dans toutes les paroisses de son diocèse, et à la direction spirituelle d'un pensionnat de jeunes filles dont il était l'âme; il y laissa l'empreinte vivante de son esprit. La mort vint le surprendre au milieu de ces occupations modestes, mais utiles. Il fit aux vacances de 1846, un voyage dans les Pyrénées; rentré à Bordeaux, il se sépara pour quelques jours de son ami pour se rendre auprès de son frère à Montauban. A peine arrivé, il fut pris d'une dyssenterie qui l'emporta en quelques jours; il put cependant recevoir les sacrements et faire le sacrifice de sa vie, avec un abandon et une foi qui laissèrent une impression profonde dans le cœur des siens et de tous ceux qui assistèrent à ses derniers moments. La divine Providence lui réserva la consolation d'avoir aussi à ses côtés un de ses anciens élèves, M. Henri Truchon, qui put recevoir son dernier soupir et lui fermer les yeux. Ses amis perdaient en lui le confident le plus discret et le plus dévoué que l'on pût rencontrer; l'Église, un de ses plus saints prêtres qui, par humilité, refusa plusieurs fois l'épiscopat, et l'abbé de Salinis, plus qu'un ami; dans quelle profonde solitude le jetait désormais cette séparation déchirante! Il put juger en cette circonstance combien étaient vives les sympathies dont il était entouré à Bordeaux et en fut profondément touché. Mgr Donnet en particulier, dont rien n'égalait la grandeur d'âme et le charme des affections, fut pour lui d'une bonté touchante. M. de Montalembert lui écrivait de la Roche-en-Breny, le 21 octobre 1846 : « Il vous reste encore quelques amis qui, tous réunis, ne vaudront jamais pour vous la moitié du seul abbé de Scorbiac... »

Ancien professeur au collège de Juilly, qu'il nous soit permis à notre tour, en terminant ce chapitre, de déposer sur la

tombe de nos excellents maîtres MM. de
Scorbiac et de Salinis, une fleur et un
souvenir de respect, d'estime et de reconnaissance, sans oublier toutefois l'austère
et bon M. Guihal, préfet de discipline, le
modeste abbé Rialland, et moins encore le
docte abbé Matissard, professeur de mathé-
matique et de physique, décédé récemment
au diocèse d'Amiens, et qui avaient tous
trois l'entière confiance des directeurs de
Juilly ! ! !

FIN DU PREMIER VOLUME.

TABLE DES MATIÈRES

CHAPITRE III

CHAPITRE IV

CHAPITRE V

CHAPITRE VI

CHAPITRE VII

PARIS. — IMP. DE L'ŒUVRE DE SAINT-PAUL, L. PHILIPONA,

51, RUE DE LILLE, 51.